W0398234

LIBRES ET SAUVAGES

DÉDICACE

À Gavriel Jecan,
mon infatigable compagnon de voyage
et camarade photographe,
dont les conseils, la patience,
le soutien inébranlable
et le dévouement sans borne
ont contribué à faire de ce livre
ce qu'il est.

RES ET SAUVAGE

A R T   W O L F E

CONWAY ▪ RICHARD DAWKINS ▪ JANE GOODALL ▪ JOHN C. SAWHILL ▪ GEORGE B. SCHALLER

MICHELLE A. GILDERS

Libres et sauvages a été mon principal sujet de préoccupation au cours de ces trois dernières années. Ce travail m'a détourné de mon activité habituelle pendant presque tout ce temps, mais j'y ai survécu grâce aux membres de mon équipe. Ils ne se sont pas contentés de jouer un rôle majeur dans la production de cet ouvrage, ils ont aussi dû mener les affaires courantes. Ils ont passé un temps infini à lire, relire, écouter, effectuer des recherches, discuter, argumenter et réconforter, sans jamais se départir du soutien qu'ils apportaient à la réalisation de l'objectif que je m'étais fixé. Parmi tous ceux que je voudrais remercier pour les sacrifices qu'ils ont faits, pour leur efficacité et pour leurs talents extraordinaires, ce sont eux que je cite en premier. Je suis sincèrement reconnaissant à Colin Brynn, Mel Calvan, Christine Eckhoff, Gavriel ecan, Erin Johnson, Gilbert Neri, Ray Pfortner, Craig Scheak, Deirdre Skillman et Lisa Woods.

Ce livre doit énormément aux compétences sans égales d'une équipe de production talentueuse et expérimentée. Elle a fait preuve de persévérance, conduisant cet ouvrage à travers tant d'épreuves et de défis imprévus : Alice B. Acheson, Richelle Barnes, Marlene Blessing, Quenton Cheunq, Charlie Clark, Cathy Cohen, Peter Constable, Kai Davis, Nancy Duncan-Cashman, Christine Eckhoff, Joseph Eckhoff, Kris Fulsaas, Michelle A. Gilders, Louise Helmick, Rebecca Hom, Jeff Johnston, Stacey Lester, Marge Mueller, Gilbert Neri, Randl Ockey, Ray Pfortner, Jay Sakamoto, Craig Scheak, Deirdre Skillman, Gary M. Stolz, Brian Tyhuis, Elizabeth Watson, Lisa Woods et Annie Woodward.

Je voudrais remercier tous ceux qui ont gracieusement donné de leur temps et apporté leur soutien direct à *Libres et sauvages* : Deb Beaubein, Paul Brainerd, Ann Brown, Harriet Bullitt, Deb Crespin, Lisa Diekmann, Lance Douglas, Michael et Nancy Farrell, Linda et Wayne Fricke, Mark Gardner, Gerry Gerron, Gloria Lobb, James Martin, Meaghan McKenzie, Charles W. et Nancy Mertel, Furman et Susan B. Moseley, George et Joyce Moss, Peggy et Tom Phillips, Peter Potterfield, Jean Rhodes, Elizabeth et Jonathan Roberts, Emily Wilson et Mike Rich, Amy Solomon, Richard Wohns, Martha Wyckhoff, Ann « Chi Chi » Wyman ; Phil Borges, Malcolm Edwards, Natalie Fobes, Julee Geier, Marita Holdaway, David Johnson (Blue Earth Alliance) ; Tim Andree, Dave Metz, Michael Newler, Keith Paglin, Mike Zorich (Canon USA) ; Tom Curley, Jerry Nakao, Burt Park (Fuji Photo Film USA) ; Mark Getty et Jonathan Klein (Getty Images) ainsi que Patrick Donehue (Gettyone).

Des gens, dont certains que je n'ai jamais rencontrés et dont beaucoup m'ont prêté leur concours par le passé, m'ont fait bénéficier de leurs connaissances et de leur soutien éclairé. J'ai été particulièrement heureux que mon ancien lycée nous ait contactés et qu'il ait choisi cet ouvrage comme projet d'école. Ses élèves ont en permanence fait part à notre éditeur de travaux de recherche intéressants.

Je voudrais remercier Richard Shideler (ministère de la Pêche et de la Chasse de l'Alaska) ; Cathy Hedberg, Lucretia Robinson, Gary Thomsen (personnel du lycée Chief Sealth High School) ; Chris Bhang, Elizabeth Boe, Justin Kuhn, Hannah Palmer, Joy Palmer, Jeff Pierson, Alec Sabin (élèves du Chief Sealth High School) ; Fabio Barsic (Epson Amérique) ; Mary Lewis (Jane Goodall Institute) ; Stephen R. Johnson (LGL, Ltd) ; Ed Marquand (Marquand Books) ; Dr. Janalee P. Caldwell (muséum d'Histoire naturelle de l'Oklahoma) ; Sir Ghillean Prance (Royal Botanic Gardens de Kew) ; Gary Luke (Sasquatch Books) ; Jeffrey Christiansen, Gaylen Goff (aquarium de Seattle) ; Don Engberg (Shedd Aquarium de Chicago) ; Ed Goldstein et Nigel Homer (The Nature Conservancy) ; Declan Tro (Troy Ecological Research Associates) ; Jaimie Clark et Jim Clark (US Fish et Wildlife Service – ministère américain de la Pêche et de la Faune sauvage) ; Dr. Robert J. Hudson (University of Alberta) et le Dr. Frank Laurence (Laikipia Predator Project, University of California). Les voyages et la logistique que la réalisation de cet énorme travail a nécessités ont exigé une aide permanente : les amis et la famille qui sont venus me chercher (quelquefois même, simplement mon matériel) dans les aéroports à toute heure du jour et de la nuit ; les amis qui ont fait franchir les douanes à mes pellicules dans leurs bagages à main ; les organismes qui ont passé des accords spéciaux pour me faciliter le travail ; les guides, les chercheurs et les biologistes qui ont fait des détours pour me faire profiter d'occasions exceptionnelles ; les amis généreux qui m'ont hébergé ; les amis, de longue date ou récents, qui ont témoigné beaucoup de chaleur à un voyageur, quelquefois seul et fatigué, qui a su l'apprécier. Cette liste, qui n'est pas exhaustive, comprend : Joan Alexander, Peter S. Bartlett, Andreas Bechstolsheim, Lee Berger, Desmond Berkowitz, Alan Bernstein, Justiniano F. Campa, Ramon Castellanos, Cuauhtemoc Chabec, Jagat Narayan Chaturvedi, H.S. Claire, Gansukh Dashvetan, Mike Fender, Joy Handyside, Khristina Horn, Mark Johnstad, Juan Carlos Lopez, Ian Mackenzie, Alfredo Maiquez, Carlos Manterola, Jim et Teri Martin, Nico Martin, Robert Maughn ; Nathan Myrhvold, Ellen Newman, Stefano Nicolini, Dan Parret, Alex Peltier, Pat Quillen, Anne et Mark Sturzenegger, Keren Su, Masao Uemura, Dick Wolfe, Christian Ziegler ; Patricio Robles Gil et Patricia Rojo (Agrupación Sierra Madre) ; Eleanor Nicoles et Ellen Riechsteiner (All Around Travel) ; Mark Jorgensen (parc national du désert d'Anza-Borrego) ; Cynthia Carlisle et Daniel Tabon (Ara Fundación) ; Sheryl Carnegie, Debbie Davis, Phil Norton (réserve nationale d'animaux sauvages de Bosque del Apache) ; Tetsuo Hirasawa et Taro Maruyama (Canon Japon) ; Madan Rana et Sriyantra Rana (Chitwan Jungle Lodge) ; Gail Boucher (Churchill Chamber of Commerce) ; Lorenzo Sympson (Condor Project / Chili) ; Anne Lee et Dave Varty (Conservation Corporation Africa) ; Ken Kehrer (parc national et réserve du mont McKinley) ; Russ Jarvis et Gordon Liddle (Palais du gouverneur des îles Malouines) ; Guillermo Harris (Fundación Patagonia Natural / Wildlife Conservation Society) ; Luis Orellana (Getty Images / Brésil) ; Stacey Green (Gettyone / Seattle) ; Terry Elliott, « Tundra Tom » Faess, Dave Radcliffe et Bill Sirota (Great Canadian Ecoventures) ; Bärbel Krämer (croisières Hapag Lloyd) ; Eduardo Alvarez (Harpy Eagle Recovery Project) ; Peter Luscomb et James Mejeur (zoo d'Honolulu) ; John Madunich, Dr. Richard Polatty, Eliza Tenza (Inca Floats Inc.) ; Albert Chiang (*Islands Magazine*) ; Pete Jess (Jessco Operations, Inc.) ; SAS la princesse royale Salote Mafile'o Pilolevu Tuita de Tonga, Hon. Dr. Masasso Paunga (ministre du Tourisme, royaume de Tonga) ; Norman et Cathy Galli, Mike Kirkinis, Howard Wolf (Kweto Lebala Camp) ; Monica Chavez et Roberto Lara (Manu Nature Tours) ; Ken Peterson (aquarium de la baie de Monterey) Larry White (Monterey Bay Youth, Inc.) ; Dr. Bill Franklin Dr. Isaac Ortega, Julie Young (Puma Project / Chili) Floret Lyew (Quark Expeditions) ; Eduardo Nycete (Rainforest Expeditions) ; Peter Clark et Diane Clark (Rainforest Habitat) ; Adriana Bacheschi, Paulo Flieg Juliana Gontijo, Fabio Luiz de Carvalho, Anne Thomsen (Refúgio Ecológico Caiman) ; Jacinto Jaramillo (Reina Silva) ; Dr. William Burnham, Shawn Farry, Adam Green William Heinrich, Angel Muela, Brian Mutch (The Peregrine Fund) ; Anna Maria Alvarado, Lisa Barnet, Lucy Byrd Dorick, Irma Echevarria (Smithsonian Tropical Research Institute) ; Aaron Archibeque et Donna Stoval (Togiak National Wildlife Refuge) ; Semisi Taumoepeau et Peter Davidson (office du tourisme de Tonga) ; Larry Richardson (US Fish et Wildlife Service) ; Mike Hudson (Wau Ecology Institute) ; Marion Merlino (Wildlife Conservation Society) ; Lisa Diekmann, Kezha Hatier Reiss, Rick McIntyre, Doug Smith (Yellowstone Park Foundation) ; et Peter Harrison, Shirley Metz, Werner Zender (Zegrahm Expeditions).

À la fin de l'année 1998, j'ai perdu mon mentor le plus précieux, le Dr. Alan Lobb. C'était mon meilleur critique. Alan et son amour de la nature m'ont toujours poussé à rester dans la voie que je m'étais choisie et à ne jamais douter.

— A.W.

MESSAGE DU PHOTOGRAPHE

© Gavriel Jecan

◄ IGUANE MARIN

(*Amblyrhynchus cristatus*), Isla Española, Iles Galápagos, Équateur

► MANCHOTS D'ADÉLIE

(*Pygoscelis adeliae*), Île Petermann, Antarctique

Chaque grand projet de livre que j'ai entrepris au cours de ces vingt-cinq dernières années m'a permis de vivre des expériences qui ont ensuite influencé ma vie et mes opinions. *Tribes* a été l'occasion de rencontres inoubliables avec les cultures indigènes de certains des endroits les plus reculés du monde. Quand je travaillais sur *Light on the Land*, j'ai vécu des moments extraordinaires lorsque s'accomplissait le miracle de la fusion de la lumière et de la forme. Avec *Migrations*, j'ai été submergé par la vue, le bruit et l'odeur de 2 millions de gnous traversant les plaines africaines. *Migrations* a été mon premier livre dans lequel la forme, le style et la conception ont pris le pas sur la biologie. C'était un livre qui traduisait l'essence de ce que je photographiais et non simplement la réalité de l'existence d'une espèce.

Lorsque j'ai commencé à travailler sur *Libres et sauvages*, je savais que cet ouvrage serait unique à bien des égards. Alors même que nous nous réjouissons à l'idée d'entrer dans un nouveau millénaire, nous nous trouvons confrontés à d'incroyables défis. Nous risquons de perdre ce qui confère à notre planète sa merveilleuse diversité biologique. Alors que la population humaine s'accroît, d'autres espèces sont de plus en plus marginalisées. Les habitats sont certes protégés à l'intérieur des parcs nationaux et des réserves, mais ces sites ne sont bien trop souvent protégés que sur le papier. Dans la plupart des cas, ces parcs ne sont guère en mesure de faire autre chose que de préserver une vue admirable. Pour assurer la protection des populations d'animaux sauvages viables, les parcs et les réserves doivent avoir les moyens de faire face à des phénomènes naturels comme le feu et les inondations, et de permettre un échange d'animaux entre populations. Pour l'instant, peu de sites protégés dans le monde sont suffisamment vastes pour nourrir durablement des populations des plus grands animaux.

J'ai donc décidé de photographier *Libres et sauvages* en me plaçant dans une perspective qui fasse une part aussi grande à l'environnement qu'à l'animal qui s'y trouve. En effet, un animal à l'intérieur de son habitat est le symbole vivant de la sélection naturelle. Chaque fois que c'était possible, j'ai utilisé des objectifs grand angle afin d'obtenir cette vision photographique plus large. Cette manière de procéder permet de conserver au sujet la place centrale dans l'image en présentant malgré tout une part intéressante de son environnement. Cette approche est illustrée par mes clichés des éléphants de mer de l'île de South Georgia (couverture) et des aras rouges en Amazonie péruvienne (dos de couverture), par exemple. L'utilisation d'objectifs grand angle oblige le photographe à se rapprocher. La plupart de ces clichés ont été réalisés à 1 ou 2 mètres du sujet. Néanmoins, la plupart du temps, je n'ai pas réussi à m'approcher aussi près de l'animal et j'ai eu beaucoup recours à mes téléobjectifs. Le bon sens et le respect de la faune sauvage sont les règles qui régissent mon travail de photographe.

Ce livre renferme plus de cent quarante espèces différentes. Chacune d'elles a été sélectionnée soit parce qu'elle constitue un élément typique essentiel de son habitat, soit parce qu'elle occupe une place importante dans l'esprit des gens à travers le monde. Beaucoup d'entre elles pourraient être qualifiées de « charismatiques ». En font partie le grand panda, le tigre, l'ours polaire, le gorille des montagnes et l'éléphant d'Afrique. Je ne veux pas dire pour autant que d'autres espèces, plus particulièrement les insectes, n'ont pas d'importance ; de toute évidence, elles en ont une d'un point de vue écologique. Néanmoins, les efforts de conservation des espèces accomplis de par le monde se sont

souvent focalisés sur les grands mammifères, avant-garde d'un plan d'envergure plus large. La sauvegarde des populations sauvages viables de jaguars, d'éléphants des forêts d'Afrique ou de gorilles des basses plaines implique que l'on protège de vastes zones. Une infinité d'autres êtres vivants peut prospérer à l'intérieur de ces zones, tirant ainsi profit de la conservation des animaux qui parviennent à soulever l'enthousiasme de l'opinion publique.

Outre les animaux considérés aujourd'hui comme extrêmement rares (comme le condor de Californie, le cheval de Prjevalski, la panthère de Floride et la grenouille dorée), j'en ai introduit certains qui sont de grandes réussites en matière de conservation des espèces : il s'agit d'animaux qui étaient autrefois à la limite de l'extinction, mais dont les populations ont été ramenées à des niveaux corrects grâce à l'adoption de politiques environnementales saines (la baleine grise et le pygargue à tête blanche, par exemple). D'autres espèces, bien qu'elles ne soient généralement pas considérées comme rares, tels l'ours polaire, l'élan, le morse et l'ours brun, ont vu leurs populations décliner dans certaines régions du fait des pressions que subit l'environnement : pollution, destruction de l'habitat et chasse intensive.

Les photos qui illustrent ces deux pages sont, parmi celles qui figurent dans ce livre, deux clichés que je trouve particulièrement émouvants : le chat bai de Bornéo et les manchots de la terre Adélie. Le chat bai de Bornéo est l'un des carnivores les plus mystérieux de la planète. Jusqu'aux années 1990, on n'avait dénombré que sept spécimens de ce petit félin. On sait peu de chose sur son environnement ou ses populations ; des études menées dans les années 1980 ne sont même pas parvenues à découvrir un seul chat sauvage. L'animal n'avait jamais été photographié avant que je parvienne à faire un cliché de l'un d'entre eux en 1998.

Les manchots de la terre Adélie s'entassaient autrefois par colonies le long de la péninsule. Les îles que je revois grouillant de vie sont maintenant calmes, de nombreuses colonies sont quasi abandonnées. Depuis 1950, la température moyenne de la péninsule arctique a augmenté de 3 °C, les mois d'hiver étant en moyenne 6 °C plus chauds. L'augmentation des températures engendre une augmentation des précipitations, ce qui, dans l'Antarctique, signifie plus de neige. Pour le manchot de la terre Adélie, une plus grande quantité de neige pendant la période de couvaison a pour corollaire un manque de nids et de nourriture, et des petits qui meurent de froid.

Tout au long de ma carrière de photographe, j'ai pris plus de un million de photos, et parmi ce million de clichés, plus de mille espèces sont représentées. J'ai pris des photos dans plus de cinquante pays, couvrant tous les types d'habitats, de l'habitat polaire à l'habitat tropical, et des îles océaniques aux hautes montagnes. Les espèces que je voudrais encore photographier sont nombreuses, mais il y en a certaines que personne n'aura plus jamais l'occasion de voir ou de prendre en photo : le thylacine, le petit wallaby-lièvre, la roussette d'Okinawa, le loup antarctique, le grizzli du Mexique, l'hémione de Syrie, le céphalophe bleu, le butor malais, le canard du Labrador, l'ara rouge de Cuba et le perroquet des Seychelles. Ils ont disparu, comme d'autres trop nombreux.

Mais ce livre ne traite pas des espèces que nous ne pouvons plus sauver. Il traite des espèces que nous pouvons encore sauver. *Libres et sauvages* permet d'avoir accès à un monde d'animaux que peu de gens ont la chance d'observer dans leur habitat naturel. Il donne également une vision exacte de la situation dans laquelle ces animaux se trouvent en ce moment. Le début du nouveau millénaire correspond peut-être à une date quelque peu arbitraire (après tout, c'est l'année 5760 pour les juifs et l'année 1420 pour les musulmans), mais il est pour nous tous l'occasion de faire le point, afin de savoir où nous en sommes et où nous voulons aller. Chacun des auteurs ayant collaboré à ce livre présente un exposé convaincant sur le rôle que joue la conservation aujourd'hui et pour l'avenir. E. O. Wilson, biologiste à Harvard, a dit un jour : « Notre espèce a du bon : elle aime les défis. » Tout ce que l'on peut espérer, c'est qu'il ait raison et qu'il s'agisse d'un défi que nous avons les moyens de relever.

CHAT BAI
(*Felis badia*), Bornéo, Malaisie

ART WOLFE

MESSAGE DE L'ÉDITRICE

© Valerie Gilders

◂ CHAMEAU DE BACTRIANE

(*Camelus bactrianus*), zone protégée du désert de Gobi, Mongolie

▸ CHIMPANZÉS

(*Pan troglodytes*), parc national des monts Mahale, Tanzanie

Personne ne sait combien il existe d'espèces sur la planète. Deux millions environ ont été identifiées et nommées, mais les biologistes estiment que leur nombre réel oscille entre 3 et 30 millions (certains vont jusqu'à 80 millions, partant de l'idée que les forêts tropicales humides n'ont pas encore révélé toute leur diversité). Une telle différence entre ce qui est connu et potentiellement inconnu nous place en présence d'un paradoxe : il nous reste un nombre infini de nouvelles espèces à découvrir et à étudier dans les années à venir, mais d'autres s'éteignent directement à cause de nos agissements (ou de notre négligence) à un rythme tel que des espèces disparaissent avant que nous n'ayons eu l'occasion d'enregistrer leur existence, et encore moins de les nommer.

Un célèbre adage pose la question : « Si un arbre tombe dans la forêt et qu'il n'y ait personne qui soit là pour l'entendre, fait-il quand même du bruit ? » Peut-être pourrions-nous nous demander, à la lumière de la situation que nous vivons actuellement : « Si une espèce inconnue disparaît avant d'avoir été découverte, avons-nous perdu quelque chose ? »

La biodiversité de notre planète est le résultat d'une évolution de plus de 4 milliards d'années. Les espèces ont évolué pour exploiter tout un éventail d'habitats, des eaux thermales à la surface des glaciers, des profondeurs de l'océan aux sommets des montagnes, et des tropiques humides aux déserts secs. Toutefois, au cours de cette évolution, 99,99 % de toutes les espèces ayant jamais existé ont disparu.

Les scientifiques reconnaissent cinq grandes périodes d'extinction : l'ordovicien, il y a 440 millions d'années ; le dévonien, il y a 370 millions d'années ; le permien, il y a 250 millions d'années ; le triasique, il y a 210 millions d'années ; et le crétacé, il y a 65 millions d'années. Chacun de ces événements a été accéléré par un événement naturel : changement progressif du climat, activité volcanique ou tectonique, ou encore chute importante de météorites. Mais nous sommes aujourd'hui en plein milieu d'une sixième grande période d'extinction, et nous en sommes la cause. Nous menaçons d'autres espèces en détruisant leur habitat, en introduisant des espèces allochtones et en pratiquant une chasse intensive. À moins de mettre un frein à l'expansion humaine, nous risquons de perdre la moitié de toutes les espèces existantes (principalement dans les forêts tropicales humides) au cours des cent prochaines années. En quoi cette grande période d'extinction est-elle si différente des précédentes ? D'abord, elle se produit à un rythme sans précédent (même les dinosaures ont mis plusieurs millénaires à disparaître, et leurs descendants sont les oiseaux que nous protégeons aujourd'hui). Ensuite, c'est aussi une période de dictature. Elle n'a rien à voir avec la sélection naturelle ou la « survie du plus apte ». Les animaux ne sont pas mis hors jeu par une espèce mieux adaptée ; ils sont éliminés au fur et à mesure que leurs habitats sont détruits. Si la tendance actuelle se poursuit, nous nous retrouverons avec des environnements uniformes dans lesquels la faune sauvage existera uniquement sous l'aspect d'omnivores opportunistes capables de se créer un habitat au voisinage de l'homme (c'est le cas du rat d'égout, de la souris grise, du coyote des villes et du renard roux).

Nous ne savons peut-être pas combien il existe d'espèces dans le monde, mais nous en savons assez pour redouter ce qui arrivera si le déclin des insectes se poursuit, si les oiseaux disparaissent de nos forêts et de nos prairies, ou si les éléphants et les primates sont chassés des régions tropicales. Une forêt sans animaux est condamnée à mourir, de même qu'un animal sans habitat ne peut espérer survivre. Nous aussi, nous sommes des animaux, et, en tant que tels, nous avons besoin d'un habitat sain et vivant.

Les espèces figurant dans ce livre sont celles qui attirent les touristes dans les parcs zoologiques, qui les incitent à préparer le voyage de leur vie en Afrique, en Alaska ou dans l'Antarctique. Ce sont des espèces que l'on rêve de voir lorsque l'on visite un parc national ou une réserve. Elles peuvent varier d'un endroit à l'autre, mais ils présentent des similitudes : il s'agit du loup, de l'ours, du bison, du lion, du guépard, de l'éléphant et du rhinocéros. Chacune de ces espèces peut être qualifiée de charismatique à sa manière. Elles aussi sont de plus en plus marginalisées, refoulées loin de leurs anciennes aires de répartition au fur et à mesure que l'homme s'y installe. Ce sont des espèces qui ne s'adaptent pas facilement à la compétition avec l'être humain, et peu d'êtres humains ont envie de partager leur jardin avec des animaux qui peuvent constituer une menace. La conséquence, c'est la réduction progressive des populations de grands mammifères (les prédateurs en particulier), la fragmentation des habitats, qui ne sont plus en mesure de supporter la biodiversité d'antan, et la diminution constante de la diversité génétique du fait du manque d'échanges entre populations et de l'accroissement de la consanguinité.

Les articles figurant dans ce livre au milieu des photographies saisissantes d'Art Wolfe donnent un aperçu des réussites et des échecs du passé, et d'un avenir qui reste plein de promesses. Les auteurs auxquels cet ouvrage a fait appel sont d'origines très diverses. Jane Goodall et George Schaller, deux vétérans du travail de longue durée sur le terrain dans des régions reculées du monde, portent un regard unique sur les difficultés que rencontre la conservation. Richard Dawkins est le biologiste évolutionniste auteur de *The Selfish Gene*, toujours prêt à défier ceux qui voudraient ramener l'évolution à une simple théorie parmi d'autres. William Conway, ancien directeur général de la Wildlife Conservation Society, a supervisé des centaines de programmes de recherche et d'éducation, et John C. Sawhill, président du Nature Conservancy, est à la tête d'une organisation qui gère le plus grand système au monde de réserves d'animaux sauvages privées.

Libres et Sauvages, avec ses mots et ses images, est plus qu'un appel à l'action. C'est une illustration éblouissante de tout l'enjeu auquel nous sommes exposés.

Michelle Gilders

MICHELLE A. GILDERS

SOMMAIRE

INTRODUCTION PAR WILLIAM CONWAY

© Dennis DeMello/Wildlife Conservation Society

La sauvegarde de la nature a toujours suscité passion, frustration, émotion et controverses. Et les suscite toujours davantage. La conservation de la faune sauvage entre de plus en plus fréquemment en conflit avec les notions des droits de l'homme et de justice sociale, de même qu'avec les objectifs économiques... Contrairement à ce que l'on pourrait croire, des millions de gens se sentent concernés, mais, en attendant, bien qu'il soit encore temps de sauver un échantillonnage des espèces sauvages de notre planète, il ne fait maintenant plus aucun doute qu'un grand nombre, voire la plupart, des plus grandes espèces vont disparaître, de même que des milliers de plus petites dont nous n'avons même pas connaissance.

Les quatre principales menaces qui pèsent sur la faune sauvage sont les mêmes partout : destruction de l'habitat, chasse intensive, introduction d'espèces allochtones (animaux domestiques et produits agricoles en particulier) et maladies. Toutes ces menaces sont identiques à la base, mais presque toutes les solutions diffèrent. La sauvegarde de la faune sauvage repose aujourd'hui autant sur sa compréhension que sur l'attention qu'on lui porte.

SITUATION GÉNÉRALE. Il existe peu d'endroits où la situation de la faune sauvage soit aussi désastreuse que dans l'Inde surpeuplée, mais de nombreuses nations prennent le même chemin. Voyons ce qu'en pense Ullas Karanth. Il y a trente ans, Ullas était étudiant, agriculteur, puis scientifique près de la réserve naturelle de Nagarahole, dans le sud-ouest de l'Inde.

« La taille de l'Inde équivaut à un tiers de celle des États-Unis, et elle abrite environ un milliard d'habitants. La plupart d'entre eux (de 60 à 75 %) sont pauvres, vivent de la terre, utilisent le bois comme combustible et sont analphabètes. Un cinquième du bétail mondial est élevé en Inde. Une classe moyenne urbanisée aussi nombreuse que la population française se fond dans ce cadre de pauvreté et de sites naturels de plus en plus réduits.

Nagarahole abrite trois espèces importantes de grands carnivores. Les chiens sauvages asiatiques vivent en meutes, et une meute doit tuer à peu près un animal de la taille d'une vache par jour. Un seul léopard vit de ce butin pendant dix jours environ, et un tigre une semaine. Le parc national héberge de vingt à vingt-cinq tigres femelles en âge de se reproduire.

J'ai découvert que la densité des mammifères herbivores à Nagarahole était de plus de 90 ongulés au kilomètre carré et que leur biomasse, en incluant les éléphants, s'élevait à 15 000 kilogrammes par kilomètre carré de terre. La faune était extraordinairement riche mais fragile. Or les trois prédateurs prélevaient l'essentiel des ressources. Il n'y avait pas de place pour un autre grand prédateur.

Nagarahole a longtemps servi de réservoir dans lequel puisaient toutes sortes de groupes d'intérêts. L'endroit a été déboisé, brûlé et chassé de façon intensive et, dans les années 1960, il ne restait que peu d'animaux sauvages. Dans la décennie 70, des changements sociaux ont vu le jour en Inde, et l'influence d'Indira Gandhi, ardente protectrice de la faune sauvage, s'est fait sentir. Une classe moyenne de plus en plus nombreuse a pris plaisir à observer les animaux et incité à la création de réserves. Ce mouvement s'est heurté à un ministère des Eaux et Forêts à l'organisation militariste, auquel il incombait de faire respecter la législation en matière de faune sauvage.

Avec l'entrée en vigueur de nouvelles lois interdisant la chasse et la restriction des pratiques d'abattage intempestives, la faune sauvage est réapparue, et, dans les années 1980, Nagarahole était à nouveau une magnifique région abritant de nombreux animaux sauvages. L'idée selon laquelle la conservation de la biodiversité pourrait être obtenue grâce à une « exploitation raisonnée » et qu'il conviendrait de lier l'exploitation de la biodiversité aux marchés mondiaux afin de créer des incitations économiques pour les détenteurs d'intérêts locaux ne pouvait pas s'appliquer à Nagarahole ; les chiffres indiquaient le contraire – comme c'est d'ailleurs le cas dans la plupart des pays. »

En 1998, en tant que président de la Wildlife Conservation Society, je me suis réjoui de la réussite de mon collègue brésilien, Marcio Ayres, dont les nombreuses années de dur labeur auprès des collectivités locales et des fonctionnaires nationaux ont été récompensées par la création de l'immense Amana Sustainable Reserve. C'est la plus grande réserve de forêt humide d'un seul tenant au monde : une zone plus étendue que le Costa Rica ! Elle abrite des centaines de milliers d'espèces. Les habitants de la région, le président du Brésil, les autorités du parc et la Wildlife Conservation Society ont échangé des félicitations et des messages d'espoir. L'euphorie était d'autant plus grande que les zones qui peuvent être transformées en réserves deviennent rares. Néanmoins, un peu plus tard, nous avons découvert que la terre amazonienne avait été ces derniers temps plus détruite qu'épargnée – brûlée et déboisée pour l'agriculture. Et le problème ne se limite pas à l'Amazonie...

Nous avons tous entendu parler de l'augmentation de la population humaine et de la disparition de la faune sauvage. Pour beaucoup d'entre nous, la plupart des problèmes d'environnement semblent pouvoir être résolus. Mais qu'en est-il de la faune sauvage ?

Onze pour cent des oiseaux encore en vie, 18 % des mammifères, 5 % des poissons et 8 % de la flore terrestre sont actuellement gravement menacés d'extinction. Presque tous les grands animaux connaissent des problèmes : les cigognes et les grues, les pythons et les crocodiles, les grands singes (en fait, la plupart des primates), les éléphants et les rhinocéros.

Plus de la moitié des espèces terrestres animales et végétales vivent dans les forêts tropicales à feuilles persistantes. Selon le spécialiste de l'écologie tropicale John Terborgh, ces forêts ne couvrent plus aujourd'hui que 7,5 millions de kilomètres carrés environ. Si la déforestation se poursuit au même rythme qu'entre 1979 et 1989, le dernier arbre de la forêt tropicale sempervirente sera abattu en 2045. Malgré cela, la vitesse de déforestation augmente. Et ce n'est pas tout...

La viande d'animaux de brousse des forêts tropicales africaines représente actuellement 1 million de tonnes environ chaque année. En Amazonie brésilienne, cette quantité est estimée entre 67 000 et 164 000 tonnes par an. Le phénomène en devient difficile à appréhender. Une étude réalisée en 1982 a révélé que 574 000 personnes habitant en milieu rural dans l'État brésilien d'Amazonie tuaient 2 824 662 mammifères et 530 884 oiseaux par an. En 1998, les chasseurs de brousse camerounais auraient tué plus de 800 gorilles, chaque cadavre étant ensuite vendu quelque 40 dollars pièce.

Mais les prises issues de la chasse en milieu tropical ne sont pas qu'un phénomène local. De 1980 à 1985, parmi les importations d'animaux sauvages, il y eut en moyenne de 12 000 à 14 000 primates, de 4 à 6 millions de peaux de reptiles et 125 millions de poissons vivants « d'agrément ». En 1968 et 1969, j'ai réalisé une étude sur le commerce des cuirs et des peaux ; à l'époque, parmi les importations de grands félins aux États-Unis, on trouvait 3 165 guépards, 17 490 léopards, 23 347 jaguars et 262 030 peaux d'ocelot. Ce commerce a tout au moins été stoppé.

Aujourd'hui, 17 milliards d'animaux domestiques environ occupent ce qui était autrefois l'habitat de la faune sauvage. Plus de 1 milliard d'entre eux sont des ruminants – vaches, chèvres, moutons – qui règnent sur environ 3 milliards d'hectares de terre. Alors que certains déplorent la cruauté envers les animaux domestiques, personne n'évoque la souffrance que connaissent les animaux sauvages dont ils ont envahi les habitats. Le végétarisme n'est pas une solution. Dans le même temps, on nous rebat les oreilles avec des reportages sur les pluies acides, la diminution des pluies dans la forêt tropicale, les cancers épizootiques chez les poissons, et les problèmes de raréfaction tels que la diminution mondiale du nombre d'amphibiens...

L'ampleur du problème de survie de la faune sauvage, et finalement de notre propre survie, se résume en cinq chiffres : plus de 40 % de la photosynthèse terrestre au niveau du globe (ce que produisent les plantes vertes et les cultures) sont aujourd'hui absorbés par les hommes. De 25 à 35 % de la productivité originelle des écosystèmes provient des plates-formes continentales océaniques et 54 % de l'ensemble du ruissellement dans les rivières, lacs et autres sources d'eau douce accessibles. Les zones protégées ne représentent que de 4 à 6 % des terres du globe et 0,5 % de ses mers.

QUELLE VIE POUR LA FAUNE SAUVAGE ? Les problèmes des animaux sauvages ont pour origine la surpopulation humaine ; toutefois, en 1998, les Nations unies ont nettement revu leurs prévisions à la baisse. La nouvelle estimation pour 2050 s'élève à 8,8 milliards, non plus à 10 ou 12 milliards d'êtres humains. Peut-on formuler des espoirs pour un avenir où l'impact humain sur l'environnement serait moindre et où une faune sauvage importante subsisterait ? Des millions de gens vont devoir s'atteler à la tâche pour que ce rêve devienne réalité – et il ne pourra le devenir que sur les bases d'une information scientifique solide. Le récit qui suit, fait par Pisit na Patalung depuis Bangkok, est émouvant.

« Plus de deux cents éléphants mendient dans les rues de Bangkok. Ils se sont échappés de chantiers de déboisement abandonnés. Ils vivent maintenant d'aumônes : canne à sucre et bananes que les touristes achètent à leurs cornacs et dont ils les nourrissent. Bien entendu, ils ne peuvent pas survivre en mangeant des bananes et de la canne à sucre. Ils ont des problèmes de peau, de vue et ils sont heurtés par les voitures. Ils n'ont aucun avenir. »

Bangkok est en train d'étendre ses tentacules dans ce qui fut la forêt, et l'équipe de Pisit est en permanence occupée à ramasser les singes et les pythons des alentours des maisons d'habitation – environ cinquante pythons par mois ! Mais il n'y a en réalité aucun endroit où il puisse les relâcher et où ils puissent survivre.

OBTENTION D'INFORMATIONS SUR LE TERRAIN. *Le shahtoosh.* Tout en observant à travers un puissant télescope, un grand type buriné se raidit pour lutter contre le vent tibétain glacé. L'altitude est de 4 900 mètres. Il établit un relevé de l'importance d'un troupeau d'antilopes tibétaines, de leur sexe et de leur répartition par âge. Ses yeux gris perçants ont observé des jaguars au Mato Grosso, des lions dans le Serengeti, des tigres dans le Kahna, en Inde, des léopards des neiges au Pakistan et des pandas géants dans les montagnes chinoises de Wolong. Pour chaque espèce, chaque site sauvage, les reportages scientifiques de George Schaller, ses écrits populaires et la persuasion dont il fait preuve ont suscité l'intérêt, permis de comprendre les problèmes et contribué à leur solution.

Les antilopes tibétaines, ou « chirous », sont au centre d'une polémique à propos du « shahtoosh », et font l'objet de l'un des trois cent cinquante projets menés sur le terrain par la Wildlife Conservation Society. Pendant des milliers d'années, leur fourrure chaude, la plus belle du monde, a permis aux grands troupeaux de ces étranges petites antilopes de survivre dans un environnement rude, leur population de plus de un demi-million d'individus migrant en tous sens à travers les plus hautes prairies tibétaines. Mais, depuis quelques années, elles sont les victimes d'un massacre incontrôlé, encouragé par le genre

▲▲ COUSCOUS GRIS (*Phalanger orientalis*), NOUVELLE-BRETAGNE, PAPOUASIE-NOUVELLE GUINÉE
▲ OURS NOIR AMÉRICAIN (*Ursus americanus*), PARC NATIONAL DE GLACIER BAY, ALASKA, ÉTATS-UNIS

▲▲ OTARIE DE CALIFORNIE
(*Zalophus californianus*), North Coast, Californie, États-Unis
▲ MACAREUX MOINE
(*Fratercula arctica*), Île Vestmannaeyjar, Islande

de personnes, la plupart du temps des Américains, qui prennent un plaisir pervers à payer plus de 2 000 dollars une écharpe de shahtoosh.

Schaller a découvert que la population d'antilopes est maintenant inférieure à 75 000 individus et qu'elle se réduit très rapidement. Les autorités chinoises ont réagi en infligeant des sanctions aux braconniers, mais les gardes sont peu nombreux et les recettes du braconnage très élevées.

Les jaguars. À la Universidad Nacional Autonoma de Mexico, des scientifiques de terrain, représentant pratiquement tous les pays d'Amérique latine, sont en train de passer une dernière fois en revue une carte lourdement annotée, préparée par l'expert du système d'information mondial de la Wildlife Conservation Society, Eric Sanderson. C'est la première fois que sont rassemblées toutes les informations dont disposent les meilleurs experts mondiaux des jaguars sur les endroits où ils vivent encore, ceux où ils ont été exterminés, ceux où leur situation n'est pas connue et sur les régions qui doivent faire en extrême priorité l'objet d'une action de conservation.

Les manchots. Agenouillé au-dessus d'une fosse à ordures sur la côte de Patagonie, le visage reflétant leur dégoût pour la tâche qu'ils sont en train d'accomplir, trois biologistes ouvrent l'un après l'autre le ventre de jeunes manchots morts. « Un seul morceau de calmar », commente Dee Boersma pour ses étudiants argentins alors qu'ils enregistrent une nouvelle victime de l'hécatombe que connaît la population de manchots de Punta Tombo du fait du manque de nourriture.

Une étude vieille de soixante-dix ans, qui suit plus de 40 000 manchots du détroit de Magellan ayant été marqués, fournit un formidable outil de diagnostic pour juger de la santé de la faune sauvage des côtes de Patagonie. Ici, les manchots, les cormorans et autres oiseaux marins, éléphants de mer et otaries sont concurrencés par le lieu de pêche dont la croissance est la plus rapide de l'hémisphère Sud, près d'un site où l'écotourisme est le plus important de Patagonie. Les études menées sur la côte ont permis de découvrir notamment que 41 000 manchots mouraient chaque année de la pollution pétrolière – essentiellement du dégazage. Cette situation a aujourd'hui pris fin – du moins nous l'espérons.

Richard Feynman, Prix Nobel de physique, a un jour déclaré : « La science est une méthode permettant de faire des découvertes [...], la méthode étant fondée sur le principe selon lequel l'observation permet de juger si quelque chose est vrai ou non. » Ce que les scientifiques et les biologistes spécialistes de la conservation tentent de faire, c'est de trouver des faits, de découvrir des modèles et de mettre en œuvre des principes permettant de prévoir ce qui pourrait se produire dans des situations similaires, et d'aboutir ainsi à la conservation des espèces. Leur leitmotiv est : « découverte, engagement, protection ». Les résultats, ce sont, par exemple, les parcs et les réserves ; les couloirs de circulation des animaux sauvages ; la formation de protecteurs de la nature locaux ; la conservation des espèces fondée sur la communauté ; les réglementations en matière de pêche, de chasse et de déboisement ; la surveillance des maladies ; les estimations relatives aux capacités de charge pour la faune sauvage. Les approches sont aussi nombreuses que les organisations de protection.

QUELS ANIMAUX SAUVAGES SAUVER EN PRIORITÉ ? Les partisans de la conservation ont fait d'énormes efforts pour mettre en place des systèmes de priorité. Cela va des longues listes d'animaux uniques ou sacrés aux approches représentatives de grande ampleur, avec des cartes mondiales des « écorégions » importantes ou des « points chauds », dont la biodiversité est riche. En fin de compte, la sauvegarde de la faune sauvage se résume généralement à la sauvegarde de son habitat – mais pas toujours.

Le fait de fixer des priorités nous aide à mettre le doigt sur la faiblesse des ressources, mais ne nous dit pas vraiment comment mettre en œuvre la conservation des espèces. Joshua Ginsberg fait remarquer : « Nous devons trouver le moyen de protéger la fonction des écosystèmes et d'assurer la stabilité à long terme, sinon le temps passé à fixer des priorités n'aura servi à rien. » Il n'existe sûrement pas de méthode infaillible pour protéger la fonction des écosystèmes, surtout lorsque ces écosystèmes sont importants. Mais, quand ils sont petits, ils sont très vulnérables.

La survie de la plupart des habitats les plus diversifiés sur le plan biologique dépend généralement de la pollinisation ou de la colonisation par des espèces animales clés, ce qui veut dire que l'avenir de leur végétation peut disparaître du jour au lendemain avec le déclin de ces animaux. Faisant allusion au rôle que jouent les oiseaux et les mammifères dans la replantation des forêts avec les graines qu'ils rejettent avec leurs déjections, Andrew Mack a dépeint les forêts de Papouasie-Nouvelle-Guinée, qui peuvent abriter 228 espèces d'arbres par hectare, comme étant le « fruit de cinq cents ans d'excréments animaux. » La biodiversité, qui se rapporte au nombre d'espèces, focalise tellement l'attention en matière de protection que les autres éléments essentiels se trouvent souvent oubliés ; par exemple, l'importance des populations par espèce, leur biomasse, le besoin vital d'effectuer des migrations, ainsi que les impératifs écologiques, telle la prévention de la fragmentation de l'habitat.

Quelle que soit l'approche retenue, la fréquence d'une espèce n'est pas un critère suffisant. Les espèces moyennement ou largement répandues sont la composante la plus menacée de la biodiversité, mais certains invertébrés sont bien plus menacés encore. En effet, les espèces de coléoptères sont mille fois plus nombreuses que toutes les espèces de mammifères, oiseaux, reptiles, amphibiens et poissons réunies. Nous ne pouvons donc pas nous occuper de toutes les espèces d'animaux sauvages en les plaçant sur un pied d'égalité. La survie à long terme de deux espèces d'éléphants menacées a une plus grande importance pour la société et pour l'écologie de très grands espaces naturels que deux espèces de cicindèles champêtres, guppys ou fauvettes. La conservation des espèces ne peut pas ne pas être intégrée dans une échelle de valeurs, et elle l'est sur le plan écologique.

LES STRATÉGIES. La Wildlife Conservation Society concentre ses priorités sur les « sites et les espèces vivant sur ces sites », cette approche étant différente de l'énorme travail effectué par le Nature Conservancy et le World Wildlife Fund, par exemple, tout en étant compatible avec celui-ci. En mettant l'accent sur la fonction des écosystèmes et sur les espèces comme moyens essentiels pour parvenir à la conservation de la faune sauvage, la Wildlife Conservation Society travaille à sauvegarder les individus qui ont besoin des espaces les plus étendus et les plus diversifiés dans un site. L'idée n'est pas seulement d'assurer leur survie, mais aussi d'avoir l'impact positif le plus important possible sur la biodiversité dans son ensemble, en sauvegardant les habitats empiétant sur les besoins de nombreuses autres espèces. Les parcs jouent certes un rôle décisif, mais ils sont rarement assez vastes pour que des populations ayant une fonction écologique s'imposent.

En 1987, William Newmark a publié une étude sur certains des plus grands parcs nationaux protégés d'Amérique du Nord. Il a découvert que vingt-sept espèces de mammifères s'étaient déjà éteintes dans au moins l'un d'entre eux. De plus, ce qui n'est pas surprenant, le nombre d'extinctions était en général inversement proportionnel à la taille du parc. Mais les grands prédateurs constituent un problème à part. Une femelle jaguar au Pérou a besoin de 20 kilomètres carrés au minimum pour elle et pour ses petits, alors qu'un couple de harpies a besoin de 50 kilomètres carrés environ. Le système mis en place à la Manú Reserve, qui s'étend sur 2 millions d'hectares, ne permet qu'à dix familles (soit soixante individus environ) de loutres géantes de subsister. Les animaux vivant en colonies, comme les phoques, les otaries, les manchots ne peuvent survivre que là où ils disposent de nourriture en grande quantité et sur un espace relativement concentré, ce qui explique que leurs lieux de reproduction soient aussi singuliers et aussi vulnérables.

Même sans changement climatique à l'échelle mondiale, les ressources des sites protégés se modifient avec le temps et se révèlent peu à peu moins adaptées aux besoins d'un grand nombre de leurs hôtes originels. Il n'existe pas de substitut à un écosystème actif ni à la conservation des espèces, surtout depuis que l'homme a concentré la faune sauvage dans des zones de plus en plus réduites. La plupart des réserves naturelles deviendront, à long terme, plus ou moins artificielles. Nous devons être prêts à aider leurs populations sauvages en créant des réservoirs d'individus captifs, en les transplantant, en les soignant, et, le cas échéant, en maîtrisant leur nombre.

LA CONSERVATION DE LA FAUNE SAUVAGE PAR LE BIAIS HUMANITAIRE. La sauvegarde de la faune sauvage est un processus social soumis à des valeurs culturelles très divergentes. Le soutien apporté à la plupart des animaux sauvages de l'Inde, en particulier aux éléphants, qui tuent chaque année environ trois cents personnes, est uniquement culturel. Les animaux sauvages sont virtuellement condamnés en Inde partout où les habitants n'ont culturellement aucune sympathie pour eux. Mais des sympathisants peuvent s'égarer… Dans le Massachusetts, des avocats des droits des animaux ont attaqué en justice des membres de l'administration chargée de la sauvegarde des animaux qui tentaient de contrôler des populations de mouettes anormalement élevées. Les mouettes sont en train de détruire des colonies de sternes de Dougall, espèce menacée d'extinction. D'autres ont fait pression pour empêcher des partisans de la conservation d'éliminer les lapins et les chèvres des îles de différentes régions du monde, leur introduction ayant fini par y provoquer l'extinction de plusieurs espèces végétales ou animales indigènes. Bien que ces actions soient suscitées par de bonnes intentions, elles mettent en évidence un fossé intellectuel entre la volonté et les résultats.

Les chèvres domestiques, les lapins, les cochons, les chiens et les chats constituent un fléau particulier pour la faune sauvage, spécialement dans les sites confinés. Le seul espoir que peuvent avoir les créatures vivant sur de nombreuses îles, que ce soit les tortues géantes des Galápagos et les iguanes terrestres, les boas de l'île de Round ou les râles de l'île de Howe, est l'extermination des animaux domestiques qui y ont été introduits. Mais l'émotion suscitée par la cruauté potentielle d'une telle mesure a empêché à plusieurs reprises toute action en ce sens. Il est nécessaire que nous arrivions à tempérer nos sentiments en nous informant et en faisant preuve de discernement.

En 1874, le charmant et étrange petit troglodyte de l'île de Stephen, en Nouvelle-Zélande, fut découvert, puis exterminé, en une seule année, par un chat appartenant à un gardien de phare… Une espèce entière ! Cette aventure, provoquée par la rencontre d'une espèce rare, vivant dans un site confiné, et d'un chat d'une grande dextérité, est certainement unique en son genre. Vraiment ? Une étude faite sur 77 chats des rues en Grande-Bretagne a montré que ce délicieux animal domestique bien nourri était le principal assassin des petits oiseaux et mammifères dans les villes et les banlieues. Certains chats ne tuent pas moins de quatre cents oiseaux et mammifères en une seule année !

Stanley Temple, professeur à l'université du Wisconsin, a calculé qu'il y avait maintenant à peu près 2 millions de chats retournés à l'état sauvage dans le Wisconsin et pas

MACAQUES DU JAPON
(*Macaca fuscata*), ALPES JAPONAISES, HONSHU, JAPON

AIGLE MARTIAL

(*Polemaetus bellicosus*), PARC NATIONAL SAMBURU, KENYA

moins de 100 millions dans l'ensemble des États-Unis. Mais le manque de clairvoyance est quelquefois encore plus dramatique que les chats.

En 1988, à une époque où les braconniers chasseurs d'ivoire assassinaient les éléphants pour que soient sculptés des souvenirs ou fabriquées des touches de piano, à la vitesse d'un toutes les huit minutes, et où leur population avait baissé de 50% en deux ans, le magazine Time publia un reportage détaillé sur la situation. M. Paul Sarnoff de Baldwin, dans l'État de New York, envoya une lettre indignée. Il écrivait : « Vous avez insisté sur le commerce de l'ivoire en Asie, mais vous avez omis de mentionner l'impact économique qu'une interdiction de la vente de l'ivoire aurait sur les artistes travaillant l'ivoire dans d'autres parties du monde. Qu'est-ce qui est plus important, un éléphant ou un être humain ? » M. Sarnoff considérait la protection des éléphants comme une atteinte au bien-être des sculpteurs d'ivoire – mais que dire du guide accompagnateur et du touriste ? de chaque être humain, qu'il soit scientifique, rêveur, membre d'une tribu ou poète ? Les défenseurs de tels points de vue ne sont pas rares, mais comment peut-on justifier l'existence d'un commerce qui les détruit eux-mêmes tout autant qu'il détruit les éléphants ?

LES MÉGAZOOS. En 1987, le parc national du lac Nakuru au Kenya a été complètement clos par mesure de sauvegarde, et je me suis rendu à Nairobi pour observer les résultats en compagnie d'un écologiste de la Wildlife Conservation Society, David Western. Le parc est petit : environ 184 kilomètres carrés, occupés en majeure partie par le lac salé de Nakuru, peu profond. Depuis le Cessna, la clôture du parc se voyait facilement ; 3 mètres de haut, alimentée en énergie électrique et solaire, entourée de fermes. On distinguait aussi les enclos destinés au programme de réintroduction des rhinocéros et un troupeau de girafes de Rothschild, introduites il y a quelques années et aujourd'hui en augmentation. Submergeant la vue, un immense manteau rose recouvrait une grande partie du lac ; plus de un demi-million de flamants. À terre, à bord d'un camion, je fus ravi par l'extraordinaire quantité de phacochères, kobs et impalas.

Le parc national du lac Nakuru est devenu un mégazoo, un musée vivant plutôt qu'un élément d'un écosystème très important fonctionnant de façon plus ou moins naturelle. À partir d'aujourd'hui, les animaux devront être soignés et gérés d'un point de vue écologique, comportemental, génétique et démographique. À long terme, certains devront être accouplés, triés et soignés de façon sélective. Leur habitat devra être surveillé et contrôlé ; la santé, la régénération et la répartition des plantes qui y poussent observées aussi attentivement que celles des animaux qui y vivent.

Le coût pour le Kenya d'une gestion de parc aussi sophistiquée sera bien plus élevé que celui des simples services de protection exercés dans le passé. Ce qui se passe à Nakuru est typique de ce qui se passe dans une bonne partie du monde : disparition croissante de terres sauvages ; insularisation des parcs et des refuges, et altération de ceux-ci. La nature de l'enjeu de la sauvegarde des animaux sauvages est plus claire lorsqu'on l'examine sous l'angle des éléphants et des gnous.

Si l'on veut que les éléphants et les gnous survivent, il faut qu'ils soient répartis sur une zone suffisamment étendue et en nombre suffisamment important pour qu'ils puissent survivre aux différents aléas tels que les catastrophes naturelles et la maladie, et dans un habitat qui leur fournisse assez de nourriture, d'espace et d'eau, dans des zones climatiques appropriées et sur une base durable. Ce sont là les points essentiels, ensuite, les choses se compliquent. Où trouver ces zones ? Le fait qu'il y ait « assez » d'éléphants au Gabon et de gnous en Tanzanie suffit-il pour choisir le Kenya ? Une population minimale, dont le nombre serait calculé sur des bases biologiques, constitue-t-elle une alternative valable au spectacle grandiose qu'offrent de grands troupeaux ? Quelles nations et quelles communautés voudront assumer l'honneur de s'en occuper et d'en tirer les bénéfices, afin de pouvoir les gérer à long terme ? Et si la décision était prise d'« abandonner » les éléphants et les gnous, sommes-nous aussi prêts à abandonner l'extraordinaire éventail d'autres mammifères, oiseaux et plantes qui sont dépendants du maintien du rôle écologique qu'ils jouent en tant qu'architectes de la savane ?

Malheureusement, il existe beaucoup de Nakurus. Des champs de coton bordent un côté du grand Serengeti en Tanzanie, et des terres à blé délimitent le Mara au Kenya. Les 650 derniers gorilles des montagnes d'Afrique se fixent dans une minuscule zone encerclée par les fermes pratiquant les cultures les plus intensives du monde. Les éléphants, les gaurs, trois espèces de cerfs et deux de gibbons sont encerclés de la même manière dans le parc national mal protégé de Khao Yai, en Thaïlande.

QUEL HABITAT POUR LE FUTUR ? À quoi ressemblera l'Afrique à l'avenir ? Qu'adviendra-t-il des quelques forêts d'Asie encore existantes ? Des grandes jungles amazoniennes ? Imaginez les couverts d'un réseau de routes, de gigantesques entreprises agricoles, de places de parking, de villes, de banlieues, de fleuves et de cours d'eau refaçonnés, de plantations d'arbres bien ordonnées, de vastes écosystèmes artificiels.

La plupart des grandes espèces vont devenir dépendantes de l'homme. Nous devrons déterminer lesquelles de ces populations continueront à vivre ou non ; quels prédateurs pourront être maintenus en vie et combien ; quelles populations d'individus ils auront le droit de tuer, où et en quelle quantité. Et nous devrons décider, dans bien des cas, quels animaux vivront et lesquels mourront… Un bourbier complexe, sur un plan scientifique et éthique, que nous avons nous-mêmes créé.

Beaucoup s'imaginent que les projets audacieux de très grande envergure sont ceux qui offrent les meilleures chances à long terme à la faune sauvage. Le Wildlands Project aux États-Unis, qui établit une stratégie de rétablissement de la faune sauvage du continent, prévoit un système interconnecté, à l'échelle continentale, de sites sauvages protégés reliés par des couloirs. Voilà qui est pour le moins encourageant. Archie Carr, membre de la Wildlife Conservation Society, a conçu un programme pour l'Amérique centrale. Appelé « Paseo Pantera » (« Chemin de la panthère »), il tente de relier les petits parcs isolés et les sites sauvages de sept pays d'Amérique centrale afin de créer un écosystème cohérent suffisamment étendu pour permettre la sauvegarde des grands hôtes sauvages de la Méso-Amérique. En outre, les présidents de tous ces pays travaillent sur ce concept, mais ce projet va à l'encontre de certaines aspirations politiques et sociales, pour ne pas parler de celles d'ordre économique. Je crains que l'avenir ne produise le plus souvent des tentatives de sauvetage désespéré au cas par cas d'espèces en voie de disparition, avec un élevage en captivité et une réintroduction – là où leur habitat existe encore. La tâche n'est pas facile.

Les derniers troupeaux sauvages d'oryx d'Arabie ont été exterminés par des chasseurs de l'État d'Oman en 1972. Quelques animaux qui vivaient en captivité furent rassemblés et élevés en commun, et les réintroductions commencèrent au début des années 1980. Par bonheur, le nombre de ces étranges et magnifiques antilopes aux cornes élancées dépassa rapidement trois cents. On cria au succès ! Puis, en 1998-1999, une guerre locale entre tribus éclata, et la plupart des oryx furent massacrés une nouvelle fois. Les quelque cent individus qui restaient furent capturés et retournèrent en captivité.

Les protecteurs chinois de la nature et leurs collaborateurs étrangers rapportent que la surveillance du panda géant est médiocre, que des braconnages ont encore lieu, et qu'il existe des conflits importants entre l'administration des réserves de pandas et les communautés locales. Le nombre de pandas vivant en liberté est estimé entre 500 et 1 000 (un nouveau recensement est en cours), mais leur population est apparemment fragmentée en trente-deux groupes isolés, ce qui signifie inévitablement l'extinction. Ils sont 104 en captivité en Chine, mais ils ont des problèmes de consanguinité et les soucis biomédicaux sont nombreux. Il est tout à fait possible que la seule issue pour que le panda survive jusqu'au XXIIe siècle soit de créer une « métapopulation », impliquant des échanges entre animaux sauvages et captifs.

En 1974, il ne restait plus que quatre crécerelles malgaches sur l'île Maurice, dans l'océan Indien. Dès 1984, 400 d'entre elles avaient été élevées en captivité et 331 relâchées. Elles sont maintenant 600 dans la nature. Sur cette même île, il ne restait plus que 6 perruches de Maurice mâles et 2 femelles en 1987. Le fabuleux aviculteur Carl Jones renouvela l'expérience. Grâce à ses efforts, 22 d'entre elles ont été relâchées au cours de ces trois dernières années, et 100 vivent aujourd'hui à l'état « sauvage »...

Pour certaines espèces clés enfin, qui sont en passe de subir le sort des drontes, les seuls « habitats » viables, offrant une sécurité suffisante et une capacité à les entretenir dans un avenir prévisible, pourraient être les zoos.

CONSÉQUENCES IMPRÉVUES. Lorsque l'on me demande : « Qu'est-ce qui vous préoccupe le plus lorsque vous concevez un projet de sauvegarde ? », je réponds en général : « Les conséquences imprévues. » Au début du XXe siècle, les loutres de mer et les éléphants de mer avaient presque disparu. On pense qu'il n'y avait plus que de 1 000 à 2 000 loutres et moins de 100 éléphants de mer. Ces derniers sont maintenant au nombre de 125 000, mais les loutres de mer sont à nouveau en danger. Après des années de croissance, leur population dans les îles aléoutiennes a chuté de plus de 90 % depuis 1990. Au fur et à mesure de leur déclin, le nombre d'oursins a explosé, détruisant les étendues de varech qui sont indispensables aux poissons. Ce déclin semble être le résultat de la chasse intensive dont ils font l'objet de la part des baleines tueuses, qui mangent les loutres parce que leurs proies préférées, les phoques d'Alaska et les otaries, se raréfient. Les phoques et les otaries sont à leur tour en déclin à cause des pêcheries qui fleurissent dans cette zone. Conséquences imprévues !

En quoi avons-nous besoin de la fauvette à gorge orangée ou du rhinocéros noir, de l'aigrette, de l'aigle, de l'élan, du tigre, de la tortue, du gorille ou de la gazelle ? Il n'y a aucune raison d'espérer que l'une de ces créatures détienne le remède miracle pour venir à bout des problèmes de cancer, de sida ou de pauvreté. Ils ne favorisent pas la pollinisation de nos cultures et ne purifient pas notre eau. Ils sont simplement et merveilleusement fascinants ou terrifiants, magnifiques, exaltants, enrichissants ou tout bonnement agréables. Qui d'entre nous pourrait dire que cela suffit à une civilisation ?

Si les espèces comestibles ou compétitives doivent perdurer, leur sauvegarde devra être assurée, à un certain niveau, par les quelques sociétés humaines prospères qui s'en préoccupent suffisamment, et ce pour longtemps. Et ces sociétés devront travailler de façon intime et solidaire avec les communautés et les économies locales si elles veulent réussir. Elles devront gagner du temps.

La sauvegarde de la faune sauvage est vouée à devenir l'un des plus grands défis du XXIe siècle. Peut-être les nouveaux héros du monde seront-ils applaudis non pas pour avoir atterri sur une Lune stérile, mais pour avoir contribué à éviter que la Terre ne lui ressemble, pour avoir préservé les créatures et les sites sauvages des inégalités.

WILLIAM CONWAY

GNOU

(Connochaetes taurinus),

ET CROCODILE DU NIL

(Crocodylus niloticus), RÉSERVE NATIONALE MASAÏ MARA, KENYA

ÎLES ET OCÉANS

◂◂ALBATROS À SOURCILS NOIRS
West Point, Malouines, Royaume-Uni

◂BALEINE GRISE
Laguna San Ignacio, Basse-Californie, Mexique

MÉGAPTÈRES
Tonga, Pacifique Sud

IGUANES MARINS

Isla Fernandina, îles Galápagos, Équateur

BALBUZARD PÊCHEUR

Laguna San Ignacio, Basse-Californie, Mexique

ORQUE ET OTARIE

Península Valdès, Argentine

▲ ET ▶ ORQUE ET OTARIE

Península Valdès, Argentine

MÉGAPTÈRE

Frederick Sound, Alaska, États-Unis

MÉGAPTÈRE

Point Adolphus, Alaska, États-Unis

◂ PHOQUE VEAU MARIN

Tracy Arm, Alaska, États-Unis

LOUTRE DE MER

Monterey Bay, Californie, États-Unis

◂OTARIE D'AFRIQUE DU SUD
Côte atlantique, Afrique du Sud

CORMORAN DU CAP
Côte atlantique, Afrique du Sud

FOUS DU CAP

Côte atlantique, Afrique du Sud

PHAÉTONS À BEC ROUGE

Îles Bocas del Toro, Panamá

◂ BARGES MARBRÉES ET CHEVALIERS SEMI-PALMÉS
Laguna San Ignacio, Basse-Californie, Mexique

OTARIE DE CALIFORNIE
Isla Santa Fe, îles Galápagos, Équateur

FOUS MASQUÉS

Isla Española, îles Galápagos, Équateur

TORTUE GÉANTE

Isla Santa Cruz, îles Galapagos, Équateur

▸ AIGLES DE MER

Îles Bocas del Toro, Panamá

◂GRANDS DAUPHINS
Îles Bocas del Toro, Panamá

POISSONS-CHIRURGIENS DES GALÁPAGOS
Isla Fernandina, îles Galápagos, Équateur

RASCASSE

Pulau Sipadan, Malaisie

POISSON-CLOWN

Pulau Sipadan, Malaisie

TORTUE VERTE

Pulau Sipadan, Malaisie

▸ RÉCIF CORALLIEN

Pulau Sipadan, Malaisie

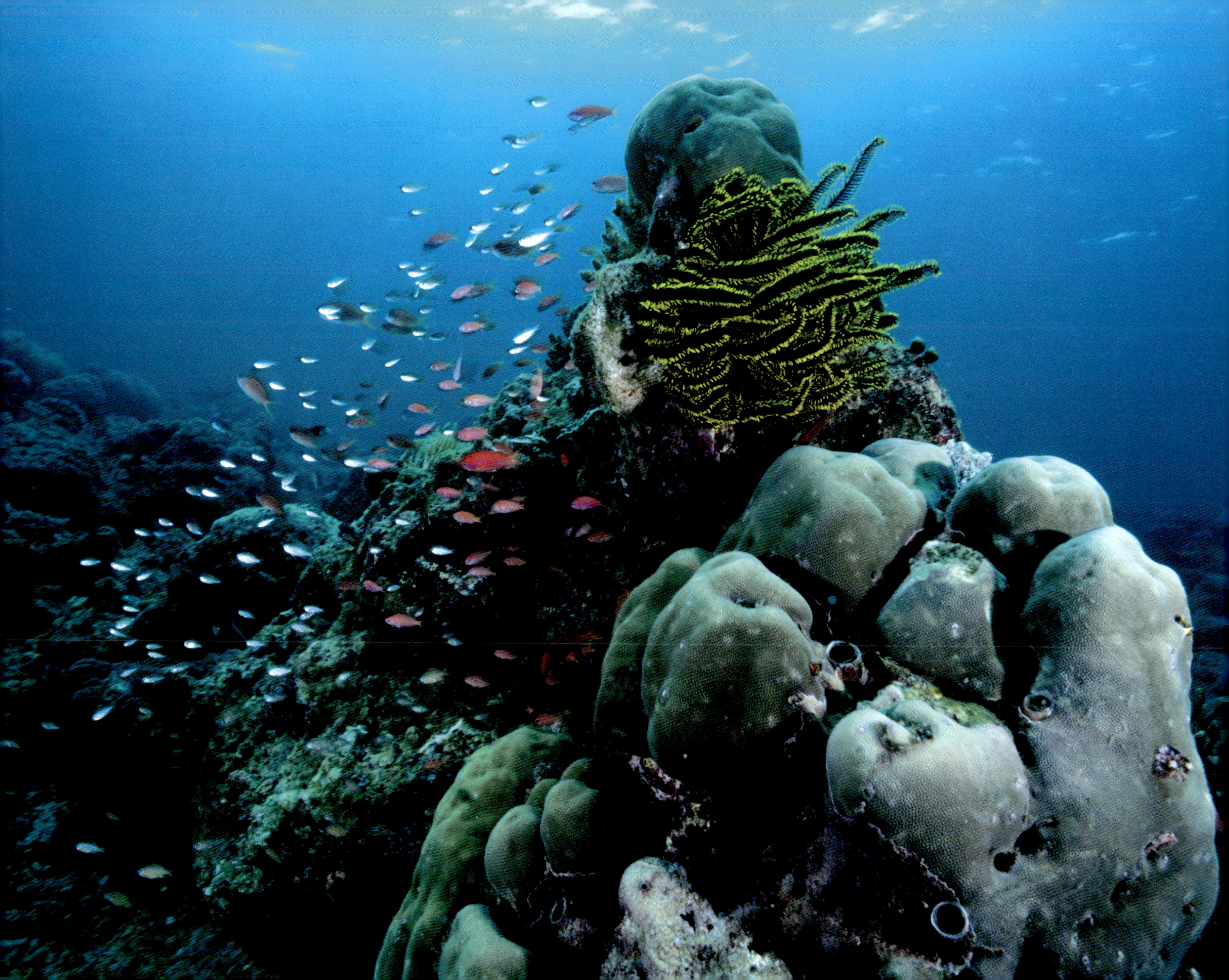

◂GRAND REQUIN BLANC
Côte sud, Afrique du Sud

OTARIE DE CALIFORNIE
Isla Seymour, îles Galápagos, Équateur

PYGARGUE À TÊTE BLANCHE
Île Unalaska, Alaska, États-Unis

PYGARGUE À TÊTE BLANCHE

Île Unalaska, Alaska, États-Unis

MACAREUX MOINE
Île Vestmannaeyjar, Islande

CYGNES CHANTEURS

Île Hokkaido, Japon

PAGES 18-19

ALBATROS À SOURCILS NOIRS
(*Diomedea melanophris*)

West Point est l'une des quatre cent vingt îles de l'archipel des Malouines, dans l'Atlantique Sud. On y trouve une colonie de plusieurs centaines de milliers d'albatros à sourcils noirs, qui nichent là d'octobre à avril, chaque couple couvant un seul œuf dans un nid de boue conique. Les Malouines abritent la plus grande colonie d'albatros à sourcils noirs au monde, sur l'île de Steeple Jason. À West Point, les albatros partagent l'île avec des manchots papous (*Pygoscelis papua*), des mouettes de Magellan (*Chloephaga picta leucoptera*) et des brassemers des Malouines (*Tachyeres brachypterus*). L'absence de prédateurs terrestres a rendu la faune très confiante. Ici, les seuls prédateurs naturels viennent du ciel, sous la forme de labbes et de caracaras. Toutefois, lorsque les hommes colonisent de tels endroits, ils apportent souvent avec eux des chats, des chiens et (involontairement) des rats, qui modifient l'équilibre entre prédateurs et proies, et dévastent les colonies d'oiseaux vulnérables.

AW : Chaque fois que je rencontre des animaux extraordinairement détendus, j'essaie de tirer parti de la situation. Dans ce cas précis, non seulement j'ai réussi à photographier ces albatros à faible distance avec un objectif grand angle, mais, comme ils restaient vraiment impassibles, j'ai aussi pu diaphragmer jusqu'à f/22, ce qui m'a permis de faire la mise au point sur l'ensemble. J'ai utilisé un filtre de polarisation pour faire ressortir le bleu très profond de l'océan. J'ai également utilisé un filtre de densité neutre ND4 pour assombrir le ciel et uniformiser l'exposition de l'ensemble de la composition.

Canon EOS-3, objectif Canon EF 17-35 mm, f/22 à 1/8 de seconde, filtre de polarisation, filtre de densité neutre ND4, film Fujichrome Velvia

PAGE 20

BALEINE GRISE
(*Estrichtius robustus*)

Autrefois, on trouvait des baleines grises aussi bien dans le Pacifique Nord que dans l'Atlantique Nord. L'espèce a disparu de l'Atlantique Nord avant 1700, après plusieurs siècles de chasse intensive. Dans le Pacifique, l'espèce vivait autrefois au large de la Chine, du Japon et de la Corée. Elle fut exterminée avant 1900 en mer du Japon, tandis qu'en 1933 elle avait presque disparu des côtes sud de la Corée.
Des observations sporadiques suggèrent toutefois que plusieurs dizaines, voire quelques centaines d'individus ont survécu. Les baleines grises du Pacifique Est ont également été presque exterminées ; au début du XXe siècle, il n'en restait que quelques milliers. L'espèce fut intégralement protégée (excepté pour quelques baleiniers indigènes) en 1946, et l'on estime aujourd'hui à 23 000 le nombre de baleines grises vivant sur les côtes occidentales de l'Amérique du Nord. L'urbanisation côtière et les dérangements constituent de nouveaux risques encore mal évalués.

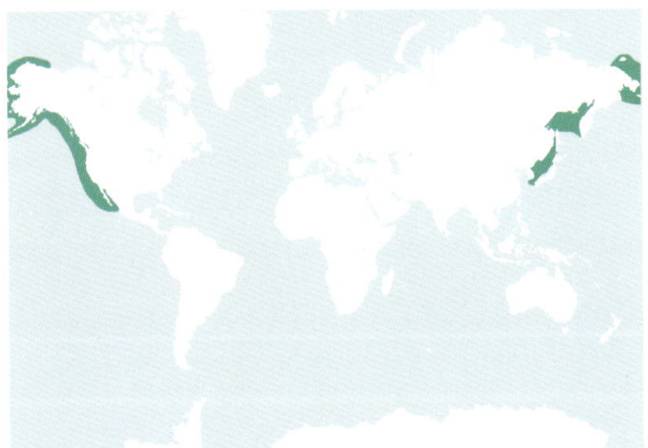

AW : Chaque automne, les baleines grises quittent leurs quartiers d'été des mers de Béring et des Tchouktches et descendent le long de la côte occidentale de l'Amérique du Nord. Elles se dirigent vers les eaux protégées qui se trouvent le long de la côte pacifique de Bahia, et elles passent les mois d'hiver à manger, à se reposer, à frayer et à mettre bas. Placé dans la perspective aérienne qu'offre un ULM, j'ai photographié une baleine grise en train de sauter, avec mon objectif préféré pour les prises de vue aériennes, le zoom 70-200 mm.

Canon EOS-3, objectif Canon EF 70-200 mm, f/2.8 à 1/1 000 de seconde, film Fujichrome Astia

PAGE 21

MÉGAPTÈRE
(*Megaptera novaeangliae*)

Également appelé « baleine à bosse », le mégaptère est unique. Aucun autre représentant de la famille des Balaenopteridae ne possède les longues nageoires pectorales effilées typiques de cette espèce. Elles mesurent habituellement un tiers de la longueur totale de l'animal, soit plus de 4 m pour un mégaptère de 12,5 m de long. Les adultes atteignent un poids d'environ 30 tonnes (l'équivalent de six éléphants d'Afrique *Loxodonta africana* mâles de taille moyenne). Le mégaptère femelle donne naissance à un seul jeune après une gestation qui dure entre onze mois et onze mois et demi. Le baleineau mesure de 4 à 5 m de long à la naissance et pèse environ 1 350 kg. Le jeune est allaité pendant près de un an et reste encore quelque temps au côté de sa mère après le sevrage. Dans la plupart des populations, les femelles mettent bas tous les deux ans, bien que certaines puissent le faire chaque année.

AW : Peu d'expériences personnelles sont comparables à la poussée d'adrénaline que j'ai ressentie en regardant une baleine à bosse et son baleineau de un an remonter des profondeurs bleues de l'océan au-dessus de moi. Pendant quelques secondes, j'ai eu l'impression qu'ils se dirigeaient directement sur moi, mais ils ont viré de bord au dernier moment et ont surgi de l'eau à une dizaine de mètres Après avoir pris plusieurs fois leur respiration à la surface, ils ont plongé, me laissant barboter absolument stupéfait à la surface.

Canon EOS-1N, boîtier étanche, objectif Canon EF 15 mm, f/8 à 1/60 de seconde, film Fujichrome Astia (poussé d'un diaphragme)

PAGES 5, 22

IGUANE MARIN
(*Amblyrhynchus cristatus*)

Les iguanes marins des îles Galápagos sont les seuls lézards marins au monde. Il est probable que ces créatures uniques ont été les premières à atteindre les Galápagos – via des radeaux naturels – juste après la formation de ces îles, il y a environ 4 à 5 millions d'années. À l'origine terrestres, ils évoluèrent progressivement pour tirer profit de l'environnement marin très productif. Mesurant de 60 cm à 1 m de long, ils sont classiquement noirs ou gris foncé, bien que certaines populations locales puissent être plus colorées. Sur l'île Fernandina, il existe une forme rouge de l'iguane marin, tandis qu'en d'autres endroits les iguanes sont de teinte verdâtre. Bien qu'une seule espèce soit reconnue, l'isolement résultant de la myriade d'îles de l'archipel a augmenté la diversité et créé de nombreuses sous-espèces. La population est estimée entre 200 000 et 300 000 iguanes marins, avec jusqu'à 8 000 individus par kilomètre de côte.

AW : Sur cette photo, les iguanes marins absorbent les derniers rayons du soleil couchant. Ces reptiles aquatiques venaient de sortir de la mer après s'être nourris d'algues marines. Je me suis lentement approché d'eux avec un trépied et un appareil équipé d'un objectif grand angle 17-35 mm. J'avais déjà écarté les pieds du trépied de manière à faire aussi peu de mouvements que possible une fois auprès d'eux. J'ai utilisé un filtre de polarisation pour faire ressortir la couleur des nuages et augmenter le contraste entre les vagues et l'eau. J'ai également utilisé un filtre de densité neutre ND4 pour assombrir le ciel.

Canon EOS-3, objectif Canon EF 17-35 mm, f/22 à 1 seconde, filtre de polarisation, filtre de densité neutre ND4, film Fujichrome Velvia

PAGE 23

BALBUZARD PÊCHEUR

(Pandion haliaetus)

Comme celles de nombreux rapaces, les populations de balbuzards pêcheurs ont connu un déclin dramatique dans les années 1950 et 1960, lorsque leurs proies – des poissons – furent contaminées par le DDT. En se concentrant dans la chaîne alimentaire, ce pesticide affectait la reproduction de ces prédateurs en fragilisant la coquille des œufs. Grâce à une protection sévère et à une réduction de la pollution, les effectifs remontèrent. Le balbuzard pêcheur vit le long des côtes et près des plans d'eau. Il pèse 1,4 kg pour une envergure d'environ 1,60 m. Il plonge dans l'eau pour capturer des poissons, jusqu'à 1 m sous la surface. Il lui arrive plus rarement de capturer des oiseaux, de petits mammifères et des amphibiens. Les balbuzards s'apparient pour la vie et utilisent souvent le même nid d'année en année. La femelle pond de deux à quatre œufs, qui sont couvés par les deux parents ; après l'éclosion, elle monte la garde sur le nid tandis que le mâle pêche.

AW : Sur une minuscule île située à l'intérieur de Laguna San Ignacio niche une population importante de balbuzards pêcheurs. Les nids peuvent être installés à 100 m d'intervalle. J'ai pris cette photo avec un objectif grand angle de 17-35 mm. J'ai placé mon trépied près du nid et utilisé un filtre de densité neutre ND4 pour assombrir les nuages, ainsi qu'un fill-in pour mettre l'oiseau en valeur. J'ai déclenché l'obturateur en utilisant le déclenchement à distance.

Canon EOS-3, objectif Canon EF 17-35 mm, f/16 à 1/8 de seconde, filtre de densité neutre ND4, fill-in, film Fujichrome Velvia

PAGE 24

ORQUE

(Orcinus orca)

Avec une longueur maximale de 8,50 m (femelle) et 9,80 m (mâle) pour un poids atteignant 5,5 tonnes (femelle) et 9 tonnes (mâle), l'orque ou épaulard est le plus grand représentant de la famille des dauphins (Delphinidae). Ces cétacés aisément identifiables se rencontrent dans toutes les mers du globe. Se nourrissant de poissons, de phoques, d'otaries et d'autres cétacés, l'orque fréquente surtout les eaux côtières où ses proies abondent. C'est un chasseur redoutable, utilisant souvent de nouvelles techniques pour capturer ses proies – par exemple, en se jetant sur les plages en Argentine, ou en brisant la glace pour mettre ses victimes à l'eau. L'orque est un animal très sociable, et les groupes peuvent compter jusqu'à quarante individus. De tels troupeaux sont généralement formés de familles conduites par un grand mâle âgé. Au sein du troupeau, de nombreux « sous-groupes » se forment, chacun étant constitué d'une femelle et de sa descendance.

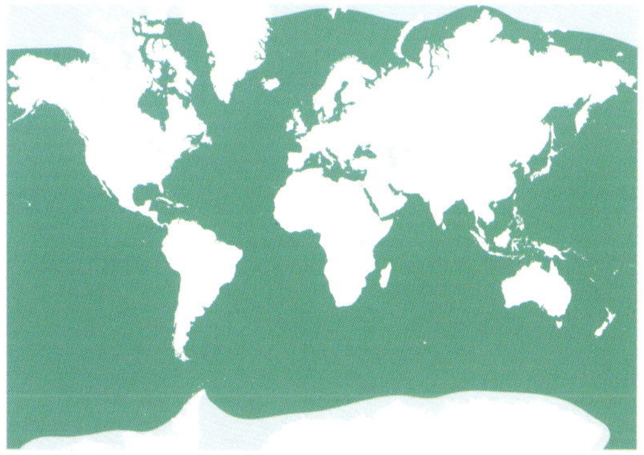

AW : Le spectacle d'orques chassant des otaries sur les plages de la Peninsula Valdes en Argentine est l'un des plus incroyables auxquels il m'ait été donné d'assister. La principale difficulté pour prendre cette photo et les deux de la page 25 a été de trouver la bonne exposition : un animal noir et blanc et de l'eau en contre-jour sont des sujets délicats. J'ai d'abord déterminé la vitesse d'obturation nécessaire pour figer l'action. Ensuite, j'ai mis mon appareil en exposition manuelle et mesure spot à distance des rochers gris neutre de la plage.

Canon EOS-IN/RS, objectif Canon EF 600 mm, multiplicateur de focale Canon Extender EF x1.4, f/8 à 1/500 de seconde, film Fujichrome Velvia

PAGE 25

ORQUE

(Orcinus orca)

À la naissance, les jeunes orques pèsent environ 180 kg et peuvent atteindre 2,40 m de long. Les femelles ont entre douze et seize ans quand elles élèvent leur premier jeune, et peuvent en avoir environ cinq au cours de leur vie. Souvent considérées comme dangereuses, les orques n'ont jamais constitué une menace réelle pour l'homme. Néanmoins, elles sont entrées en conflit avec les humains lorsqu'elles se sentaient menacées ou qu'elles étaient en compétition pour les ressources en poissons Au cours des années 1950, les orques étaient couramment tirées à la mitrailleuse, et, plus récemment, tuées par les pêcheurs professionnels parce qu'elles endommagent les filets. Les orques n'ont jamais été la cible de l'industrie baleinière, mais des centaines d'entre elles ont été tuées certaines années pour leur graisse. Certaines populations ont également subi des captures régulières destinées aux delphinariums. On estime la population mondiale à environ 100 000 orques.

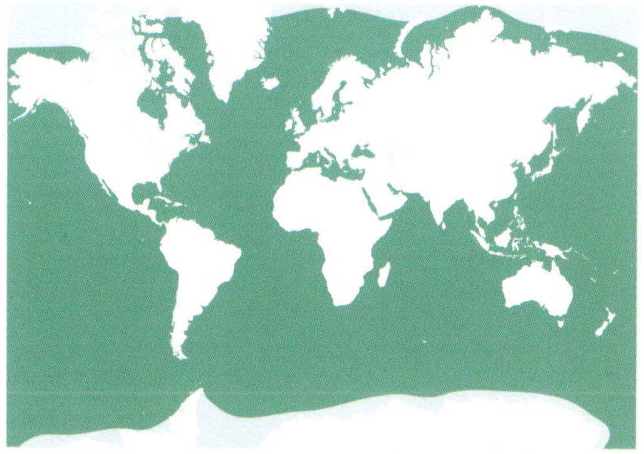

AW : Sur ce deux photos, une orque apprend à chasser à son petit. L'adulte a déjà attrapé une otarie et montre à son petit comment mettre sa proie hors de combat en la secouant avec sa gueule et en lançant ensuite le pauvre animal en l'air avec ses puissantes nageoires. Ici, comme pour la photo de la page 24, le problème était de trouver une vitesse d'obturation suffisamment rapide pour saisir l'action de façon nette.

Canon EOS-IN/RS, objectif Canon EF 600 mm, multiplicateur de focale Canon Extender EF x1.4, f/8 à 1/500 de seconde, film Fujichrome Velvia

PAGE 26

MÉGAPTÈRE

(Megaptera novaeangliae)

Chaque printemps, les mégaptères traversent le Pacifique Nord des îles Hawaii au sud-est de l'Alaska. En Alaska, les eaux froides abritent une grande quantité d'animaux marins, dont des millions de poissons et de crustacés ressemblant à des crevettes (le krill). Lorsque les baleines à fanons, comme le mégaptère, se nourrissent de ces organismes, elles avalent un énorme volume d'eau – et de poissons. Puis elles rejettent l'eau à travers leurs fanons, qui retiennent les proies à l'intérieur. En se nourrissant en groupes, les mégaptères augmentent leurs chances de succès. Les groupes, qui comptent souvent plus d'une dizaine de mégaptères, plongent sous les bancs de poissons ou de krill, et tournoient en faisant des bulles d'air qui emprisonnent les proies dans une sorte de filet de bulles. Les poissons sont désorientés par les bulles, et lorsque celles-ci atteignent la surface, les baleines nagent dans le banc de poissons, avalant cette masse de nourriture concentrée.

AW : Pour obtenir ce cliché, j'ai scruté l'eau jusqu'à localiser le cercle de petites bulles crevant la surface tranquille, dénonçant la présence de l'animal. Tout en faisant ma mise au point sur les bulles, j'ai attendu quelques instants, avant que cette tranquillité ne se transforme en quelques secondes de frénésie vorace, lorsque les baleines à bosse se sont élevées jusqu'à 3 m au-dessus de la surface de l'eau à la poursuite de krill. J'avais déjà calculé mon temps d'exposition le plus rapide en fixant mon ouverture à f/5.6 et en prenant la vitesse d'obturation correspondante, à distance des ondulations de couleur neutre environnantes.

Canon EOS-IN, objectif Canon EF 70-200 mm, f/5.6 à 1/125 de seconde, film Fujichrome Provia

PAGE 27

MÉGAPTÈRE

(*Megaptera novaeangliae*)

Les mégaptères effectuent volontiers des sauts hors de l'eau ou frappent l'eau de leur queue ou de leurs nageoires. Ces comportements réalisés à proximité des côtes font du mégaptère une espèce recherchée par les observateurs de baleines. Ce qui les rendait attirants pour les baleiniers, c'est la lenteur de leurs déplacements. Entre 1904 et 1939, 102 298 mégaptères furent tués dans l'hémisphère Sud. Leur protection intervint en 1966, et leurs effectifs se reconstituent lentement ; aujourd'hui, il y a de 15 000 à 20 000 mégaptères, soit environ 15-20 % de la population originelle. Bien que les mégaptères n'aient plus à craindre les baleiniers, ils doivent de plus en plus partager leur habitat côtier avec l'homme. Les océans foisonnent de navires, de bateaux de pêche ou de plaisance, qui génèrent du bruit et des dérangements. Les baleines sont des animaux très sensibles aux sons, et l'on ignore si cette pollution sonore ne pourrait pas réduire leurs chances de retrouver des effectifs élevés.

AW : J'ai vécu l'une de mes expériences photographiques les plus passionnantes au large de Point Adolphus dans le sud-est de l'Alaska. Une jeune baleine à bosse a surgi neuf fois de suite juste devant mon petit bateau de pêcheur, à 15 m seulement. Lorsque la baleine surgissait, elle restait au-dessus de la surface quelques secondes seulement, rendant encore plus difficiles le cadrage, la mise au point et le déclenchement de l'obturateur. Là, je me suis fié à l'autofocus, dans la mesure où j'avais déjà déterminé la bonne exposition en mesurant manuellement l'exposition à distance des falaises grises se trouvant derrière.

Canon EOS-IN, objectif Canon EF 70-200 mm, f/4.5 à 1/500 de seconde, film Fujichrome 100

PAGE 28

PHOQUE VEAU MARIN

(*Phoca vitulina*)

En Alaska, le phoque veau marin, bien que moins associé à la glace que les autres phoques arctiques, est fréquemment observé dans les fjords gelés. Les veaux marins sont très répandus, mais les conflits avec les pêcheurs professionnels (dus au fait que les phoques volent volontiers les poissons pris dans les filets) ont conduit à des déclins locaux. Ailleurs, le dérangement des zones de mise bas, la pollution ou les maladies ont des impacts variés. En Europe, la maladie de Carré a entraîné la mort de la moitié des animaux dans certaines zones. Une évaluation précise des effectifs est difficile à réaliser, mais les meilleures estimations suggèrent des populations de 50 000 individus en Europe, de 10 000 à 15 000 en Asie orientale, de 40 000 le long des côtes occidentales d'Amérique du Nord, de 30 000 à 45 000 dans l'ouest de l'Atlantique et de 260 000 en Alaska, qui abrite la plus grande concentration au monde.

AW : À l'endroit où les glaciers plongent dans la mer, d'énormes pans de glace, mesurant souvent plus de 100 m de haut, se détachent et tombent dans l'océan, donnant naissance à des milliers de petits icebergs dérivants et à des « miettes d'iceberg ». Les veaux marins grimpent souvent sur les icebergs, à la recherche d'un endroit sûr pour se reposer. Sur cette photo, la couleur magnifique de la glace sert d'élément principal dans la composition, le phoque seul n'étant visible qu'après un examen approfondi.

Canon EOS-IN, objectif Canon EF 70 70-200 mm, f/11 à 1/60 de seconde, film Fujichrome Velvia

PAGE 29

LOUTRE DE MER

(*Enhydra lutris*)

Chassées de longue date pour leur épaisse fourrure, les loutres de mer comptaient autrefois 300 000 individus. Il en existe trois sous-espèces : *E. l. nereis* de la Basse-Californie à l'Oregon, *E. l. kenyoni* de l'Oregon aux îles Aléoutiennes et *E. l. lutris* de l'extrême-orient russe au Japon. En 1911, à la suite d'une chasse intensive, la population mondiale fut réduite à 1 000-2 000 individus. La protection permit de sauver l'espèce, qui compte aujourd'hui de 100 000 à 150 000 individus, pour la plupart en Alaska. Le long des côtes californiennes, la loutre de mer fut considérée comme éteinte dans les années 1920, mais un petit groupe de 50 à 100 animaux avait survécu près de Monterey. Dans les années 1970, la population avait remonté à environ 1 800 individus. Depuis, les loutres ont recolonisé des portions de leur aire d'origine. Toutefois, des essais de réintroduction en Colombie-Britannique, à Washington et dans l'Oregon ont en grande partie échoué.

AW : Les loutres de mer sont extrêmement difficiles à photographier. Leur habitat en pleine mer leur donne un champ de vision illimité. Pour obtenir ce cliché, j'ai traversé une zone protégée de marécages d'eau salée dans la baie de Monterey. Installé sur un Zodiac avec un fond en bois, j'avais une base parfaite. Mon objectif avait un stabilisateur d'image intégré, ce qui m'a permis d'ajouter un multiplicateur de focale x1.4 et d'obtenir malgré tout des expositions sans à-coups et assez lentes. Tout en dérivant vers la loutre, j'ai pu prendre plusieurs bobines de film sans déranger mon sujet.

Canon EOS-3, objectif IS Canon 500 mm, multiplicateur de focale Canon Extender x1.4, f/16 à 1/60 de seconde, film Fujichrome Velvia

PAGE 30

OTARIE D'AFRIQUE DU SUD

(*Arctocephalus pusillius pusillius*)

Arctocephalus pusillius est l'une des huit espèces australes d'otaries à fourrure. Elle est divisée en deux sous-espèces : celle d'Afrique du Sud et *A. p. doriferus* d'Australie. L'otarie d'Afrique du Sud vit sur 220 km de rivages, le long des côtes d'Angola, de Namibie et d'Afrique du Sud. Elle se nourrit surtout de poissons, de céphalopodes et de crustacés, et peut plonger jusqu'à plus de 200 m de profondeur. Le mâle peut dépasser 350 kg et commence à défendre un territoire de 10-20 m^2 en octobre ; il surveille ensuite les groupes de femelles qui se rassemblent dans cette zone. Les otaries furent sévèrement chassées en Afrique du Sud, à partir de 1610. À la fin du XIXe siècle, les populations étaient très réduites, mais se sont reconstituées depuis. Celles d'Afrique du Sud compteraient actuellement 2 millions d'animaux, dont 34 000 sont encore prélevés chaque année.

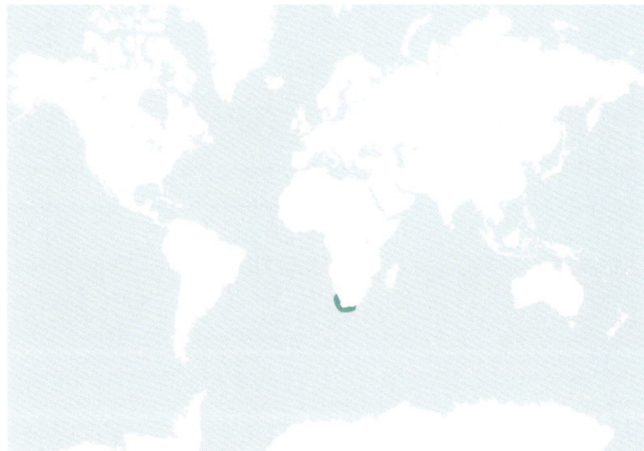

AW : Alors que je prenais des photos le long de la côte occidentale d'Afrique du Sud, j'ai repéré cette otarie assise sur un rocher. Comme le soleil se couchait et que les nuages impressionnants commençaient à changer de couleur, j'ai décidé de m'approcher de l'animal somnolent. J'ai traversé les rochers luisants pour me placer le plus près possible de l'otarie, 2 m environ. J'ai utilisé un filtre de polarisation et un filtre de densité neutre ND4, ce qui m'a permis de conserver les détails à la fois des nuages et des puissants brisants. Le plus difficile dans cette prise de vue a été d'empêcher le sel des embruns de recouvrir mes filtres.

Canon EOS-3, objectif Canon EF 17-35 mm, f/16 à 1/15 de seconde, filtre de polarisation, filtre de densité neutre ND4, film Fujichrome Velvia

PAGE 31

CORMORAN DU CAP

(*Phalacrocorax capensis*)

Les cormorans du Cap sont de grands oiseaux, mesurant une soixantaine de centimètres de long. Ce sont les cormorans les plus abondants des rivages d'Afrique du Sud ; ils nichent en grand nombre sur les îlots côtiers. On les reconnaît à leur long cou sinueux, à leurs longues ailes (les cormorans du Cap ont une envergure dépassant 1 m), et à leur bec terminé par un crochet. Les cormorans du Cap adultes sont noirs avec la poitrine et l'avant du cou brun foncé ; leur gorge est jaune, ce qui est typique. En mer, les cormorans flottent bas sur l'eau ; leur plumage n'est pas imperméable comme celui de la plupart des oiseaux aquatiques. Ils chassent les poissons sous l'eau en plongeant depuis la surface et en utilisant leurs ailes et leurs pattes pour se propulser. Après avoir capturé un poisson, ils retournent à la surface et l'avalent en une seule bouchée. De retour sur la côte, les cormorans se perchent ailes étendues pour sécher leur plumage au soleil.

AW : Quelques instants avant que le soleil ne se couche sur l'Atlantique Sud, j'ai photographié ce groupe de cormorans perchés sur les rochers de granit qui bordent l'océan. L'un des aspects les plus excitants mais aussi les plus frustrants de la photographie, c'est le court moment pendant lequel dure une lumière vraiment extraordinaire. Heureusement, dans ce cas, les fous, les otaries et les cormorans étaient tous très près, ce qui m'a permis de prendre les trois sujets à la fois pendant les vingt dernières minutes de jour. J'avais déjà décidé dans l'après-midi de l'endroit où je prendrais mes photos au crépuscule.

Canon EOS-3, objectif Canon EF 17-35 mm, f/11 à 1/30 de seconde, filtre de densité neutre ND4, film Fujichrome Velvia

PAGE 32

FOUS DU CAP

(*Morus capensis*)

Les fous du Cap mesurent de 84 à 89 cm de long. Ils sont blancs avec la calotte et la nuque jaunâtres, tandis que leurs rémiges primaires et secondaires ainsi que leur queue sont noirs (chez le fou de Bassan *Morus bassanus*, seules les primaires sont noires). Leur long bec en poignard est gris-bleu marqué de lignes noires typiques, et les adultes ont aussi un trait noir sous la gorge. Leurs yeux sont entourés d'un cercle oculaire bleu cobalt. Les fous sont des oiseaux grégaires, réputés communs le long des côtes d'Afrique du Sud. Ils se nourrissent de poissons, tels les sardines, les maquereaux et les anchois, qu'ils capturent en plongeant dans l'eau à grande vitesse. D'août à décembre, ils nichent en colonies, souvent en très grand nombre, sur les côtes et les îlots rocheux. Un seul œuf est pondu sur un monticule de boue, de guano et de brindilles. Mâle et femelle participent à l'élevage du jeune.

AW : Des milliers de fous du Cap colonisent un endroit isolé le long de la côte atlantique d'Afrique du Sud. Les prédateurs terrestres étant inexistants, ils n'ont en principe peur de personne. Pour des photos comme celle-ci, il est indispensable de placer l'appareil près du sol, mais de le monter malgré tout sur un trépied résistant, ce qui permet des f-stops très petits et des vitesses d'obturation longues. J'utilise des trépieds pivotants, comme ceux de la marque Gitzo, qui permettent une grande variété d'angles.

Canon EOS-3, objectif Canon EF 17-35 mm, f/16 à 1/15 de seconde, filtre de polarisation, filtre de densité neutre ND4, film Fujichrome Velvia

PAGE 33

PHAÉTONS À BEC ROUGE

(*Phaeton aethereus*)

Les phaétons vivent dans toutes les régions tropicales et subtropicales de l'Atlantique, du Pacifique et de l'océan Indien. À l'âge adulte, ces oiseaux de la taille d'une sterne possèdent deux plumes extrêmement longues à la queue ; ces filets peuvent atteindre 1 m de long. Les phaétons se nourrissent de calmars et de petits poissons, et chassent souvent de nuit lorsque les calmars montent en surface. En vol, ils effectuent des virages acrobatiques sur l'aile et plongent dans l'eau pour capturer leurs proies. Comme beaucoup d'espèces très aériennes, les phaétons sont gauches sur la terre ferme. Ils regagnent la côte uniquement pour nicher et affectionnent les sites de nidification qui leur permettent de s'envoler aisément – par exemple, une cavité dans une falaise. Le nid est une simple dépression, parfois garnie de quelques plumes, et l'œuf unique est couvé de quarante-deux à quarante-six jours.

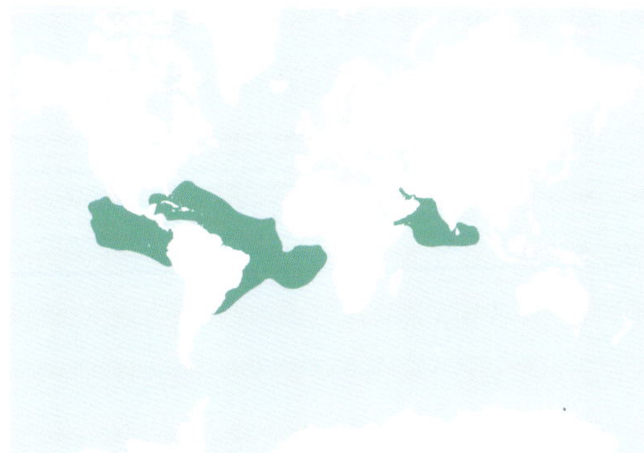

AW : Le magnifique plumage étincelant des phaétons en vol crée un contraste frappant avec le ciel d'un bleu profond. À terre, le phaéton offre une image différente : il est mal équipé pour marcher sur de longues distances. Dans la plupart des lieux de nidification, il niche simplement à l'endroit où il s'est posé. Mais, sur la petite île boisée où j'ai photographié cette mère et son petit, les oiseaux doivent faire un atterrissage rapide pour trouver un nid qui leur convienne. J'ai photographié ces oiseaux avec un objectif grand angle 17-35 mm de manière à pouvoir inclure une plus grande partie de l'habitat entourant le nid.

Canon EOS-IN, objectif Canon EF 17-35 mm, f/11 à 1/4 de seconde, film Fujichrome Velvia

PAGE 34

BARGE MARBRÉE

(*Limosa fedoa*)

Au printemps, durant la période des accouplements, les mâles effectuent une parade aérienne étonnante appelée « vol de cérémonie ». Ils montent à environ 50 m au-dessus des prairies et effectuent lentement une série de larges orbes. Leurs cris, un *karrack* sonore, les rendent très repérables. Après avoir fini de tournoyer à grande hauteur, le mâle replie les ailes et pique vers le sol, rouvrant les ailes juste au montant d'atterrir. Si le mâle a retenu l'attention d'une femelle, tous deux partagent les trois semaines d'incubation de leurs quatre œufs, pondus dans une simple dépression du sol ; ils assurent également ensemble l'élevage des poussins jusqu'à leur envol, à environ un mois. Dans les zones humides préservées et tranquilles, on peut trouver jusqu'à trois couples de barges marbrées par kilomètre carré. Hélas ! ces zones humides originelles sont de plus en plus rares.

AW : Cette immense troupe d'oiseaux du littoral était concentrée sur la seule plage que la marée haute avait laissée dégagée. Heureusement, il y avait une colline au-dessus des oiseaux, offrant une perspective permettant de séparer visuellement chaque oiseau des autres. Cette perspective m'a aussi permis de faire la mise au point sur tous les oiseaux sans avoir à utiliser mes réglages pour obtenir les plus petites ouvertures. C'était important, car ces réglages nécessitent des temps d'exposition élevés, ce que je voulais éviter étant donné tous les mouvements possibles parmi une telle quantité d'oiseaux.

Canon EOS-3, objectif Canon EF400 mm, f/11 à 1/30 de seconde, film Fujichrome Astia

PAGE 35

OTARIE DE CALIFORNIE
(*Zalophus californianius wollebaeki*)

Une sous-espèce particulière de l'otarie de Californie vit aux Galápagos, un archipel retiré, situé à 1 000 km au large des côtes équatoriennes. Fortement côtière, l'otarie des Galápagos s'aventure rarement à plus de 16 km du rivage. Cette distribution littorale a isolé de façon importante la sous-espèce des Galápagos par rapport aux autres populations, et en fera sans aucun doute à l'avenir une espèce à part entière. Les otaries des Galápagos mettent bas sur les plages sableuses ou rocheuses, avec une prédilection pour celles qui sont situées au bord d'eaux calmes ou abritées. Les naissances ont lieu toute l'année, avec toutefois un pic d'août à octobre. À la naissance, les petits pèsent environ 6 kg, et leur mère reste avec eux plusieurs jours avant de se rendre en mer pour chasser les poissons et les céphalopodes. Dès l'âge de une semaine environ, les petits sont laissés seuls pendant la journée, les femelles les rejoignant la nuit pour les allaiter.

AW : Une otarie allaite son petit sur le rivage de sable de l'île de Santa Fe. Leur chasse étant interdite, ces otaries ne craignent plus les hommes. Pour obtenir ce cliché, j'ai rampé jusqu'à ces animaux impassibles et j'ai commencé à les photographier avec un objectif grand angle 14 mm. Je tenais mon appareil à la main pour avoir plus de mobilité et obtenir une perspective qui soit le plus proche possible du sable.

Canon EOS-3, objectif Canon EF 14 mm, f/11 à 1/250 de seconde, film Fujichrome Velvia

PAGE 36

FOU MASQUÉ
(*Sula dactylatra*)

Également appelé « fou à face bleue », le fou masqué est un grand oiseau de mer (1,50 m d'envergure). L'espèce présente quelques variations de couleur – par exemple, les pattes peuvent être bleu-gris ou orange, et le bec massif peut être jaune ou orange – qui pourraient se rapporter à des sous-espèces. Les fous sont maladroits sur la terre ferme ; ils nichent souvent au sommet de hautes falaises, d'où ils peuvent s'envoler en se jetant dans le vide. Ils nichent généralement de novembre à février et pondent deux œufs à cinq jours d'intervalle ; ils ne construisent pas de nid, mais pondent à même le sol. Les couples effectuent toutefois un rituel d'échange de brindilles et de pierres, ce qui renforce leurs liens avant la ponte. Le premier poussin qui éclôt a un gros avantage sur le second, et tue souvent son cadet. Mangeurs de poisson, les fous sont très sensibles à la pollution marine, aux filets de pêche et aux variations de productivité marine liées au phénomène El Niño.

AW : Chaque jour, des dizaines de personnes passent à moins de 50 cm de ce fou masqué, qui couve ses œufs. Cet oiseau, comme beaucoup d'animaux sauvages des îles Galápagos, fait preuve d'une tolérance étonnante à l'égard des hommes. J'ai choisi mon objectif grand angle 17-35 mm afin de représenter à la fois le sujet et son environnement impressionnant. J'ai utilisé un filtre de polarisation pour réduire l'éclat de l'océan qui se trouve derrière, un filtre de densité neutre ND4 pour équilibrer l'ensemble de l'exposition, et un fill-in pour ajouter un peu de lumière sur le fou en contre-jour.

Canon EOS-3, objectif Canon EF 17-35 mm, f/22 à 1/8 de seconde, filtre de polarisation, filtre de densité neutre ND4, fill-in, film Fujichrome Velvia

PAGE 37

TORTUE GÉANTE
(*Geochelone elephantopus*)

Les îles Galápagos doivent leur nom aux énormes tortues qui habitent l'archipel (*galápagos* est un mot espagnol qui signifie « tortue »). Autrefois, 250 000 tortues vivaient là. Pesant de 50 à 270 kg (les mâles sont plus gros que les femelles) et mesurant 1,50 m de long, les tortues géantes peuvent vivre plus de deux cents ans. Trois des quatorze sous-espèces sont éteintes et une autre n'est plus représentée que par un seul individu. Isolées sur différentes îles, les sous-espèces se distinguent par la forme de leurs carapaces. Au cours du XIXe siècle, des dizaines de milliers de tortues furent tuées par les marins ; parce qu'elles pouvaient survivre longtemps sans manger ni boire, elles étaient souvent emportées vivantes pour fournir de la viande pendant les longues traversées. Aujourd'hui, environ 15 000 tortues géantes subsistent, menacées par des animaux introduits par l'homme, par des incendies, et par des phénomènes naturels comme El Niño.

AW : Une tortue géante scrute avec curiosité mon objectif grand angle. Attirée peut-être par leur propre reflet, ces grands reptiles sont faciles à photographier une fois que vous en avez repéré un. S'ils sont dérangés, ils rentrent la tête dans leur carapace, mais si vous restez sans bouger un court instant, leur tête resurgit et vous pouvez recommencer à photographier. C'est aussi simple que cela.

Canon EOS-3, objectif Canon EF 17-35 mm, f/22 à 1/8 de seconde, film Fujichrome Velvia

PAGE 38

AIGLE DE MER
(*Rhinoptera bonasus*)

Membres de la famille des Myliobatidae (qui compte une vingtane d'espèces), les aigles de mer possèdent un corps plat et des nageoires pectorales en forme d'ailes. Leur queue très fine comporte une seule épine à la base, et leur tête est arrondie avec une échancrure au milieu. Ils pèsent en moyenne de 10 à 20 kg, mais peuvent atteindre 32 kg. Ils vivent dans les eaux tempérées et subtropicales, souvent en grands groupes – certains comptent plus de 10 000 individus. Les aigles de mer semblent préférer les fonds sableux ou vaseux en eau peu profonde, où ils se nourrissent de mollusques et de crustacés. Ils trouvent leurs proies en rejetant de l'eau avec leur bouche, afin de dégager le sable ou la vase, et peuvent déterrer un coquillage recouvert de 30 cm de matériaux ; ils ingèrent seulement les parties molles et recrachent les coquilles brisées.

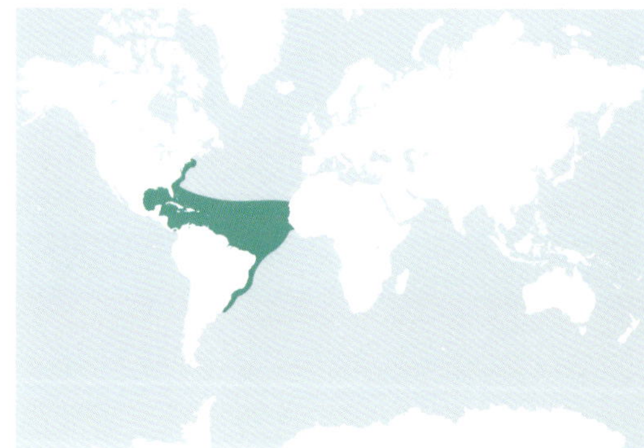

AW : Alors que j'explorais les îlots de mangrove peu profonde d'Islas Bocas del Toro, une bande de *Rhinoptera bonasus* est passée à quelques mètres de mon bateau. J'ai demandé au skipper de revenir sur eux tout en saisissant mon appareil et mon objectif 28-70 mm. De l'avant du bateau, j'ai réussi à prendre plusieurs clichés au moment où les raies passaient. J'ai déterminé l'exposition en faisant une mesure spot à distance de la raie la plus légèrement colorée du milieu.

Canon EOS-3, objectif Canon EF 28-70 mm, f/5.6 à 1/250 de seconde, film Fujichrome Velvia

PAGE 39

GRAND DAUPHIN
(*Tursiops truncatus*)

Le grand dauphin mesure jusqu'à 4 m de long ; il est bien connu du public pour ses exhibitions acrobatiques dans les delphinariums. On le trouve dans tout l'océan Atlantique et dans les mers adjacentes (une espèce similaire, *T. aduncus*, habite le Pacifique). Dotés d'un cerveau aussi gros que celui de l'homme, les grands dauphins vivent en groupes sociaux impliquant des coalitions de mâles et une défense territoriale, au moins dans certains secteurs. Encore réputé commun partout, le grand dauphin est sensible à l'urbanisation côtière, aux interactions avec les pêcheries et à la pollution. En 1987-1988, environ la moitié (800-1 000 individus) de la population côtière de l'Atlantique moyen américain mourut au cours d'une épidémie virale qui dura onze mois. Les dauphins morts présentaient également de forts taux de PCB dans l'organisme, ce qui laisse à penser que leur système immunitaire pouvait être affecté.

AW : Dans les riches eaux qui se trouvent le long de la côte caraïbe de Panamá, une petite bande de dauphins suit la même allure que notre petit bateau. En utilisant un filtre de polarisation et un objectif 70-200 mm, j'ai pu réduire la réverbération à la surface de l'eau et prendre ces animaux joueurs au moment où ils passaient tout près.

Canon EOS-1N, objectif Canon EF 70-200 mm, f/4 à 1/250 de seconde, filtre de polarisation, film Fujichrome Velvia (poussé d'un diaphragme)

PAGE 40

POISSON-CHIRURGIEN DES GALÁPAGOS
(*Prionurus laticlavius*)

Il existe quelque mille espèces de poissons-chirurgiens dans les eaux tropicales. Ces poissons au corps ovale sont des habitants des récifs qui tirent leur nom des épines en forme de scalpel situées juste en avant de leur queue. Les épines de poissons-chirurgiens sont utilisées dans les conflits territoriaux avec d'autres poissons, et peuvent infliger de sévères blessures aux intrus si le poisson-chirurgien frappe latéralement avec sa queue. Ils ne vivent pas en bancs comme les autres poissons, mais se déplacent en petits groupes. Ils se nourrissent de petites plantes et d'animaux qui vivent dans les récifs, les arrachant aux rochers et aux coraux avec leurs petites dents en forme d'incisives. Les jeunes poissons-chirurgiens sont très différents des adultes, et peuvent aisément être pris pour une tout autre espèce ; les poissons-chirurgiens des Galápagos sont jaune uni.

AW : Des chirurgiens sortent d'un récif des Galápagos. Lorsque l'on fait des prises de vue sous-marines, les poissons aux couleurs vives prennent vite un reflet bleuté lorsqu'ils descendent dans la colonne d'eau. Pour contrer ce phénomène, la plupart des photographes sous-marins utilisent un flash. Malheureusement, avec un groupe de poissons aussi grand et aussi éloigné de mon appareil, le flash n'était pas assez puissant pour faire ressortir le jaune brillant de leurs queues.

Canon EOS-1N, boîtier étanche, objectif Canon EF 20 mm, f/8 à 1/125 de seconde, flash unique, film Fujichrome MS100/1 000 (exposé à 400 ISO)

PAGE 41

RASCASSE
(*Pterois volitans*)

Avec environ 38 cm de long, la superbe rascasse est une espèce captivante des récifs coralliens, que l'on trouve dans tout le Pacifique et l'océan Indien. Ses nageoires pectorales en éventail, ses pointes dorsales et son corps vivement rayé avertissent les éventuels prédateurs que ses épines contiennent un puissant venin, qui peut même être fatal à l'homme. Les rascasses affectionnent les récifs peu profonds et se cachent fréquemment dans des grottes ou des crevasses pendant le jour. La nuit, elles sortent de leur cachette pour chasser dans le récif ; elles mangent des crabes, des crevettes et de petits poissons. Malgré leur venin, les rascasses sont devenues des poissons d'aquarium appréciés, et sont, de ce fait, la cible des collecteurs. Beaucoup de rascasses prélevées dans les récifs meurent pendant le transport, et certains récifs ont été dépouillés de ces poissons et d'autres espèces recherchées.

AW : Un ptérois seul est suspendu entre deux eaux au milieu de toute une variété de coraux. Je suis toujours surpris lorsque je vois le résultat de photos sous-marines prises au flash. Sans flash, chaque élément de cette composition prend l'aspect d'un dégradé de bleu à l'œil nu. Les plus petites longueurs d'onde de la lumière, en particulier le rouge, sont rapidement absorbées dans la colonne d'eau, et il ne reste que les plus grandes longueurs d'onde, en particulier le bleu, même à une profondeur aussi faible.

Canon EOS-1N, boîtier étanche, objectif Canon EF 20 mm, f/11 à 1/30 de seconde, film Fujichrome Velvia

PAGE 41

POISSON-CLOWN
(*Amphiprion ocellaris*)

Mesurant 8 cm de long, le célèbre poisson-clown habite les récifs coralliens tropicaux du Pacifique. On le trouve typiquement entre 2 et 15 m de profondeur, fortement associé à plusieurs anémones de mer (*Stoichactis kenti*, *Stichodactyla gigantea*, *S. mertensii* et *Heteractis magnifica*). Poissons-clowns et anémones de mer forment des associations symbiotiques dans lesquelles chacun tire un bénéfice. Les poissons-clowns sont très territoriaux, et leur comportement agressif éloigne les autres poissons des anémones, protégeant ainsi ces cnidaires de leurs prédateurs. Ils servent aussi de « nettoyeurs », maintenant les anémones propres en mangeant tous les détritus qui y tombent. En retour, ces petits poissons sont protégés par les tentacules venimeux de l'anémone. Pour se protéger eux-mêmes des neurotoxines de l'anémone, les poissons-clowns sécrètent une gangue de mucus qui empêche les cellules urticantes d'entrer en action.

AW : Un couple de poissons-clowns plane prudemment au-dessus de sa cachette, une grande anémone de mer au milieu du récif de corail qui entoure les hauts-fonds de Sipadan Island. Le moindre mouvement fait détaler le poisson dans le labyrinthe ténébreux de l'anémone. Pour photographier ce poisson, j'ai choisi un objectif 20 mm pour redonner l'atmosphère de cet environnement impressionnant.

Canon EOS-1N, boîtier étanche, objectif Canon EF 20 mm, f/11 à 1/30 de seconde, deux flash, film Fujichrome Velvia

PAGE 42

TORTUE VERTE
(*Chelonia mydas*)

La tortue verte est l'une des sept espèces de tortues marines. Elle pèse de 90 à 137 kg (exceptionnellement jusqu'à 150 kg) et sa carapace mesure de 90 cm à 1,10 m de long. Herbivores, les adultes se nourrissent d'algues et de zostères, tandis que les immatures sont carnivores. Les tortues vertes étaient autrefois communes dans la plupart des mers chaudes du globe, mais elles sont devenues rares. Elles sont tuées pour être mangées (les adultes comme les œufs), mais aussi pour la tannerie et la joaillerie. D'autres menaces pèsent sur elles : l'urbanisaton côtière et le dérangement des sites de ponte, la pollution (incluant l'ingestion de plastiques), les collisions avec les bateaux et l'étranglement dans les filets de pêche ou les lignes de fond. Les tortues vertes peuvent vivre plus de cinquante ans. Les femelles se reproduisent tous les deux ou trois ans et pondent une centaine d'œufs ou plus à chaque fois, mais une poignée de jeunes seulement atteint l'âge adulte.

AW : Une tortue verte se déplace sur le fond marin couvert de coraux entourant Sipadan Island en Malaisie. Réputée pour sa vie marine extraordinaire, Sipadan est un lieu de nidification important à la fois pour les carets et pour les tortues vertes. Pour obtenir cette photo, j'ai placé deux flashs électroniques de chaque côté de mon boîtier étanche, chacun à un peu plus de 50 cm de celui-ci. En procédant ainsi, j'évitais d'éclairer la myriade de minuscules particules en suspension dans l'eau entre mon appareil et la tortue.

Canon EOS-IN, boîtier étanche, objectif Canon EF 20 mm, f/16 à 1/30 de seconde, deux flashs, film Fujichrome Velvia (poussé d'un diaphragme)

PAGE 43

RÉCIF CORALLIEN

Les coraux bâtisseurs de récifs vivent sous les tropiques, où la température de l'eau dépasse 21 °C, et où la lumière du soleil peut pénétrer l'eau claire. Le récif se forme par accumulation du squelette calcaire de coraux morts, les coraux vivant se développant au sommet. Bien que de nombreux coraux soient carnivores, se nourrissant de zooplancton, d'autres vivent en symbiose avec des algues, symbiose qui les empêche de se développer à plus de 70 m de profondeur. La croissance des récifs dépend des variations du niveau des mers. Lorsque le niveau monte, les coraux croissent à raison de 0,3 à 1,5 cm par an. L'augmentation naturelle et lente du niveau des mers a favorisé une telle croissance au cours des cent mille dernières années. Mais son accélération, due au réchauffement global, peut accroître la profondeur sans que les coraux aient le temps de s'y adapter.

AW : Les eaux tropicales qui entourent Sipadan Island offrent certains des plus beaux lieux de plongée du monde, et un plongeur novice comme moi n'a pas pu y résister. Sur cette photo, un massif de coraux vivants émerge du fond marin environnant, constituant un abri sûr pour une infinité de poissons qui disparaissent dans les innombrables cavités lorsqu'ils sont menacés.

Canon EOS-IN, boîtier étanche, objectif Canon EF 20 mm, f/11 à 1/60 de seconde, deux flashs, film Fujichrome Velvia (poussé d'un diaphragme)

PAGE 44

GRAND REQUIN BLANC
(*Carcharodon carcharias*)

Le grand requin blanc est le plus grand représentant de la famille des Manidae (qui comprend le requin-taupe bleu *Isurus oxyrhinchus* et le requin-taupe commun *Lamna nasus*). Les grands requins blancs peuvent atteindre 6 m de long. Côtiers, on les trouve généralement dans les eaux tempérées. Amateurs de grands mammifères, comme les otaries et les éléphants de mer, ils se concentrent dans les zones où abondent ces proies. Avec leur silhouette profilée, leur museau court et pointu et leur queue puissante, ils vagabondent à la recherche d'une forme au-dessus d'eux. Lorsqu'une proie est repérée, le requin l'attaque par-dessous, l'immobilise d'une seule morsure, puis revient manger l'animal mourant. Le grand requin blanc peut maintenir sa température corporelle de 5 à 11 °C au-dessus de celle des eaux où il nage, ce qui rend ses fonctions musculaires très efficaces. Le grand requin blanc est, après l'orque (*Orcinus orca*), le deuxième plus grand prédateur marin.

AW : Depuis l'époque où *les Dents de la mer* ont commencé à effrayer le public, la population du très dangereux grand requin blanc a continuellement régressé à force d'être pêché et pris dans des filets. La plupart des attaques contre les hommes sont dues à une erreur d'identification : les requins prennent les hommes pour des otaries, leurs proies naturelles. Pour ce cliché, le bateau sur lequel j'étais s'est ancré entre deux îles au large de la côte de l'Afrique du Sud. Le couloir entre ces deux îles est appelé « allée des Requins ». J'ai photographié ce requin de 3,60 m depuis une cage à requins quand il est passé à moins de 1 m.

Canon EOS-IN, boîtier étanche, objectif Canon EF 15 mm, f/8 à 1/60 de seconde, film Fujichrome Provia

PAGE 45

OTARIE DE CALIFORNIE
(*Zalophus californianus wollebaeki*)

Les otaries des Galápagos peuvent plonger à plus de 180 m de profondeur, mais leurs plongées atteignent en moyenne 37 m et durent trois minutes. La recherche de nourriture dure environ quinze heures, durant lesquelles une otarie plonge près de deux cents fois. Dans les dernières décennies, des perturbations dans les chaînes alimentaires marines ont eu un impact significatif sur le nombre d'otaries. Les espèces insulaires sont souvent, en raison de leur répartition limitée, très sensibles aux perturbations naturelles ou humaines. Les effectifs ont augmenté depuis que la chasse a cessé, mais un nouveau déclin des populations a eu lieu dans les années 1970, par suite d'une épidémie, puis en 1982-1983, l'ampleur du phénomène El Niño entraîna une chute rapide de la productivité marine et des milliers d'otaries moururent de faim ou de maladies. La population de 50 000 individus fut divisée par deux, et les effectifs se sont reconstitués lentement.

AW : Une otarie passe près de moi au moment où je me retourne et dirige mon appareil vers elle. Curieuses et enjouées, les otaries nageaient sans arrêt en cercle autour de moi, alors que je me débattais dans les courants puissants et la houle battant régulièrement ce cratère volcanique submergé au large d'Isla Seymour.

Canon EOS-IN, boîtier étanche, objectif Canon EF 20 mm, f/8 à 1/125 de seconde, un seul flash, film Fujichrome MS100/1000 (exposé à 400 ISO)

PAGE 46

PYGARGUE À TÊTE BLANCHE
(Haliaaetus leucocephalus)

Le pygargue à tête blanche est le seul aigle propre à l'Amérique du Nord. Il y a vingt-cinq ans, les pygargues à tête blanche étaient très menacés en dehors de l'Alaska. Au XVIIIe siècle, on estime que de 25 000 à 75 000 pygargues nichaient dans le reste des États-Unis ; il en subsistait moins de 450 dans les années 1960. L'espèce a été victime de la destruction de son habitat, de la chasse (avant 1953, un système de primes causa la mort de plus de 100 000 pygargues), et de la pollution. Contaminés par le DDT, les pygargues échouaient dans leur reproduction. Un programme de reproduction de l'espèce en captivité fut entrepris, qui permit de relâcher progressivement des oiseaux dans la nature. Ce programme, combiné à une protection des habitats et à l'interdiction du DDT, contribua au renouveau de l'espèce. Bien que loin de l'abondance d'antan, on estime qu'il y a aujourd'hui 30 000 adultes nicheurs en Alsaka et 4 500 dans le reste des États-Unis.

AW : Un pygargue à tête blanche passe en planant près de l'endroit où je me trouve. Je suis à 100 m au-dessus d'un nid d'aigle situé sur un promontoire herbu surplombant la mer de Béring. Plus curieux que dérangé, le pygargue s'est envolé de son nid pour m'examiner avant de redescendre vers son aire. Lorsqu'il est passé près de moi, j'ai fait un panoramique en mettant mon appareil sur autofocus, et j'ai obtenu six clichés nets.

Canon EOS-In/RS, objectif Canon EF 600 mm, f/4 à 1/125 de seconde, film Fujichrome Velvia

PAGE 47

PYGARGUE À TÊTE BLANCHE
(Haliaaetus leucocephalus)

En dépit de son nom, il n'acquiert son plumage adulte complet, avec la tête blanche, qu'après l'âge de quatre ans. Les immatures ressemblent à des aigles royaux (*Aquila chrysaetos*). Leur envergure peut atteindre 2,30 m pour un poids de 3,6 à 6,4 kg. Mâle et femelle ont un plumage identique, et, comme chez beaucoup de rapaces, la femelle est plus grande que le mâle. Le pygargue à tête blanche vit dans tout l'Alaska (excepté l'extrême nord et l'ouest), y compris aux îles Aléoutiennes. Il est lié au milieu aquatique, et les plus fortes densités se trouvent le long des côtes et près des lacs et rivières. L'espèce se nourrit de poisson, notamment de saumons, mais capture aussi des oiseaux d'eau et de petits mammifères. En général, cependant, ce pygargue est plus charognard que prédateur. Durant l'hiver, des milliers de pygargues migrent vers le sud de l'Alaska et les côtes de Colombie-Britannique, se rassemblant le long des rivières pour manger les derniers saumons de l'année.

AW : Peu d'endroits illustrent la majesté éblouissante de l'Alaska autant que la chaîne d'îles montagneuse isolées qui forme les îles Aléoutiennes. Le pygargue à tête blanche prospère dans cet environnement marin riche. Comme il n'y a pas de prédateur terrestre, les pygargues nichent dans l'herbe dense qui recouvre ces îles sans arbres. J'ai voulu faire de l'environnement l'élément principal de cette photo, avec le pygargue à tête blanche attendant d'être découvert. J'ai utilisé un filtre de densité neutre ND4 pour assombrir le ciel brillant.

Canon EOS-IN/RS, objectif Canon EF 70-200 mm, f/16 à 1/15 de seconde, filtre de densité neutre ND4, film Fujichrome Velvia

PAGE 48

MACAREUX MOINE
(Fratercula arctica)

Le macareux moine est l'une des trois espèces de macareux du genre Fratercula. Les deux autres (le macareux cornu *F. corniculata* et le macareux huppé *F. cirrhata*) vivent dans le Pacifique Nord, tandis que le macareux moine est limité aux côtes atlantiques d'Europe de l'Ouest, d'Islande, du Groenland, du Canada et de Nouvelle-Angleterre. La coloration remarquable de son bec est probablement un indicateur de bonne santé, ce qui favorise le choix du partenaire. Les macareux se nourrissent de petits poissons. Bons nageurs, ces membres de la famille des pingouins (Alcidae) utilisent la même niche écologique que les manchots d'Antarctique. Au cours des années récentes, un fort déclin des populations a été noté localement, en particulier dans les zones de développement côtier. Autrefois communes en de nombreux endroits, les colonies disparaissent des régions les plus accessibles. Elles demeurent abondantes dans les endroits plus isolés.

AW : Obtenir ce cliché me posait deux problèmes. Tout d'abord, pour me rapprocher suffisamment afin de remplir le champ avec les macareux, j'ai dû ramper le long de la pente raide, humide et herbue avant d'arriver jusqu'à un point stratégique dissimulé. D'autre part, pour que la mise au point se fasse sur tous les macareux, j'ai dû diaphragmer jusqu'à une ouverture de f/16 et utiliser une vitesse d'obturation très lente. J'ai pris plusieurs bobines de film avant d'être certain d'avoir au moins quelques photos sur lesquelles tous les oiseaux seraient nets.

Canon EOS-IN/RS, objectif Canon EF 600 mm, f/16 à 2 secondes, film Fujichrome Astia

PAGE 49

CYGNE CHANTEUR
(Cygnus cygnus)

Avec presque 1,60 m de long, le cygne chanteur est un grand oiseau, au port majestueux. Son gros bec conique porte beaucoup plus de jaune que celui du cygne de Bewick (*Cygnus columbianus*). Mâle et femelle sont semblables. Le cygne chanteur vit dans toute l'Eurasie, nichant au nord et hivernant au sud. Il affectionne les habitats humides, incluant les côtes, les lacs, les rivières et la toundra. Pendant leur migration, les cygnes chanteurs peuvent voler jusqu'à 8 230 m d'altitude, souvent en formation en V. L'espèce a subi une forte pression de chasse par le passé, et beaucoup de populations furent dévastées au début du XXe siècle. La protection de l'espèce lui a permis de reconstituer ses effectifs, mais la destruction de ses habitats, le dérangement des zones de nidification, l'empoisonnement par le plomb et d'autres formes de pollution continuent à prélever leur dîme.

AW : Ces cygnes chanteurs passent l'hiver sur un grand lac situé sur l'île d'Hokkaido, l'île la plus septentrionale du Japon. Ces cygnes, qui sont habituellement craintifs, surmontent leur peur des hommes quand les biologistes viennent leur distribuer des graines pour les aider à passer l'hiver. J'ai utilisé un objectif grand angle 17-35 mm placé assez bas et près du cygne le plus proche, afin d'avoir à la fois les oiseaux et leur cadre. Je suis descendu jusqu'à f/16 pour que toute la composition soit nette et j'ai ensuite utilisé un filtre de densité neutre ND4 pour assombrir le ciel et avoir une exposition plus régulière.

Canon F3, objectif 17-35 mm, f/16 à 1/15 de seconde, filtre de densité neutre ND4, film Fujichrome Provia (poussé d'un diaphragme)

RÉGIONS POLAIRES ET SUBPOLAIRES

◂ÉLÉPHANT DE MER
Géorgie du Sud, Royaume-Uni

MANCHOTS ROYAUX
Géorgie du Sud, Royaume-Uni

MANCHOTS ROYAUX

Bay of Isles, Géorgie du Sud, Royaume-Uni

MANCHOT ROYAL

Géorgie du Sud, Royaume-Uni

MANCHOTS EMPEREURS
Mer de Weddell, Antarctique

ALBATROS À SOURCILS NOIRS

Géorgie du Sud, Royaume-Uni

ALBATROS HURLEURS

King Haakon Bay, Géorgie du Sud, Royaume-Uni

ÉLÉPHANTS DE MER

GÉORGIE DU SUD, ROYAUME-UNI

MORSE

Togiak National Wildlife Refuge, Alaska, États-Unis

▲ ET ► BELOUGAS

Somerset, Nunavut, Canada

LIÈVRES VARIABLES

ELLESMERE, NUNAVUT, CANADA

OURS POLAIRES

CHURCHILL, MANITOBA, CANADA

◂ ET ▴ OURS POLAIRES

CHURCHILL, MANITOBA, CANADA

OURS POLAIRES

Churchill, Manitoba, Canada

OURS POLAIRES

Churchill, Manitoba, Canada

HARFANG DES NEIGES

Churchill, Manitoba, Canada

▸ BŒUFS MUSQUÉS

Île Nunivak, Alaska, États-Unis

PLONGEONS CATMARINS

Jökulsárlón Lagoon, Islande

▸ FAUCON PÈLERIN

Artillery Lake, Territoires du Nord-Ouest, Canada

LOUPS ARCTIQUES

Artillery Lake, Territoires du Nord-Ouest, Canada

◂ ET ▴ LOUPS ARCTIQUES

Artillery Lake, Territoires du Nord-Ouest, Canada

RENARD POLAIRE

Churchill, Manitoba, Canada

RENARD ROUX

Artillery Lake, Territoires du Nord-Ouest, Canada

PAGES 58-59

ÉLÉPHANT DE MER

(*Mirounga leonina*)

Les éléphants de mer sont les plus gros des pinnipèdes. Les mâles mesurent de 4,50 à 6 m de long et peuvent peser jusqu'à 3,7 tonnes, tandis que les femelles mesurent 2-3 m de long et pèsent entre 400 et 600 kg. Les mâles atteignent la maturité sexuelle à six ans environ, mais ils ne cherchent pas de femelles avant d'avoir au moins dix ans. Ils ne défendent pas de territoire, mais établissent une hiérarchie dans laquelle les mâles « alpha dominent une plage et s'accouplent avec le maximum de femelles. Les mâles dominants ont d'ordinaire au moins douze ans. Toutefois, dans les populations fortement chassées, les mâles commencent à s'accoupler deux ou trois ans plus tôt que dans les populations non exploitées. Même si le mâle dominant s'accapare la plupart des femelles sur sa plage, les autres mâles saisiront toute opportunité (par exemple, quand le mâle alpha pourchasse un intrus) pour s'accoupler avec une femelle de son harem.

AW : Les éléphants de mer mâles sont si grotesques qu'ils en sont presque touchants, ou alors c'est que j'ai passé trop de temps à les observer sur le terrain. Pour saisir cette scène, j'ai choisi un objectif grand angle 17-35 mm de manière à pouvoir photographier non seulement le mâle, mais aussi l'arrière-plan extraordinaire que forment les montagnes découpées, le rivage et les manchots royaux (*Aptenodytes patagonica*). Quand je me suis approché doucement de ce mâle de 3 tonnes, il a beuglé en guise d'avertissement. Dans cette atmosphère froide, sa respiration chaude et humide a été saisie par le film. Heureusement, l'odeur ne l'a pas été.

Canon EOS-IN/RS, objectif Canon EF 17-35 mm, f/11 à 1/30 de seconde, film Fujichrome Velvia

PAGES 60, 61

MANCHOT ROYAL

(*Aptenodytes patagonica*)

Les manchots royaux sont les deuxièmes des manchots par la taille (seul le manchot empereur, *Aptenodytes forsteri*, est plus gros). Pesant jusqu'à 15 kg et mesurant environ 95 cm de haut, les manchots royaux sont la plupart du temps regroupés dans les colonies de reproduction subantarctiques. Il en existe environ 2 millions dans le monde, dont plus de 1,5 million dans la seule Géorgie du Sud. Les manchots royaux pondent un seul œuf, qui est couvé sur les pieds des adultes sous une plaque incubatrice. Les couples élèvent généralement un poussin tous les deux ans. Les œufs sont habituellement pondus en novembre (bien que quelques reproducteurs tardifs diffèrent la ponte jusqu'en janvier), les deux parents couvant l'œuf à tour de rôle jusqu'à ce qu'il éclose cinquante-quatre ou cinquante-cinq jours plus tard. Les poussins dépendent entièrement pour la nourriture de leurs parents, qui capturent tous deux des calmars et du poisson.

AW : Page 60 – J'ai choisi un objectif TS 90 mm pour obtenir une profondeur de champ maximale sans avoir à faire des réglages sur une petite ouverture. Cela m'a permis d'utiliser la vitesse d'obturation rapide dont j'avais besoin pour figer le mouvement des oiseaux. La neige qui vole donne de l'intensité à la scène.

Canon EOS-IN/RS, objectif Canon TS-E, f/4 à 1/125 de seconde, film Fujichrome Astia

AW : Page 61 – Le calme exceptionnel de cette journée, associé à un objectif grand angle et à un filtre de polarisation, crée presque une atmosphère tropicale.

Canon EOS-IN, objectif 17-35 mm, filtre de polarisation, f/16 à 1/125 de seconde, film Fujichrome Velvia

PAGE 62

MANCHOT ROYAL

(*Aptenodytes patagonica*)

Les manchots se sont développés à l'éocène, il y a 40 ou 50 millions d'années, à partir d'oiseaux capables de voler, tels les goélands. Il est probable qu'au cours de leur évolution ils ont pu à la fois nager et voler. Aujourd'hui, cependant, ils sont uniquement aquatiques. Ils possèdent un plumage très dense qui emprisonne de l'air contre la peau et une chaude sous-couche de duvet, ce qui les garde bien au chaud malgré le froid glacial des régions polaires et subpolaires. Ils ont également une couche de graisse sous la peau qui les isole encore plus efficacement du froid. En fait, ils sont si bien isolés qu'ils peuvent facilement faire de la « surchauffe ». L'excès de chaleur est évacué par la peau nue de la face, des nageoires et des pieds. Plutôt gauches à terre, les manchots volent littéralement dans le milieu marin. Ils plongent aisément à des profondeurs de 50 m, et leurs plongées les plus profondes sont enregistrées à 250 m.

AW : Comme beaucoup de mes confrères, je prends plaisir à saisir les sujets d'une manière originale. Depuis le point stratégique que constitue le pont d'un bateau, j'ai photographié un groupe de manchots royaux qui passaient en nageant. Cet angle inhabituel associé à la qualité agréable du grain de l'eau contribue à faire de cette photo un cliché inoubliable. J'ai utilisé un filtre de polarisation pour rendre les oiseaux plus voyants.

Canon EOS-IN, objectif Canon EF 70-200 mm, f/5.6 à 1/60 de seconde, filtre de polarisation, film Fujichrome Astia

PAGES 1, 3, 63 ET 256

MANCHOT EMPEREUR

(*Aptenodytes forsteri*)

Le manchot empereur est la plus grande des dix-huit espèces de manchots. Il pèse en moyenne 30 kg, mais peut atteindre 40 kg. Sur environ trente colonies de manchots empereurs, toutes, sauf deux, sont localisées sur la banquise bordant le continent Antarctique. Les manchots empereurs ont un cycle de reproduction unique, dans la mesure où il déborde sur le rude hiver antarctique. Les colonies se forment en avril et en mai, à la fin de l'été antarctique, lorsque la glace s'est épaissie. Les couples effectuent une parade nuptiale complexe qui dure de trois à cinq semaines, et l'œuf unique est pondu en mai ou au début de juin. Le mâle prend soin de l'œuf dès qu'il est pondu, le plaçant délicatement sur ses pieds, puis la femelle retourne à la mer. Le mâle couve alors l'œuf pendant soixante-cinq jours, surmontant des températures de – 20 °C et des vents de 200 km/h. Les mâles perdront jusqu'à 40 % de leur poids avant le retour de la femelle.

AW : L'une des difficultés, lorsque l'on fait des portraits rapprochés de manchots empereurs, est de garder le champ libre devant le sujet. Il m'est souvent arrivé d'être couché sur le ventre sur la glace, regardant à travers mon viseur, et de voir soudain tout devenir blanc. En regardant au-dessus de l'appareil, je voyais un manchot curieux, debout juste devant mon objectif, se penchant pour l'examiner. J'aime aussi cette photo particulière qui montre un instant de tendresse, l'un des parents se penchant pour regarder son petit.

Canon F3, objectif Canon EF 400 mm, f/8 à 1/60 de seconde, film Fujichrome Velvia

PAGE 64

ALBATROS À SOURCILS NOIRS
(Diomedea melanophris)

Avec une population mondiale d'environ 682 000 couples, l'albatros à sourcils noirs est la plus abondante des quatorze espèces d'albatros du monde. Ils ont une répartition circumpolaire, la plupart des couples se trouvant dans les îles Malouines. Ils retournent à terre à la mi-septembre et commencent à couver leurs œufs en octobre. Le poussin éclôt après soixante-huit à soixante-douze jours d'incubation ; il acquiert son plumage à seize ou dix-sept semaines et quitte le nid en avril. Les colonies sont habituellement placées sur des falaises ou d'autres lieux élevés, où ces grands oiseaux (ils ont une envergure de 2 à 4 m) peuvent profiter des ascendances pour s'envoler. Excellents voiliers dans les airs, ils sont gauches et disgracieux à terre. Ils sont charognards et attrapent aussi le krill et les calmars à la surface de l'eau. Il est probable qu'ils se nourrissent beaucoup la nuit, quand les charognes flottent à la surface, et il semble qu'ils utilisent leur odorat pour localiser la nourriture.

AW : Un après-midi nuageux et venté en Géorgie du Sud. J'étais tranquillement assis en train de déjeuner au milieu de canches touffues lorsqu'un couple d'albatros à sourcils noirs a atterri à mes pieds. Je crois qu'ils étaient tout simplement curieux. Comme je ne veux pas rater une occasion de faire une photo, j'ai posé mon sandwich pour prendre mon appareil et un objectif grand angle 17-35 mm. Quand l'un des oiseaux a aperçu son reflet dans mon objectif, il s'est penché en avant et a doucement mordillé l'appareil.

Canon EOS-IN, objectif Canon EF 17-35 mm, f/11 à 1/60 de seconde, film Fujichrome Astia

PAGE 65

ALBATROS HURLEUR
(Diomedea exulans)

L'albatros hurleur vagabonde dans les mers australes, retournant sur terre uniquement pour nicher. Les colonies se trouvent sur plusieurs îles subantarctiques, y compris en Géorgie du Sud. Ces spectaculaires voiliers possèdent la plus grande envergure de tous les oiseaux vivants (de 3 à 4 m). Bien qu'ils se nourrissent principalement de calmars, ils sont souvent victimes des lignes de pêche au thon. Les bateaux thonniers déroulent des lignes dépassant 125 km de long, munies de milliers d'hameçons garnis d'appâts destinés aux thons. On estime à 9 500 le nombre d'albatros hurleurs victimes de ces lignes de pêche. On dénombre environ 20 000 couples d'albatros hurleurs. Au cours des trente dernières années, ils ont diminué d'au moins 50 % dans les colonies qui étaient suivies. Bien que ce déclin ait cessé, il est probable que l'albatros hurleur va disparaître d'une grande partie de son aire de répartition.

AW : Les albatros hurleurs des îles sur lesquelles il n'y a pas de prédateurs ne sont pas craintifs vis-à-vis des hommes. J'ai rampé lentement à moins de 1,5 m de cet albatros en train de couver et j'ai utilisé un objectif grand angle 17-35 mm. Un fulmar géant (*Macronectes giganteus*) passait en planant à intervalles de quelques minutes. J'ai calculé la profondeur de champ dont j'aurais besoin pour faire la mise au point à la fois sur l'albatros et sur le fulmar, et la vitesse d'obturation qui serait nécessaire pour figer le mouvement du fulmar. J'ai passé mon film 100 ISO à 200 ISO et j'ai déclenché l'obturateur chaque fois que le fulmar passait. Ceci est la meilleure composition que j'aie obtenue.

Canon EOS-IN/RS, objectif Canon EF 17-35 mm, f/11 à 250 de seconde, film Fujichrome Astia (poussé d'un diaphragme)

PAGE 66

ÉLÉPHANT DE MER
(Mirounga leonina)

Les jeunes éléphants de mer se battent souvent entre eux ; ce n'est ni pour la conquête d'une femelle ni pour marquer leur dominance, mais plutôt parce qu'ils se bousculent quand ils se déplacent ou réagissent à une nageoire mal placée ou à du sable jeté dans les yeux. Quand ils s'aventurent finalement dans l'eau, ces « terriens disgracieux deviennent des prédateurs aquatiques hautement efficaces. Ils passent au moins huit mois de l'année en haute mer, effectuant des plongées à plus de 1 400 m (le record de profondeur de tous les vertébrés pulmonés, 1 581 m, est détenu par un mâle d'éléphant de mer du Nord, *Mirounga angustirostris*). Les éléphants de mer passent 90 % de leur temps sous l'eau et ne remontent que deux ou trois minutes à la surface entre les plongées. Ils fouillent le fond de l'océan à la recherche de céphalopodes et de poissons, et, bien que la plupart des plongées aient une durée moyenne de dix à vingt minutes, elles peuvent durer jusqu'à deux heures.

AW : Les jeunes éléphants de mer sont des sujets particulièrement intéressants lorsqu'ils se bousculent et se battent. Lorsqu'ils sont en plein milieu d'une bataille de ce genre, ils sont capables d'ignorer tout le reste, ce qui m'a permis de changer souvent de place sans les déranger. C'est aussi la preuve que l'on peut créer de nombreuses compositions à partir d'un même sujet.

Canon EOS-3, objectif Canon EF 70-200 mm, f/8 à 1/125 de seconde, film Fujichrome Provia

PAGE 67

MORSE
(Odobenus rosmarus)

Le morse, qui vit uniquement dans les régions arctiques et subantarctiques, est bien adapté au froid ; sa peau a une épaisseur de 2 à 4 cm, et la couche de graisse sous-cutanée peut atteindre 10 cm d'épaisseur. Les deux sexes possèdent de longues défenses (qui sont les canines supérieures). La chasse commerciale, principalement pour l'ivoire, commença sérieusement au XVIIIe et au XIXe siècle. Au début du XXe siècle, les morses du Pacifique (*O. r. divergens*) chutèrent d'environ 250 000 à moins de 50 000 individus. La population de morses de l'Atlantique (*O. r. rosmarus*) fut également considérablement réduite. Leur protection permit le renouveau total de la sous-espèce du Pacifique au début des années 1980 ; mais, dès 1990, leurs effectifs déclinaient à nouveau, en raison de la surpêche de leurs proies, du braconnage de l'ivoire et d'une augmentation des récoltes de palourdes. Aujourd'hui, on compte environ 200 000 morses du Pacifique et 30 000 morses de l'Atlantique.

AW : Les morses sont des animaux à l'aspect bizarre, avec leur corps énorme quasi dépourvu de poils, et leurs curieuses longues défenses d'ivoire. Alors que je photographiais une colonie de morses près de Cape Peirce dans l'ouest de l'Alaska, j'ai vu un morse seul quitter la colonie qui était sur la plage et nager parallèlement au rivage. Réalisant que je pouvais obtenir une perspective unique, je me suis placé au milieu de quelques gros cailloux près de l'eau et j'ai attendu que le morse passe en nageant. J'ai gardé mon appareil et mon objectif assez bas et aussi près que possible de la surface de l'eau pour donner l'impression d'être dans l'eau avec l'animal.

Canon EOS-IN/RS, objectif Canon EF 600 mm, multiplicateur de focale Canon EF x4, f/8 à 1/125 de seconde, film Fujichrome Velvia

PAGES 68, 69

BÉLOUGA
(*Delphinapterus leucas*)

Les bélougas (également appelés « baleines blanches) vivent dans l'océan Arctique et les mers adjacentes. Ils peuvent remonter les rivières sur des milliers de kilomètres, mais on les trouve surtout dans les régions côtières ou en eaux profondes loin de la terre. Alors que certaines populations sont sédentaires, d'autres effectuent de longues migrations annuelles, en particulier celles du Haut-Arctique qui cherchent à éviter l'hiver glacé. On estime l'effectif global à 100 000 individus, dont la moitié dans les eaux du Canada et des États-Unis. Les populations indigènes en tuent 2 200 chaque année, et la chasse commerciale en Russie détruit jusqu'à 1 000 bélougas. Plusieurs sous-populations, dont celles des baies de Baffin, d'Hudson et de James, et de l'estuaire du Saint-Laurent, ont été fortement réduites par la chasse. Dans le cas du Saint-Laurent, la reconstitution des effectifs est gênée par la pollution, notamment par les PCB qui altèrent la reproduction.

AW : Page 68 – Les bélougas pénètrent dans les estuaires peu profonds et chauds des rivières pour muer. Pour obtenir cette photo, j'ai simplement attendu près de la rivière. Curieux de nature, plusieurs bélougas ont même pointé leur tête hors de l'eau pour mieux m'examiner.

Canon EOS-IN, objectif Canon EF 600 mm, f/8 à 1/125 de seconde, film Fujichrome 50

AW : Page 69 – Pour obtenir une perspective différente, j'ai survolé le rivage de Somerset Island. C'est ce cliché que je préfère : les trente-quatre bélougas forment un si joli dessin…

Canon EOS-IN, objectif Canon EF 70-200 mm, f/3.5 à 1/125 de seconde, film Fujichrome 50

PAGE 70

LIÈVRE VARIABLE
(*Lepus arcticus*)

Les lièvres variables vivant dans la toundra du Canada et du Groenland sont les lagomorphes (lapins, lièvres et pikas) les plus septentrionaux. Contrairement aux lapins, les lièvres ne creusent généralement pas de terrier. Leurs jeunes se tiennent cachés dans des nids ou dans des dépressions du sol (appelés « gîtes). Ils sont herbivores, mais il leur arrive d'attraper et de manger des campagnols. Durant les mois d'hiver, les lièvres variables doivent supporter des températures de – 40 °C et la neige qui s'installe pour plus de neuf mois. La saison de reproduction commence en mai ; les mâles se battent, parfois même avec les femelles, pour affirmer leurs droits à l'accouplement. De tels combats se terminent parfois par des blessures sérieuses. Les lièvres variables ont habituellement une seule portée par an et mettent bas en juin, après une période de gestation de cinquante jours ; les portées comptent en moyenne cinq levrauts.

AW : Les lièvres variables arctiques sont extraordinairement grands et pèsent jusqu'à 5,4 kg. Lorsque j'ai visité Ellesmere Island, dernière terre avant le pôle Nord, j'ai rencontré des groupes importants de ces lièvres dociles. À plusieurs occasions, les lièvres se sont mis debout et ont commencé à se battre. Le plus difficile, lorsque j'ai pris cette photo, a été de maintenir le matériel photo et moi-même en état de fonctionnement par un temps d'avril avec 33 °C au-dessous de zéro.

Canon F3, objectif Canon EF 400 mm, f/5.6 à 1/125 de seconde, film Fujichrome 100

PAGES 71, 72 ET 73

OURS POLAIRE
(*Ursus maritimus*)

De 28 000 à 40 000 ours polaires parcourent l'océan glacial Arctique et son littoral. Ils se nourrissent principalement de phoques annelés (*Phoca hispida*), mais aussi de cétacés échoués, de petits mammifères terrestres, d'oiseaux de mer et, à l'occasion, de jeunes morses (*Odobenus rosmarus*). Les ours passent l'été à Churchill, Manitoba, puis se laissent échouer après le retrait de la glace de la baie d'Hudson. N'ayant pas grand-chose à manger, ils passent la plupart de leur temps à se reposer. Des chercheurs ont profité de cette concentration annuelle pour étudier l'espèce, et leurs recherches révèlent une tendance inquiétante. Dans les deux dernières décennies, le poids des femelles adultes a diminué, et la mortalité des oursons a augmenté. Si une femelle peut produire au moins cinq portées dans sa vie, toute diminution de son poids altère sa reproduction. Les raisons de cette perte de poids sont inconnues, mais certains chercheurs pensent que les changements de climat peuvent l'expliquer.

AW : Page 71 – J'ai augmenté mon film d'un diagramme pour obtenir la vitesse dont j'avais besoin afin de figer l'action.

Canon EOS-3, objectif Canon EF 600 mm, f/5.6 à 1/250 de seconde

AW : Page 72 – Ces jeux d'ombre ont été pris d'hélicoptère.

Canon EOS-3, objectif Canon EF 70-200 mm, f/5.6 à 1/500 de seconde

AW : Page 73 – L'objectif grand angle 17-35 mm met en valeur le milieu naturel.

Canon EOS-3, objectif canon EF 17-35 mm, f/16 à 1/15 de seconde

Toutes les pages – film Fujichrome Velvia (page 71 seulement : poussé d'un diaphragme)

PAGES 2, 74 ET 75

OURS POLAIRE
(*Ursus maritimus*)

L'ours polaire serait issu d'une branche ancestrale d'ours bruns, qui vécurent il y a plus de 125 000 ans. Aujourd'hui, il est réparti autour de l'Arctique. En Alaska, des femelles équipées d'émetteurs radio ont parcouru entre 2 100 et 5 200 km par an, souvent au sein d'un territoire de 150 à 300 km de large. Les mâles ne peuvent être équipés d'émetteurs, car leur cou est plus large que leur tête, et le collier tombe ; leurs déplacements sont donc inconnus. On imagine que les ours polaires vivent loin des zones d'influence de l'homme, mais ce n'est pas toujours le cas. Dans l'archipel norvégien du Spitzberg, des chercheurs ont découvert que sept femelles sur quatre cent cinquante montraient des signes d'hermaphrodisme (elles présentaient un pseudo-pénis). Les ours norvégiens sont exposés à beaucoup plus de PCB que les ours d'Alaska et du Canada, et bien qu'aucun lien direct de cause à effet n'ait été établi, la pollution venant d'Europe, d'Amérique du Nord et d'Asie semble en être responsable.

AW : Toutes les pages – Pour les dernières prises de vue de *Libres et sauvages*, j'ai été extrêmement chanceux. Je suis allé à Churchill pour photographier des oursons qui venaient de sortir de la tanière où ils avaient passé l'hiver. Non seulement j'ai déniché plusieurs femelles avec des nouveau-nés, mais elles se trouvaient en plus dans une lumière de fin d'après-midi presque parfaite. J'ai mis mon appareil en exposition manuelle, et j'ai fait une mesure sur la neige. J'ai ensuite choisi une ouverture me permettant d'obtenir une surexposition de deux diaphragmes par rapport à ce que mon appareil m'indiquait comme étant la bonne exposition. Ce sont les prises de vue d'animaux blancs les plus nettes.

Toutes les pages – Canon EOS-3, objectif Canon EF 500 mm, multiplicateur de focale Canon EF x1.4, f/11 à 1/250 de seconde

PAGE 76

HARFANG DES NEIGES

(Nyctea scandiaca)

Les harfangs des neiges vivent dans l'Arctique circumpolaire, beaucoup plus au nord que n'importe quel autre oiseau. Ils peuvent survivre à des températures ambiantes inférieures à – 62 °C, parce que leur plumage conserve particulièrement bien la chaleur. Les populations de harfangs varient fortement en fonction du nombre de proies, et, dans de nombreux sites, les effectifs suivent les fluctuations des populations des lemmings. Quand les lemmings sont abondants, les effectifs de harfangs des neiges peuvent être multipliés par dix. Les harfangs peuvent s'abstenir de nicher quand les proies sont rares. Quand ils nichent, ils pondent dans une simple dépression du sol légèrement surélevée. Les femelles pondent de cinq à sept œufs qu'elles couvent pendant trente à trente-huit jours. On identifie les femelles par leur plumage tacheté et barré de noir ; les mâles sont habituellement blanc pur.

AW : Au fil des années, j'ai découvert que les harfangs des neiges étaient des sujets insaisissables et très frustrants. Constamment en alerte, privilégiant les espaces très ouverts, ils prennent généralement leur envol bien avant que je puisse m'approcher suffisamment pour obtenir un cliché satisfaisant. Pendant que je photographiais des ours polaires près de Churchill, j'ai découvert ce harfang perché sur un rocher balayé par la neige et, contrairement aux nombreuses fois précédentes, il m'a laissé approcher à moins de 20 m.

Canon EOS-IN/RS, objectif Canon EF 600 mm, f/11 à 1/125 de seconde, film Fujichrome Velvia (poussé d'un diaphragme)

PAGE 77

BŒUF MUSQUÉ

(Ovibos moschatus)

Le bœuf musqué est l'un des derniers vestiges de la grande faune du pléistocène. Sa technique de défense consistant à former un cercle ou un demi-cercle fermé est peut-être efficace face à des loups (*Canis lupus*), mais fait de lui une cible facile pour les hommes. Au début du XXe siècle, ces bovidés de 1,50 m de hauteur et de 200 à 410 kg furent exterminés d'Alaska et d'une grande partie du Canada par les baleiniers, les indigènes ou les trappeurs qui s'en nourrissaient. Autrefois présent dans tout l'Arctique, de l'Amérique du Nord au Groenland et à l'Eurasie, l'unique membre du genre *Ovibos* ne survit plus aujourd'hui que par petites populations, souvent réintroduites, comme en Alaska, où vivent environ 2 200 animaux. L'espèce vit également au Groenland, où l'on dénombre de 12 000 à 15 000 animaux indigènes ou réintroduits, au Canada arctique qui abrite la plus grande population, soit 110 000 bêtes, et çà et là en Norvège et en Russie.

AW : Un immense troupeau d'*Ovibos moscatus* fait la démonstration de la façon primaire dont il se défend en formant un cercle dense, têtes et cornes tournées vers l'extérieur. Cette manœuvre leur permet d'encorner leur prédateur de toujours, le loup. Cette position classique de défense m'a également permis de m'approcher relativement près. Pour calculer la bonne exposition, j'ai fait une mesure spot à distance de leurs cornes massives qui formaient un ensemble gris moyen sur la neige brillante, les animaux étant très sombres.

Canon F3, objectif Canon EF 300 mm, f/11 à 1/125 de seconde, film Fujichrome 100

PAGE 78

PLONGEON CATMARIN

(Gavia stellata)

Les plongeons catmarins sont très répandus dans la zone holarctique. Ils se reproduisent sous les latitudes septentrionales, en particulier sur les côtes de l'Alaska, au Canada arctique, au Groenland, en Islande, en Europe du Nord et en Russie septentrionale, où ils affectionnent les petits lacs de près de 0,5 hectare. Ils construisent des nids de boue et de végétation, souvent sur une petite île située sur le plan d'eau qu'ils se sont approprié. Les couvées sont généralement de deux œufs, pondus à deux jours d'intervalle. Le poussin qui éclôt le premier a plus de chance de survivre que le second. Les poussins sont capables de nager vingt-quatre heures après leur éclosion ; leurs parents les nourrissent de petits poissons et d'invertébrés jusqu'à ce qu'ils acquièrent leur plumage, à cinq ou six semaines. Les plongeons migrent pour hiverner le long des côtes orientales et occidentales d'Amérique du Nord, d'Europe, du Japon, de Chine et de Corée.

AW : Lors d'un voyage en Islande, je suis tombé sur cet adulte et son petit dans un étang le long de l'autoroute. Dans la mesure où ce plongeon avait choisi de faire son nid en bordure d'une autoroute très passagère, les oiseaux n'étaient pas effarouchés. Pour les photographier, j'ai utilisé un objectif 600 mm et j'ai mis mon appareil sur autofocus. Cela m'a permis de garder la mise au point, les oiseaux bougeant sans arrêt. J'ai aussi placé mon appareil sur un trépied aussi près que possible du sol. J'ai ainsi obtenu un meilleur angle de vue sur les oiseaux, et cette position a semblé moins les intimider.

Canon EOS-IN, objectif Canon EF 600 mm, multiplicateur de focale Canon Extender EF x1.4, f/8 à 1/125 de seconde, film Fujichrome Astia

PAGE 79

FAUCON PÈLERIN

(Falco peregrinus)

Le faucon pèlerin était autrefois répandu dans le monde entier. On en distingue dix-neuf sous-espèces, dont trois en Amérique du Nord (*tundrius*, *pealei* et *anatum*). Les populations furent décimées, spécialement dans les années 1950 et 1960, en grande partie à cause de la contamination par les pesticides, comme le DDT, qui compromettaient la reproduction. En Europe occidentale et en Amérique du Nord, de nombreuses populations étaient au bord de l'extinction. L'espèce fut partiellement sauvée sur certains sites, grâce à la protection, à l'interdiction du DDT et de pesticides similaires, et aux programmes de réintroduction. Depuis, les faucons pèlerins se sont même installés dans certaines villes où ils chassent les pigeons. Lorsqu'il fond sur sa proie, le faucon pèlerin peut atteindre des vitesses de 300 km/h. Il tue sa proie par la seule force de l'impact et peut supporter des accélérations qui feraient perdre connaissance à un homme.

AW : Quand j'ai choisi les photos qui figureraient dans cet ouvrage, mon premier critère a été la perception que l'on avait du milieu naturel. Je préfère cette prise de vue à de nombreux autres portraits plus rapprochés parce qu'elle inclut les plantes qui luttent pour survivre dans cet environnement arctique hostile. Le faucon était perché sur une falaise de basalte, et son nid blotti dans une anfractuosité protectrice à flanc de falaise. L'oiseau revenait sans cesse se percher à cet endroit avant de rentrer dans son nid. Pour obtenir ce cliché, je me suis approché de la falaise par le bas et j'ai attendu que le faucon revienne de la chasse.

Canon EOS-3, objectif Canon EF 600 mm, f/16 à 1/30 de seconde, film Fujichrome Velvia

PAGE 80

LOUP ARCTIQUE
(*Canis lupus arctos*)

Les loups arctiques habitent le Canada arctique et une partie des côtes du Groenland. Sous-espèce du loup gris, le loup arctique est souvent blanc, bien qu'il puisse aussi être noir ou gris. Il possède un pelage épais, formé d'un duvet et d'une couche d'épais poils protecteurs. Cette couche capte l'air et procure une réelle isolation contre le froid. Leurs autres particularités sont des oreilles courtes, un museau court et des pattes relativement courtes comparées à celles de leurs cousins du Sud. Le loup arctique est un canidé trapu pesant jusqu'à 55 kg, ce qui en fait l'un des plus gros loups. Une meute peut exploiter plus de 2 000 km² de toundra et se nourrit de proies variées allant du campagnol et du lemming au renne (*Rangifer tarandus*) et au bœuf musqué (*Ovibos moschatus*). La taille des meutes varie de sept à vingt-cinq animaux, et leur cohésion est plus grande que celle des loups méridionaux ; un loup seul ne survivrait pas dans un environnement aussi rude.

AW : Dans le nord du Canada, les loups ont été chassés et piégés pendant plus de cent cinquante ans et ils sont extrêmement difficiles à photographier. Pour faire cette photo, je suis resté caché derrière un petit saule à 500 m. J'ai fixé un multiplicateur de focale x 2 à mon objectif 600 mm, ce qui me donnait l'équivalent d'un objectif 1 200 mm. J'ai utilisé deux trépieds, un sous l'objectif et l'autre sous le boîtier de l'appareil, pour gagner en stabilité. Souvent, lorsque j'utilise cette combinaison, je dois lutter contre les ondes de chaleur qui montent de la surface du sol et peuvent réduire la netteté de l'image.

Canon EOS-3, objectif Canon EF 600 mm, multiplicateur de focale Canon Extender EF x2, f/8 à 1/125 de seconde, film Fujichrome Velvia

PAGE 81

LOUP ARCTIQUE
(*Canis lupus arctos*)

L'habitat retiré du loup arctique (et la faible densité de population humaine qui s'y trouve) l'a protégé des persécutions de l'homme. Dans de nombreux sites du nord du Canada, les densités de population des loups sont en moyenne de un loup pour 520 km2. Les recensements et autres statistiques, fondés sur la quantité de proies disponibles, font état d'environ 200 loups sur les îles Queen Elisabeth (dont l'île Ellesmere), 1 100 sur les îles Banks et Victoria, 2 100 sur l'île de Baffin (sous-espèce *manningi*), moins de 100 au Groenland (on pense que ces animaux ont migré du Canada via la banquise) et de 5 000 à 15 000 dans les Territoires du Nord-Ouest ; ces statistiques comprennent, en plus de la sous-espèce *arctos*, différentes sous-espèces dont *columbianus*, *griseoalbus*, *hudsonicus*, *mackenzii*, *nubilus*, *occidentalis* et *pambasileus*.

AW : Page 81 (gauche) – J'étais assis en train de déjeuner lorsque j'ai entrevu du blanc qui traversait une petite clairière. J'ai réussi à faire plusieurs clichés au moment où un loup arctique et son louveteau sortaient des arbres en n'ayant apparemment à aucun moment détecté ma présence.

AW : Page 81 (droite) – Un louveteau âgé de quatre mois me regarde en train de l'observer par-dessus une petite rivière. Les louveteaux sont souvent livrés à eux-mêmes lorsque leurs parents partent chasser.

Photos de gauche et de droite : Canon EOS-3, objectif Canon EF 600 mm, f/5.6 à 1/60 de seconde, film Fujichrome Velvia (photo de droite uniquement : poussé d'un diaphragme)

PAGE 82

RENARD POLAIRE
(*Alopex lagopus*)

Les renards polaires sont de petits prédateurs omniprésents dans l'Arctique circumpolaire. Creusant leur terriers sur les côtes pendant l'été, ils voyagent beaucoup à travers la banquise en hiver et ont été vus à plus de 800 km des côtes. Les renards polaires sont des chasseurs et des charognards opportunistes, qui se nourrissent de charognes, de lemmings, de poisson et même de bébés phoques qu'ils extraient de leur tanière. On les voit souvent manger des charognes en compagnie des ours polaires (*Ursus maritimus*). Ils s'adaptent très bien et perdent vite leur crainte de l'homme, fréquentant villes et villages arctiques. Le taux élevé de rage dans certaines populations est un problème important. Les renards polaires sont pourchassés de longue date pour leur fourrure ; les prélèvements annuels mondiaux sont de 100 000 à 150 000 animaux. La chasse à outrance en Islande et Scandinavie a fortement réduit les populations de ces pays.

AW : Pendant l'hiver, pour chasser, le renard polaire utilise autant son ouïe que sa vue. C'est particulièrement vrai lorsqu'il est à la recherche de petits animaux, les lemmings par exemple, qui vivent dans un réseau de galeries sous la neige. En approchant sa tête près de la surface de la neige, le renard repère où se trouve l'animal. Puis, après un bond de 1 m à la verticale, il atterrit, brisant la croûte de neige, et capture sa proie. Sur cette photo, j'ai saisi un renard au moment où il saute en l'air. Avec une vitesse d'obturation de 1/250 de seconde, j'ai réussi à le figer à mi-course.

Canon EOS-3, objectif Canon EF 600 mm, f/4 à 1/250 de seconde, film Fujichrome Astia

PAGE 83

RENARD ROUX
(*Vulpes vulpes*)

De tous les mammifères terrestres, c'est le renard roux qui a la plus vaste répartition naturelle. Il n'est dépassé que par l'homme (et autrefois par le loup gris, *Canis lupus*). Ces renards vivent aussi bien dans les forêts denses que dans la toundra ouverte, dans les villes que dans les habitats alpins jusqu'à 4 500 m d'altitude. Ils sont classiquement brun roussâtre avec les parties inférieures blanchâtres. Cependant, il existe des variations : le « renard croisé (montré ici) et le « renard argenté. Environ 25 % des renards roux sont de la variété du renard croisé. Le renard croisé est un peu plus sombre que le renard roux typique et possède une ligne noire traversant le milieu du dos et une autre sur les épaules, formant la croix qui explique son nom.
Les renards roux ont toujours été chassés, aussi bien pour le sport que pour leur fourrure. Dans les années 1980, plus de 500 000 fourrures étaient vendues chaque année.

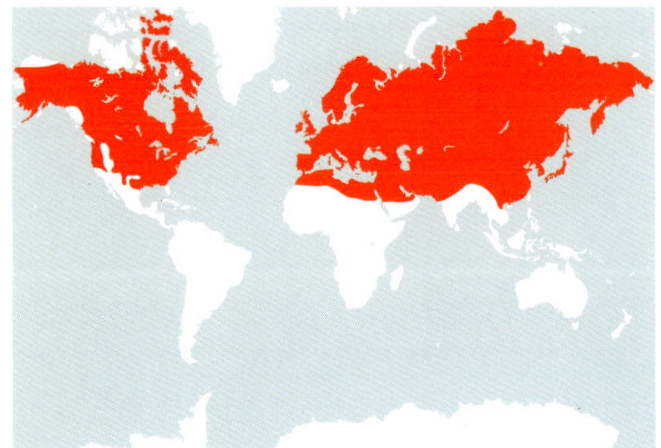

AW : Pour prendre cette photo, j'ai disposé mon appareil et mon objectif grand angle 17-35 mm sur un trépied bas près d'une paire de bois provenant d'un renne (*Rangifer tarandus*), à côté de la tanière d'un renard. À l'aide d'un dispositif de déclenchement à distance, j'ai simplement déclenché l'obturateur au moment où les renardeaux jouaient autour des bois. Je suis resté immobile à environ 30 m.

Canon EOS-IN, objectif Canon EF 17-35 mm, f/16 à 1/30 de seconde, film Fujichrome Velvia

TEXTE DE
RICHARD DAWKINS

© Carolyn Djanogly

La troisième planète est unique. Exubérante sur la surface de notre globe, s'amenuisant vers le ciel et gravée jusque dans le cœur des roches, il existe une strate où quelque chose de riche et de nouveau a été ajouté à la minéralité que l'on trouve partout dans le reste du système solaire. Cette strate particulière est, bien entendu, une strate de vie. Ce n'est pas que les lois de la physique soient enfreintes sur le pourtour de la planète, mais la matière vivante utilise la physique de façon inhabituelle. Si inhabituelle – « émergente » – que le fait de croire que les lois de la physique ne sont pas respectées est pardonnable.

Darwin n'a sans doute pas été le premier à résister à cette tentation, mais la finesse avec laquelle il la renia lui vaut tous les honneurs. En dépit du titre, son principal ouvrage est moins un livre sur l'origine des espèces que sur l'origine de l'adaptation. C'est-à-dire un livre sur l'origine de l'illusion d'un grand plan d'ensemble, sur ce simulacre puissant qui a conduit des hommes à suspecter, à tort, que les causes matérielles ne suffisent pas à expliquer la biologie.

C'est dans les tissus et les organes, les cellules et les molécules, des créatures prises individuellement que l'illusion d'un plan d'ensemble est la plus frappante. Les individus de chaque espèce, sans exception, le montrent avec force. Mais il existe une autre illusion d'un grand dessein que l'on peut déceler à un niveau supérieur, le niveau de la diversité spécifique. Le plan semble réapparaître dans la disposition même des espèces, dans leur arrangement au sein des communautés et des écosystèmes, dans les relations qu'entretiennent les espèces au cœur des habitats qu'elles partagent. Il existe un modèle dans l'inextricable puzzle de la forêt tropicale, par exemple, ou du récif corallien, qui conduit les rhétoriciens à prédire un désastre si un élément seulement devait être supprimé de l'ensemble à un moment inopportun. Dans des cas extrêmes, une telle rhétorique prend une tonalité mystique. La matrice est celle d'une déesse terrestre, la vie est son corps, les espèces ses cellules.

Les animaux et les plantes qui cohabitent dans une zone semblent s'accorder aussi finement que les différentes parties du corps d'un animal concordent entre elles. Une panthère de Floride possède la dentition d'un carnivore, les griffes d'un carnivore, les yeux, les oreilles, le nez et le cerveau d'un carnivore, les pattes musclées nécessaires à la poursuite de ses proies, et les boyaux prévus pour digérer la viande. Chaque partie de son corps est adaptée à sa nature carnivore. Chaque muscle, chaque cellule de ce gros chat porte la mention « mangeur de viande » dans sa texture profonde. Les parties correspondantes d'un mouton bighorn, par exemple, sont tout aussi homogènes, mais pour une destination différente. Les intestins prévus pour digérer des végétaux seraient mal servis par des griffes et des instincts adaptés à la capture de proie. Et réciproquement. Un hybride entre une panthère et un mouton n'aurait aucun succès sur le plan évolutif.

La même chose peut être dite des communautés d'espèces. Le langage des écologues le reflète bien. Les plantes sont des producteurs primaires. Elles captent l'énergie solaire et la rendent accessible au reste de la communauté, à travers une chaîne de consommateurs primaires, secondaires et même tertiaires, qui s'achève avec les charognards. Ces derniers jouent un « rôle » de recyclage au sein de la communauté, et j'utilise volontairement des guillemets. Chaque espèce, dans cette approche de la vie, a un rôle à jouer. Dans certains cas, si ceux qui assurent un rôle donné, comme les charognards, étaient retirés, la communauté tout entière s'effondrerait. Ou alors son « équilibre » serait rompu, et elle fluctuerait fortement, hors de tout « contrôle » jusqu'à ce qu'un nouvel équilibre soit trouvé, des espèces différentes pouvant alors remplir la fonction vacante. Les communautés du désert sont différentes de celles des forêts tropicales, et leurs composants sont réciproquement incompatibles, comme les boyaux d'un herbivore sont apparemment incompatibles avec des mœurs carnivores. Les communautés des récifs coralliens diffèrent des communautés benthiques, et leurs composants ne peuvent être échangés. Les espèces s'adaptent à leur communauté, pas seulement à une région ou à un climat donnés. Elles s'adaptent aussi les unes aux autres. Les autres espèces d'une communauté sont un élément important de l'environnement – peut-être le plus important – auquel chaque espèce s'est adaptée.

L'harmonie des rôles joués par les espèces d'une communauté ressemble alors à l'harmonie des parties de l'organisme d'un individu. Si la ressemblance est trompeuse et doit être considérée avec prudence, elle n'est pourtant pas sans fondement. Les forces qui produisent une harmonie dans le corps d'un organisme ne sont pas très différentes de celles qui produisent l'illusion d'harmonie entre les espèces d'une communauté. Il existe un équilibre dans la forêt tropicale, une structure dans une communauté corallienne, une imbrication fine des composants qui rappellent la coadaptation au sein d'un organisme animal. Ni dans un cas ni dans l'autre, l'unité équilibrée n'est favorisée en tant qu'unité par la sélection darwinienne. Dans les deux cas, l'équilibre apparaît à travers la sélection à un niveau inférieur. La sélection ne favorise pas un ensemble harmonieux. C'est l'inverse : les parties harmonieuses prospèrent à travers la présence des autres, et c'est de là que naît l'illusion d'une harmonie globale.

Reprenons en langage génétique l'un des exemples précédents. Au niveau individuel, les gènes qui contrôlent la fabrication d'une dentition carnivore prospèrent dans un matériel génétique qui fabrique des intestins carnivores et des cerveaux carnivores, mais pas dans un matériel génétique contenant des gènes d'intestins et de cerveaux herbivores. À l'échelle de la communauté, une région sans espèces carnivores ressemblerait un peu à un « créneau » vide dans l'économie humaine. Les espèces carnivores qui

▲▲ MORSE
(*Odobenus rosmarus*), Togiak National Wildlife Refuge, Alaska, États-Unis
▲ BARGE MARBRÉE
(*Limosa fedoa*), Laguna San Ignacio, Basse-Californie, Mexique

pénétreraient dans la région prospéreraient. Si la région est une île lointaine qu'aucune espèce carnivore n'a jamais atteinte, ou si une récente extinction de masse a dévasté le terrain et créé un « créneau », la sélection naturelle favorisera les individus d'espèces non carnivores changeant leurs mœurs pour devenir carnivores. Après une période d'évolution suffisamment longue, des espèces carnivores spécialisées descendront d'ancêtres omnivores ou herbivores.

Les carnivores prospèrent en présence d'herbivores, et les herbivores prospèrent en présence de végétaux. Mais qu'en est-il en sens inverse ? Végétaux et animaux ont-ils besoin d'ennemis qui les mangent pour prospérer ? Pas de la manière directe suggérée par la rhétorique de certains activistes écologistes.

Aucune créature ne tire un bénéfice du fait d'être mangée. Mais les herbes, qui s'accommodent mieux que leurs rivales du fait d'être broutées, peuvent vraiment prospérer en présence d'herbivores, grâce au principe des « ennemis de mes ennemis ». Une histoire semblable peut être imaginée avec certains animaux victimes de parasites ou de prédateurs, bien que là le scénario soit plus complexe. Il est encore erroné de dire qu'une communauté a « besoin » de ses parasites et prédateurs au même titre que l'ours polaire a besoin de son foie ou de ses dents. Mais le principe des ennemis de mes ennemis conduit à peu près au même résultat. Il peut être juste de voir une communauté d'espèces comme une sorte d'entité équilibrée, qui est potentiellement menacée par le retrait de n'importe lequel de ses composants.

L'idée de communauté, en tant qu'entité composée d'unités qui prospèrent les unes en présence des autres, s'insinue dans la vie. Même à l'intérieur d'une cellule, le principe fonctionne. La plupart des cellules animales sont des communautés de centaines, voire de milliers de bactéries, qui sont devenues si intimement parties intégrantes du fonctionnement d'ensemble de la cellule que leur origine bactérienne n'a été comprise que récemment. Les mitochondries, autrefois bactéries vivant librement, sont aussi essentielles pour nos cellules que nos cellules le sont pour nous. Leurs gènes ont prospéré en présence des nôtres comme les nôtres ont prospéré en présence des leurs. Les cellules des plantes sont intrinsèquement incapables de réaliser la photosynthèse. Cette magie chimique est accomplie par des travailleurs hôtes des cellules, originellement des bactéries aujourd'hui rebaptisées chloroplastes. Les mangeurs de végétaux, tels les ruminants et les termites, sont eux-mêmes largement incapables de digérer la cellulose. Mais ils sont très doués pour trouver et mâcher les végétaux. Le « créneau » offert par leurs intestins pleins de végétaux est exploité par des micro-organismes symbiotiques qui possèdent la particularité biochimique de digérer efficacement la cellulose. Des organismes aux compétences complémentaires prospèrent les uns en présence des autres. Et le processus se reflète au niveau des gènes « propres » à chaque espèce. Le théâtre immédiat de cette prospérité est l'intérieur des cellules d'un individu. Mais, à long terme, c'est l'ensemble du matériel génétique d'une espèce. En raison de la reproduction sexuelle, le matériel génétique est l'habitat de chaque gène puisqu'il est recopié et recombiné au fil des générations.

C'est ce qui donne à l'espèce son statut particulier dans la hiérarchie taxonomique. Personne ne sait combien il y a d'espèces différentes dans le monde, mais nous savons au moins ce qu'essayer de les compter représenterait. Les hypothèses selon lesquelles il y aurait 30 millions d'espèces séparées, comme certains l'ont estimé, ou seulement 5 millions, sont de véritables hypothèses. La réponse est importante. Les hypothèses sur le nombre de genres, de familles, d'ordres, de classes ou de phylums existants n'ont pas plus de valeur que les hypothèses sur le nombre d'hommes grands. Tout dépend de ce que vous entendez par « hommes grands » ou de ce que vous définissez comme un genre ou une famille.

Mais, tant que la reproduction est sexuée, l'espèce se définit au-delà des goûts de l'individu et cela de façon réellement importante. Elle est définie comme la communauté dont les gènes sont partagés jusqu'au cœur du noyau cellulaire – un héritage de noyaux cellulaires au fil des générations. Quand une espèce se sépare d'une espèce sœur, habituellement au terme d'un isolement géographique accidentel, le nouveau matériel génétique devient un nouveau théâtre où la coopération intergénique évolue. Toute la diversité existant sur terre est apparue à travers de telles séparations. Chaque espèce est une entité unique, un ensemble unique de gènes coadaptés, coopérant les uns avec les autres dans le but de construire des organismes individuels. Le matériel génétique d'une espèce est un édifice de coopérants harmonieux, qui s'est construit dans une histoire unique. Un animal bien adapté reflète, jusque dans le détail de sa biochimie, l'environnement dans lequel ses ancêtres ont vécu. Le matériel génétique est découpé, morcelé au fil de la sélection naturelle de générations d'ancêtres s'adaptant à l'environnement. En théorie, un zoologiste bien informé, disposant de la transcription d'un génome complet, devrait être capable de reconstruire les circonstances environnementales ayant modelé le génome. Dans ce sens, l'ADN est la description codée des environnements ancestraux, un « livre des morts génétique ».

En conséquence, l'extinction d'une espèce nous affecte dans un certain sens plus que la mort d'un individu. C'est certain, tout individu est unique, et, de ce fait, irremplaçable. Mais l'ensemble des gènes d'une espèce représente une solution unique au problème de la survie. Un organisme individuel, par contraste, est seulement une permutation des unités de cette solution : unique, mais pas unique de façon intéressante. Il n'est qu'une donne d'un même jeu de cartes. Mais quand le dernier individu d'une espèce meurt, le jeu tout entier est détruit. Il ne fait aucun doute que les autres espèces s'organiseront pour prendre sa place, mais il leur faudra du temps pour reconstituer un même ensemble complexe de gènes mutuellement compatibles, et leur nouvelle solution au problème de la conservation de l'ADN sera toujours différente de l'ancienne. Lorsque ce qui était probablement le dernier loup de Tasmanie mourut au zoo Hobart en 1936, nous avons perdu des dizaines de millions d'années de recherche et d'adaptation à un mode de vie carnivore.

Il est possible d'avoir une vision plus énergique de l'extinction, même de l'extinction de masse. Nous pouvons considérer de façon inflexible que l'extinction des espèces a été la norme au cours des temps géologiques. Même notre propre sillon de destruction à coups de tronçonneuse et de béton est juste le dernier d'une longue série de « nettoyages » dont la vie s'est toujours remise très vite. La catastrophe qui causa la disparition des dinosaures a eu une conséquence qui devrait nous conduire à adopter une attitude positive et réjouie : cette conséquence, c'est nous. D'un point de vue moins passionnel, toute extinction de masse crée de nouveaux « créneaux », et le rush pour les combler est ce qui, maintes fois, a enrichi la diversité de notre planète.

Même la plus dévastatrice des extinctions de masse peut être justifiée comme une purge nécessaire qui rend possible le renouveau de la vie. De fait, il est fascinant de se demander si les rats ou les étourneaux pourraient fournir le stock génétique ancestral à une nouvelle génération de prédateurs géants, au cas où l'ordre des Carnivores actuel disparaîtrait totalement. Personne au monde ne peut le dire, parce que nous ne vivons pas à l'échelle de l'évolution. C'est un débat d'ordre esthétique, un débat de sensibilité, non de raison, et j'admets que ma propre sensibilité s'y refuse. Je trouve mon esthétique incapable de raisonner à si long terme.

Les dinosaures ont disparu. Je les regrette, et je regrette les ammonites géantes, et, avant eux, les reptiles mammaliens et les forêts de mousses et de fougères arborescentes des gisements houillers, et, avant eux, les trilobites et les euryptéridés : mais tous appartiennent au passé. Ce que nous voyons aujourd'hui est un nouvel ensemble de communautés, notre propre assemblage contemporain de mammifères et d'oiseaux, de plantes à fleurs et d'insectes pollinisateurs mutuellement compatibles. Ces communautés ne sont pas meilleures que celles qui les ont précédées. Mais elles sont ici, elles ont mis des millions d'années à se construire, et si nous les détruisons, nous ne verrons jamais leurs remplaçantes. Ni dans l'espace de notre vie, ni même en 5 millions d'années. Si nous détruisons les écosystèmes dont nous faisons partie, nous ne condamnons pas seulement notre génération, mais aussi toutes celles qui nous succéderont, à vivre dans un monde dévasté et appauvri.

La nécessité de protéger la nature sauvage s'exprime parfois en termes de simple intérêt personnel. Nous avons besoin de la diversité des forêts tropicales parce que l'on ne sait pas d'où proviendront les médicaments et les plantes cultivées de demain. Bref, si c'est cela qu'il faut dire pour mobiliser les foules, qu'il en soit ainsi, même si cela sonne creux pour moi, creux et même ignoble. Les justifications de la protection auxquelles je me réfère toujours sont d'ordre esthétique, et qu'y a-t-il de mal à cela ? Qui, après avoir parcouru les pages de ce livre, pourrait assister à l'extinction d'une des espèces illustrées ici, en éprouvant autre chose que de la tristesse ?

Mais le mieux est l'ennemi du bien. Nous vivons dans un monde économique où tout a un prix. Il semble trop facile de prendre l'esthétique comme argument suprême et de mépriser les raisons égoïstes et utilitaires de sauver les forêts tropicales et les espèces rares. Mais quelle part de notre santé, ou de notre temps, sommes-nous prêts à sacrifier pour cela ? Pas grand-chose. Il existe bien d'autres appels à notre générosité caritative. Qu'en est-il des victimes des derniers tremblements de terre, famines, ouragans, ou autres catastrophes humaines ? Beaucoup d'habitats d'espèces menacées sont aussi le domaine de peuples pauvres, dont on oublie qu'ils considèrent les animaux sauvages comme des concurrents. La « richesse biologique » peut sonner creux, aussi creux peut-être que l'estomac de votre enfant. La vision esthétique de la nature sauvage est, de ce point de vue, un luxe que l'affamé ne peut s'offrir.

Ne soyons donc pas trop prompts à condamner les États d'Afrique australe qui « rentabilisent » leurs parcs nationaux, en tournant peut-être la nécessité de limiter les effectifs en excuse pour vendre des permis de chasse au gros gibier. Bien entendu, il paraît obscène de satisfaire certains hommes assoiffés de sang, en particulier dans ces cas où les animaux sont confiants et familiers. Mais, là encore, il s'agit d'un jugement esthétique, et si ces pratiques peuvent se justifier d'un point de vue économique, cette justification ne s'applique pas, par exemple, aux toréadors pomponnés et maniérés qui se pavanent dans l'arène. Si désagréable soit-elle, je trouve parfois difficile de continuer à croire que la solution sud-africaine au problème de la sauvegarde de l'éléphant et du rhinocéros noir n'est pas la plus pratique. Néanmoins, à choisir, je préférerai toujours la solution d'une interdiction totale du commerce de l'ivoire et des cornes de rhinocéros.

Cette réflexion sans résultat probant est le signe que je n'ai pas de solution simple à proposer. Je reviens à l'esthétique, mais ce livre me persuade qu'il y a ici plus que de l'esthétique ordinaire. La réflexion sur l'évolution peut donner une nouvelle dimension à notre esthétique. Nous ne regardons pas un animal comme si c'était une simple œuvre d'art. S'il s'agit d'une œuvre d'art, c'en est une qui a peut-être mis dix millions d'années à être achevée. Il me semble que c'est cela qui fait la différence.

RICHARD DAWKINS

▲▲ PANTHÈRE
ET PHACOCHÈRE

(Panthera pardus), (phacochoerus africanus),
PARC NATIONAL DU LAC NAKURU, KENYA

SAVANES, DÉSE

◂◂◂ LIONS

Réserve nationale Masaï Mara, Kenya

◂◂ ET ◂ ZÈBRES DE BURCHELL ET GNOUS

Réserve nationale Masaï Mara, Kenya

PANTHÈRES

Réserve Londolozi, Afrique du Sud

ÉLÉPHANTS D'AFRIQUE

Parc national Amboseli, Kenya

ÉLÉPHANTS D'AFRIQUE
PARC NATIONAL AMBOSELI, KENYA

ÉLÉPHANTS D'AFRIQUE
KWANDO, BOTSWANA

PANTHÈRE
Parc national du lac Nakuru, Kenya

▸ GUÉPARDS
Réserve Phinda, Afrique du Sud

ZÈBRES DE GRÉVY
PARC NATIONAL SAMBURU, KENYA

▸ IMPALAS
RÉSERVE NATIONALE MASAÏ MARA, KENYA

RHINOCÉROS NOIR

Zone de protection du Ngorongoro, Tanzanie

LIONS

Réserve nationale Masai Mara, Kenya

LIONS

Réserve nationale Masaï Mara, Kenya

LIONS

Réserve nationale Masaï Mara, Kenya

PYGARGUE VOCIFER
Delta de l'Okavango, Botswana

▸ FLAMANTS ROSES
Lac Magadi, Kenya

LYCAONS
Kwando, Botswana

HYÈNE TACHETÉE ET LYCAONS
Kwando, Botswana

▲ ET ◄ VAUTOUR CHAROGNARD ET LYCAONS
Kwando, Botswana

► CHEVAUX DE PRJEVALSKI
Réserve nationale Hustain Nururu, Mongolie

BIGHORN

Anza-Borrego Desert State Park, Californie, États-Unis

CHEVÊCHETTE DES SAGUAROS

Désert de Sonora, Arizona, États-Unis

GRAND-DUC D'AMÉRIQUE
SAGUARO NATIONAL MONUMENT, ÉTATS-UNIS

CONDOR DE CALIFORNIE

Plateau du Colorado, Arizona, États-Unis

MOLOCH

Territoire du Nord, Australie

VARAN PERENTIE
MacDonnel Ranges, Territoire du Nord, Australie

PAGES 92-93

LION
(*Panthera leo*)

Bien qu'ils vivent parfois dans des environnements très arides comme les déserts du Namib ou du Kalahari, les lions sont des animaux de la savane. Leur habitat se situe entre le niveau de la mer et 5 000 m d'altitude environ, leur territoire couvrant de 20 à 400 km^2. Ils peuvent être actifs à tout moment de la journée, et même chasser en plein jour, en particulier lorsque l'espèce est protégée. En revanche, dans les régions où les lions sont régulièrement persécutés par l'homme, il arrive qu'ils deviennent exclusivement nocturnes. Les lions sont par ailleurs bien connus pour leur léthargie : ils passent en effet une vingtaine d'heures par jour à se reposer, et, lorsqu'ils finissent par se mettre à chasser, ce sont généralement les femelles qui s'en chargent. Si les lions unissent parfois leurs efforts pour venir à bout d'un zèbre ou d'un gnou, cette collaboration est peut-être fortuite et opportuniste. Un lion particulièrement affamé peut engloutir jusqu'à 50 kg en un seul repas.

AW : Une bande de lions commence à se mettre en mouvement alors que les derniers rayons de lumière de la journée les illuminent. Cette bande chassait le jour jusqu'à ce que la population masaï de la région augmente considérablement. Maintenant, les lions se cachent pendant la journée et chassent sous le couvert de la nuit. Pour cette photo, j'ai utilisé un objectif 20 mm, placé en équilibre sur un sac de haricots accroché à la vitre ouverte de mon véhicule. J'ai employé un filtre de polarisation pour faire ressortir les nuages et un filtre de densité neutre ND4 pour avoir une exposition plus uniforme.

Canon EOS-IN/RS, objectif Canon EF 20 mm, f/8 à 1/8 de seconde, filtre de polarisation, filtre de densité neutre ND4, film Fujichrome Velvia

PAGE 94

GNOU À QUEUE NOIRE
(*Connochaetes taurinus*)

Mesurant près de 1,50 m au garrot, le gnou à queue noire est l'une des plus grosses antilopes d'Afrique. *C. taurinus* a une robe nettement plus claire que son proche parent, le gnou à queue blanche (*C. gnou*) qui vit en Afrique du Sud. *C. taurinus* fait partie intégrante des grands troupeaux d'ongulés migrateurs que l'on trouve dans le parc national du Serengeti en Tanzanie et dans la réserve de Masaï-Mara au Kenya. Si certains troupeaux sont sédentaires, la grande majorité des plus de 1,5 million de gnous qui arpentent la savane se déplacent avec les pluies à la recherche de nouveaux pâturages au fur et à mesure des changements de saison. Bien que les gnous abondent sur ces plaines herbeuses, leur présence s'est raréfiée dans d'autres régions d'Afrique. Les clôtures qu'installent les éleveurs pour protéger leurs troupeaux ont, dans bien des cas, gêné les déplacements de la faune sauvage, ce qui a eu de graves conséquences en période de sécheresse.

AW : La migration annuelle des gnous et des zèbres, qui a lieu en automne, est un événement de la vie des animaux sauvages à ne pas manquer. Ici, les animaux se concentrent sur la rive du fleuve Mara. C'est un endroit dangereux pour ces ongulés, car les crocodiles du Nil (Crocodylus niloticus) guettent juste au-dessous de la surface de l'eau. Cette scène a été photographiée depuis un talus surélevé de l'autre côté du fleuve. Cette position stratégique en hauteur me permettait d'avoir plus d'animaux dans un même champ, et j'ai ainsi pu utiliser une vitesse d'obturation plus rapide afin de figer le mouvement des animaux agités.

Canon EOS-IN, objectif Canon EF 600 mm, f/11 à 1/250 de seconde, film Fujichrome Astia

PAGE 95

ZÈBRE COMMUN
(*Equus burchelli*)

L'écosystème de 4 millions d'années que constituent les 25 000 km^2 du parc national Serengeti-Masaï Mara abrite aujourd'hui la plus grande population de mammifères herbivores du monde, dont 200 000 zèbres communs et 1,5 million de gnous (*Connochaetes taurinus*). L'habitat du zèbre des plaines varie de la savane à la forêt clairsemée, l'herbe représentant 90 % de son alimentation. Si les zèbres se regroupent parfois par milliers pour effectuer leurs migrations, leur organisation sociale consiste en petites unités familiales et en troupeaux de mâles célibataires. Bien qu'ils ne soient pas considérés comme une espèce menacée, ils ont vu leur nombre et leur territoire diminuer du fait de la chasse et de la concurrence des animaux domestiques. En outre, la sous-espèce *E. b. burchelli*, qui vivait autrefois en Afrique du Sud, a aujourd'hui disparu, tandis que *E. b. chapmani* du Mozambique, qui ne compte plus que 3 000 individus, est sérieusement menacée.

AW : Des gnous en train d'effectuer leur migration avec nervosité et attendant de traverser le fleuve Mara sont de plus en plus comprimés entre les eaux infestées de crocodiles et les milliers de congénères qui arrivent derrière eux. Les animaux comprimés, agités, produisent un nuage de poussière qui vient ajouter encore plus d'intensité dramatique à cette scène éternelle.

Canon EOS-IN, objectif Canon EF 600 mm, f/11 à 1/250 de seconde, film Fujichrome Astia

PAGE 96

LÉOPARD
(*Panthera pardus*)

Les léopards sont de superbes félins qui atteignent 0,78 m au garrot. Les mâles pèsent de 37 à 90 kg, et les femelles, un peu plus petites, entre 28 et 60 kg. Bien que l'on considère que cette espèce est encore courante dans certaines parties d'Afrique, le nombre de léopards a fortement diminué dans certaines régions. Par ailleurs, le léopard est aujourd'hui extrêmement rare dans la majeure partie de l'Asie, et la situation des sous-espèces vivant au Moyen-Orient est critique. En effet, la plupart des populations proche et moyen-orientales ne comptent plus que quelques centaines d'animaux, et il en reste moins de deux douzaines en Israël. La plus grande population asiatique vit en Inde, où l'on trouve encore 14 000 léopards environ, tandis que de 400 à 600 survivent au Sri Lanka. Il y a en outre quelque 150 léopards au Turkménistan, entre 350 et 700 seulement sur l'île de Java, et moins de 50 dans le sud-est de la Sibérie, de la Mandchourie et de la Corée.

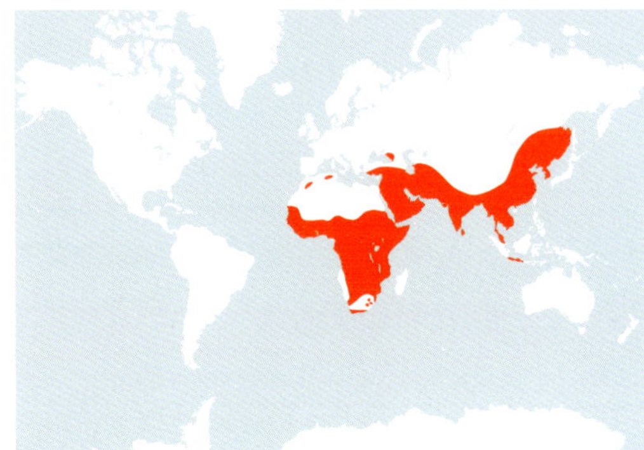

AW : Deux jeunes léopards de la même famille engagent un combat de boxe amical enjoué. J'étais en train de faire des portraits bien nets de ces deux animaux dans la lumière magnifique du soleil couchant lorsque l'un d'eux a brusquement fondu sur l'autre. J'ai instinctivement déclenché mon appareil à un moment imprévu. Bien que la luminosité ait été trop faible pour avoir une image nette, j'aime l'idée de mouvement qui se dégage.

Canon EOS-IN/RS, objectif Canon EF 600 mm, f/5.6 à 1/15 de seconde, film Fujichrome Velvia

PAGES 97, 98 ET 99

ÉLÉPHANT D'AFRIQUE

(Loxodonta africana)

Avant que le commerce de l'ivoire ne les décime, quelque 27 millions d'éléphants vivaient sur le continent africain. Au cours de la première moitié du XXe siècle, on dénombrait sans doute encore plusieurs millions d'éléphants en Afrique, mais, dans les années 1970, le prix de l'ivoire s'envola. En 1989, il ne restait plus que 625 000 éléphants sur tout le continent. Le commerce de l'ivoire fut alors déclaré illégal par la communauté internationale pour tenter d'endiguer cette spirale infernale. Sous l'effet de cette interdiction, certaines populations commencèrent à augmenter. En 1997, toutefois, les mesures furent assouplies et trois pays obtinrent le droit d'écouler leurs stocks. Aujourd'hui, on compte moins de 600 000 éléphants sur le continent africain. Le commerce légal et illégal de l'ivoire se poursuit, et les éléphants doivent en outre affronter la concurrence accrue des agriculteurs et des éleveurs. Dans un tel contexte, la population éléphantine va forcément continuer à décroître.

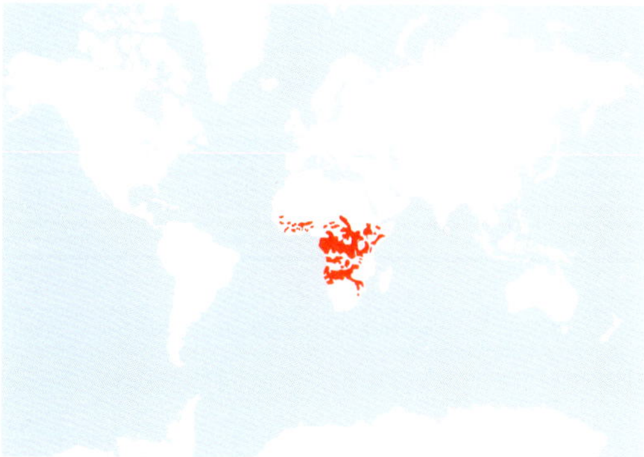

AW : Page 97 – J'ai figé cette action en utilisant une vitesse d'obturation rapide, avec une sous-exposition pour créer un contre-jour sur les deux mâles.

Canon EOS-IN, objectif Canon EF 600 mm, f/4 à 1/250 de seconde, film Fujichrome Astia

AW : Page 98 – J'ai fait une prise de vue panoramique.

Canon EOS-IN, objectif Canon EF 70-200 mm, f/5.6 à 1/250 de seconde, film Fujichrome Velvia

AW : Page 99 – Le troupeau est éclairé en contre-jour par le soleil couchant.

Canon EOS-3, objectif Canon EF 600 mm, f/16 à 1/60 de seconde, film Fujichrome Velvia

PAGE 100

LÉOPARD

(Panthera pardus)

Les léopards vivent dans les forêts vierges, les habitats riverains, les savanes, les forêts et même les déserts. S'ils semblent souvent fort bien tolérer la présence de l'homme, leur densité est néanmoins en chute libre à proximité des zones d'activité humaine. Avant que l'opinion publique n'évolue à propos du commerce des fourrures, les léopards étaient l'une des cibles principales des chasseurs. En une seule année (1968-1969), on estime à 30 000 le nombre de léopards abattus en Afrique de l'Est. De même, le nombre de léopards vivant en Éthiopie, au Kenya, en Namibie et au Zimbabwe a diminué de 90 % dans les années 1970, les victimes ayant, pour la plupart, été empoisonnées par les éleveurs. Or les léopards, qui arpentent régulièrement leur territoire, se laissent facilement tenter par des appâts empoisonnés. Moins de 15 % de l'habitat des léopards étant protégés, ces problèmes vont nécessairement s'intensifier, et l'espèce va être de plus en plus menacée.

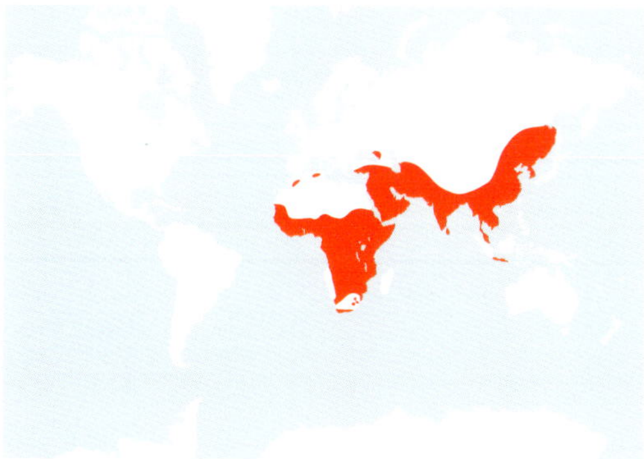

AW : Au fil des ans, j'ai fait des prises de vue de milliers de léopards. J'ai souvent dû me débattre avec des sujets magnifiques dans une lumière difficile, plutôt qu'avec des sujets obscurs dans une belle lumière. Sur cette photo, la lumière, le sujet et l'environnement naturel se combinent pour créer l'une de mes photos préférées de léopard. S'il avait fait soleil, toute la composition aurait été fragmentée par des zones lumineuses brillantes et des zones d'ombre sombres, ce qui aurait rendu mouvant et confus cet ensemble par ailleurs si simple.

Canon EOS-IN/RS, objectif Canon EF 400 mm, f/8 à 1/125 de seconde, film Fujichrome Velvia

PAGE 101

GUÉPARD

(Acinonyx jubatus)

Les guépards se reproduisent toute l'année, et les femelles donnent généralement naissance à trois à cinq petits. Les jeunes sont entièrement dépendants de leur mère pendant quatorze mois, et en dépit de tous les efforts de celle-ci, 5 % seulement atteignent l'âge adulte. Une femelle doit donc avoir en moyenne vingt petits pour pouvoir en élever un jusqu'au stade de l'indépendance. Du fait de cette très forte mortalité des jeunes, les guépards voient très facilement leur nombre diminuer. Par ailleurs, les guépards présentent peu de variations génétiques d'un individu à l'autre. Leur population semble donc avoir subi une réduction significative, ce qui a pu les rendre encore plus vulnérables aux modifications de leur environnement. Chassés d'Inde et de la majeure partie de l'Asie, de l'Afrique du Nord et de l'Est, les guépards sauvages ne seraient plus que 9 000 à 12 000, dont 2 500 individus environ en Namibie, où vit la population la plus importante.

AW : Une femelle guépard mère de cinq petits a de nombreuses responsabilités. Le mâle ne participe pas à l'éducation de sa progéniture. C'est la femelle qui doit fournir suffisamment de nourriture à ses petits et aussi les protéger des autres prédateurs. Les lions (*Panthera leo*), les léopards (*Panthera pardus*) et les hyènes brunes (*Hyena brunnea*) tuent les petits quand ils le peuvent. J'ai photographié cette famille au cours d'une fin d'après-midi nuageuse. Pour gagner un peu de vitesse dans la lumière déclinante, j'ai poussé mon film Provia d'un diaphragme.

Canon EOS-IN, objectif Canon EF 400 mm, f/8 à 1/30 de seconde, film Fujichrome Provia (poussé d'un diaphragme)

PAGE 102

ZÈBRE DE GRÉVY

(Equus grevyi)

Avec ses très fines rayures, le zèbre de Grévy fait l'effet d'une illusion d'optique sur pattes. C'est le plus gros équidé sauvage. Les zèbres de Grévy vivent dans les zones subdésertiques entre les régions arides plus septentrionales appréciées de l'âne sauvage d'Afrique (*Equus asinus*) et les habitats plus humides du sud que recherche le zèbre commun (*Equus burchelli*). Si on trouvait autrefois des zèbres de Grévy en Égypte, en Somalie, au Soudan, en Éthiopie et au Kenya, seul le nord du Kenya en compte aujourd'hui un nombre important (probablement moins de 5 000 individus). La perte de leur habitat, l'activité militaire et le braconnage ont fortement réduit leur territoire, aujourd'hui limité essentiellement aux parcs nationaux et aux réserves naturelles. Contrairement aux autres zèbres, c'est l'entité mère-jeunes qui constitue pour cette espèce l'unité de base en matière d'organisation sociale, tous les autres groupes étant instables et temporaires.

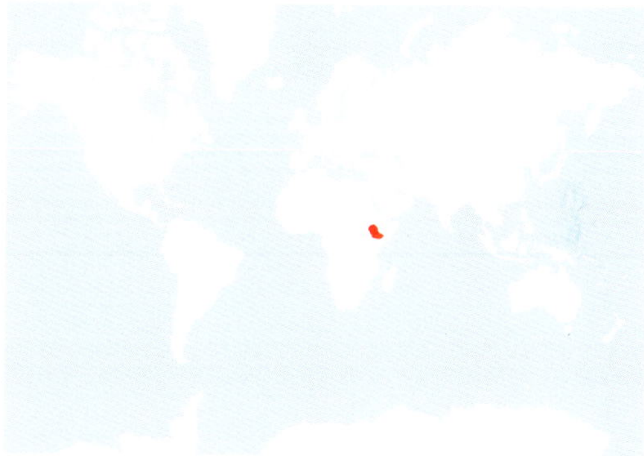

AW : Les zèbres font preuve d'un comportement intéressant lorsqu'ils sont en troupeaux serrés. Ces deux spécimens se trouvaient dans un troupeau d'environ quarante individus, lorsque l'un d'entre eux a mordu la croupe de l'autre. La réponse immédiate a été un coup bien placé sur le menton de l'attaquant. J'ai utilisé plusieurs bobines de pellicule au fur et à mesure que la tension montait. J'ai d'abord cadré le combat horizontalement, mais je suis passé en position verticale lorsque les zèbres ont commencé à devenir plus agités.

Canon EOS-IN, objectif Canon EF 600 mm, f/8 à 1/250 de seconde, film Fujichrome Velvia

PAGE 103

IMPALA

(*Aepyceros melampus*)

L'impala est la seule espèce du genre Aepyceros (famille des Bovidés), bien que certains spécialistes aient proposé de le classer avec les gazelles et les cobs. Très grégaires, les impalas vivent dans les habitats dégagés, généralement dans les bois et les plaines herbeuses. Les femelles se regroupent en troupeaux reproducteurs de trente à plus de quatre-vingts individus, tandis que les mâles se rassemblent entre eux. Les impalas sont connus pour leurs sauts : ils effectuent en effet aisément des bonds de 3 m de haut et de 11 m de longueur. Ce talent n'est pas dénué d'intérêt, car les impalas sont la proie de prédilection de nombreux prédateurs de la savane, dont les léopards (*Panthera pardus*) et les lions (*Panthera leo*). En effet, face à un troupeau d'impalas bondissants, ces prédateurs ont du mal à en choisir un et à concentrer leurs efforts sur un seul individu. En outre, les impalas ont tendance à courir en zigzag, stratégie susceptible de perturber n'importe quel chasseur.

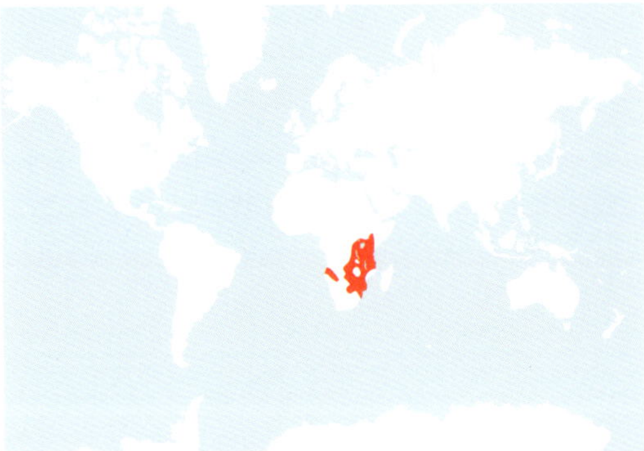

AW : Cette photo représente pour moi un tournant. Jusque-là, je m'étais fié uniquement à la mise au point manuelle lorsque j'essayais de prendre en photo des sujets mouvants. Juste avant de partir pour l'Afrique orientale, j'ai acheté un objectif autofocus 600 mm, en soupçonnant que mes réflexes ne pouvaient pas rivaliser avec les toutes dernières technologies. Lorsque j'ai repéré un troupeau d'impalas, j'ai mis l'autofocus et j'ai fait une prise de vue panoramique avec les animaux en mouvement. À ma grande surprise, j'ai pu obtenir plusieurs clichés très nets.

Canon EOS-IN/RS, objectif Canon EF 600 mm, f/8 à 1/500 de seconde, film Fujichrome Velvia (poussé d'un diaphragme)

PAGE 104

RHINOCÉROS NOIR

(*Diceros bicornis*)

Des quelque 65 000 rhinocéros noirs qui vivaient en Afrique en 1970, seuls 2 400 environ étaient encore en vie en 1996. Disparus de la République centrafricaine, il n'en reste plus qu'environ 300 au Zimbabwe, 1 000 en Afrique du Sud, 600 en Namibie, 400 au Kenya et quelques dizaines d'individus dans quelques autres pays. Parmi les sept sous-espèces originelles, trois ont disparu, dont *D. b. bicornis*, le plus grand des rhinocéros noirs qui vivait autrefois dans toute l'Afrique du Sud et la Namibie, *D. b. brucii*, que l'on trouvait au Soudan, en Éthiopie et en Somalie, et *D. b. chobiensis* originaire du sud-est de l'Angola. Les autres sous-espèces ne comptent plus que quelques centaines d'individus, de sorte qu'elles ne sont peut-être plus viables d'un point de vue génétique. Plusieurs mesures ont été prises pour tenter de sauver les derniers rhinocéros vivants, depuis les gardes armés, qui ont l'ordre de tirer sur tous les braconniers, jusqu'au décornage régulier des animaux.

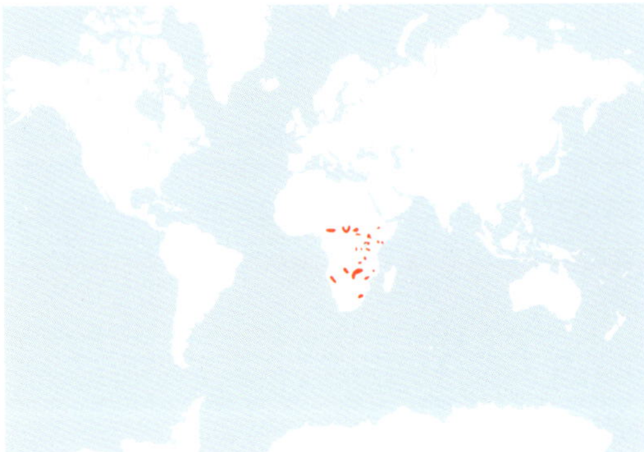

AW : Un rhinocéros noir émerge d'une forêt clairsemée d'acacias dans le cratère du Ngorongoro en Tanzanie. Ce cratère est devenu une réserve pour les rhinocéros dans la mesure où il est plus facile de les protéger des braconniers. Après plusieurs jours dans le cratère, il est assez facile de prévoir les mouvements des rhinocéros. Durant la nuit, les rhinocéros allaient se mettre en sécurité dans la forêt. Ensuite, quand le soleil se levait, ils la quittaient pour aller paître dans les prairies. Tous les matins, nous placions notre véhicule de telle sorte qu'ils passent près de nous pour se rendre dans la savane.

Canon EOS-IN, objectif Canon EF 600 mm, f/5.6 à 1/60 de seconde, film Fujichrome Velvia

PAGES 105, 106 ET 107

LION

(*Panthera leo*)

Les lions présentent la particularité d'être grégaires et sociables. Ainsi, les femelles d'une même lignée vivent en troupes, élevant leurs petits ensemble, en compagnie de quelques mâles non apparentés. Les mâles tolèrent la présence de jeunes dans leur groupe, dans la mesure où ils les ont sans aucun doute engendrés. Lorsqu'un nouveau mâle prend la tête d'une troupe, il tue tous les lionceaux, ce qui a pour effet d'éliminer tous les concurrents potentiels et de mettre les femelles en chaleur. Depuis 1950, le nombre de lions vivant en Afrique a diminué de moitié. Rares en Afrique de l'Ouest, les lions ont disparu de la majeure partie du sud et de l'est du continent. En effet, lorsque les éleveurs introduisent leurs troupeaux dans une région, ils empoisonnent les lions et les exterminent. On ne trouvera bientôt plus de lions que dans les réserves naturelles, où la faiblesse de leurs effectifs pose des problèmes de consanguinité et de perte de la diversité génétique.

AW : Toutes les pages – Les lions sont un excellent sujet de photographie, car ils illustrent de nombreux symboles – prestance, puissance et même tendresse.

Page 105 – Canon EOS-IN, objectif Canon EF 70-200 mm, f/5.6 à 1/60 de seconde

Page 106 – Canon EOS-IN/RS, objectif Canon EF 70-200 mm, f/4 à 1/60 de seconde

Page 107 – Canon EOS-IN, objectif canon EF 40 mm, f/8 à 1/125 de seconde

Toutes les pages – film Fujichrome Velvia

PAGE 108

PYGARGUE VOCIFER

(*Haliaeetus vocifer*)

Avec une envergure de 2,10 m, le pygargue vocifer est un oiseau imposant. Les adultes ont l'abdomen, les sus-alaires et les cuisses marron, la tête, la nuque, la poitrine, la queue et le dos blancs. Leurs plumes alaires sont noires. Si la plupart de ces oiseaux vivent près des lacs et des cours d'eau, les immatures doivent parfois fuir cet habitat idéal pour aller se nourrir dans des régions nettement moins à leur convenance, y compris des terres arides où ils doivent jouer les charognards et se contenter des vestiges des repas des lions (*Panthera leo*) ou des léopards (*Panthera pardus*). Le pygargue vocifer chasse comme un balbuzard (*Pandion haliaetus*), planant au-dessus de l'eau les pattes tendues en arrière et pêchant au passage tilapias, cichlides ou perches du Nil (*Lates niloticus*). Le pygargue se nourrit aussi de poisson, de canards, de jeunes flamants, d'oiseaux riverains, de lézards et de tortues. Il lui arrive enfin de voler un poisson dans le bec d'un héron, d'un pélican ou même d'un martin-pêcheur.

AW : Au cours d'un séjour dans un lodge du delta de l'Okavango, j'ai observé un pygargue vocifer d'Afrique relativement placide, surveillant un petit bassin perché sur un arbre. Chaque jour en fin d'après-midi, le pygargue plongeait à intervalles réguliers à la recherche de poissons, qu'il attrapait, ces derniers étant attirés par les lumières entourant le bassin. Pour faire cette photo, j'ai calculé mon exposition en faisant une mesure spot manuelle sur la lumière du ciel à gauche du soleil couchant. J'ai également utilisé un flash pour illuminer partiellement le pygargue en contre-jour.

Canon EOS-IN, objectif Canon EF 70-200 mm, f/16 à 1/250 de seconde, film Fujichrome Provia

PAGE 109

FLAMANT ROSE

(Phoenicopterus ruber roseus)

Au Kenya, les flamants roses affluent vers le lac Magadi. Alimenté par des sources chaudes qui crachent de l'eau bouillante et du carbonate de calcium, ce lac chargé de soude constitue pourtant un environnement inhospitalier. La température dépasse parfois 65 °C dans la journée. Toutefois, ses eaux caustiques abritent des algues et des crustacés en abondance, ce qui attire les flamants. Pourtant, les grands flamants roses comme les petits *P. minor* ont vu leur nombre chuter de 40 % au cours des quinze dernières années. Depuis quelque temps, en effet, les grands lacs salés où vivent leurs colonies de reproduction se dessèchent avant que les jeunes n'atteignent leur maturité. Certaines colonies ont ainsi perdu des centaines de milliers d'immatures. Dans de nombreuses régions, les colonies ne parviennent même plus à se reproduire. On ne connaît pas la raison de ce problème, mais il pourrait être lié au réchauffement de la planète.

AW : On trouve le long de la Rift Valley au Kenya toute une succession de lacs anciens, qui abritent des centaines de milliers de flamants roses. Les flamants roses se nourrissent de minuscules organismes ressemblant à des crevettes, prospérant dans les eaux caustiques et alcalines des lacs. Depuis un ULM, j'ai pu assister au spectacle extraordinaire d'une volée de flamants prenant son envol. J'aime cette photo parce qu'elle constitue une combinaison intéressante du grain, du motif et de la perspective.

Canon EOS-IN, objectif Canon EF 70-200 mm, f/4 à 1/500 de seconde, film Fujichrome Velvia

PAGE 110

LYCAON

(Lycaon pictus)

Les lycaons ont longtemps été persécutés par l'homme. Les éleveurs les accusaient de tuer leur bétail sans discernement. Marginalisés par la perte de leurs habitats, les lycaons ont également souffert de maladies propagées par les animaux domestiques. Ils ont besoin d'un territoire vaste, ce qui rend leur protection difficile. Ils ont disparu d'Afrique du Nord, et leur présence n'est plus que sporadique dans l'ouest et le centre du continent, où leur population a peu de chance de survie à long terme. L'espèce s'est également éteinte en Afrique du Sud, à l'exception de quelques spécimens dans le parc national Kruger. C'est dans la réserve naturelle de Selous en Tanzanie que l'on trouve la plus importante population continue (1 000 individus environ). On trouve enfin de 300 à 600 lycaons au Zimbabwe, et l'on en dénombre approximativement 300 en captivité. Cependant, s'ils n'intéressaient autrefois ni les chercheurs ni les touristes, les lycaons attirent maintenant l'attention du monde entier.

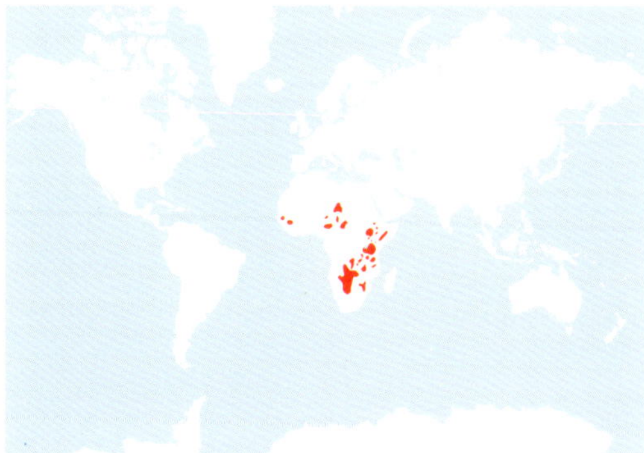

AW : Tout avantage a ses inconvénients, comme en témoigne cette jeune femelle assaillie par ses onze petits affamés. Quand la plupart des membres de la meute partent en chasse, un ou deux adultes restent pour protéger les petits. Lorsque les chasseurs reviennent avec leur butin dans l'estomac, les petits et leurs baby-sitters quémandent la nourriture, ce qui provoque un réflexe de régurgitation, permettant ainsi à tout le monde de se nourrir.

Canon EOS-3, objectif Canon EF 70-200 mm, f/8 à 1/125 de seconde, film Fujichrome Velvia

PAGE 111

HYÈNE TACHETÉE

(Crocuta crocuta)

Les hyènes tachetées partagent la majeure partie de leur territoire avec les lycaons, également appelés « chiens sauvages d'Afrique » ou « chiens de chasse du Cap ». Si la population de l'hyène tachetée atteint peut-être le million (les estimations varient entre 100 000 et 1 million d'individus), il ne reste plus que de 2 000 à 5 000 lycaons en Afrique. Dans la savane vierge, l'hyène tachetée est souvent le gros carnivore le plus courant. Avec leurs 17 à 36 kg, les lycaons sont plus petits que les hyènes, qui pèsent entre 50 et 86 kg. Généralement, lorsque hyènes et lycaons s'affrontent autour d'une proie, les premières ont aisément le dernier mot. C'est seulement lorsqu'une hyène isolée s'oppose à plusieurs chiens sauvages que ceux-ci sortent vainqueurs. Bien que l'hyène ait la réputation assez injuste de se nourrir de charogne, c'est en fait un excellent prédateur. Il est ainsi plus fréquent qu'un lion (*Panthera leo*) vienne se repaître des restes d'un animal tué par les hyènes que le contraire.

AW : Une hyène tachetée inexpérimentée subit les conséquences du fait qu'elle s'est approchée trop près d'une tanière de lycaons en pleine activité. Les lycaons adultes, toujours sur le qui-vive, donnent immédiatement la chasse au grand prédateur, qu'ils capturent facilement. Après avoir donné plusieurs coups de dents féroces dans l'arrière-train de la hyène pour la punir, les lycaons laissent l'animal blessé tituber jusqu'à la forêt environnante.

Canon EOS-3, objectif Canon EF 70-200 mm, f/8 à 1/500 de seconde, film Fujichrome Velvia

PAGE 112

VAUTOUR CHAROGNARD

(Necrosyrtes monachus)

Malgré une envergure non négligeable de 1,70 m, le vautour charognard est le plus petit vautour d'Afrique. La face et le cou roses de cet oiseau brun foncé deviennent écarlate lorsque le vautour s'énerve. Ce charognard assez courant sait attendre patiemment son tour. Grâce à sa petite taille, il lui est en effet difficile de se mesurer aux autres vautours, de sorte qu'il a tendance à finir les restes qu'ils daignent lui laisser. La présence de prédateurs, celle des lycaons par exemple, attire souvent l'attention du vautour charognard qui suit également les troupeaux de bovins et de chèvres. Les vautours ne sont pas les seuls animaux avec lesquels les chiens sauvages doivent parfois partager leurs proies. Les lycaons doivent en effet s'incliner devant les lionnes (*Panthera leo*, sept fois plus lourdes) et les hyènes tachetées (*Crocuta crocuta*, deux fois plus lourdes). En outre, si les lions sont abondants, les lycaons sont généralement peu nombreux.

AW : Page 112 (haut) – Des vautours charognards fouillent dans des restes de viande autour d'une tanière de lycaons. Nous avons observé pendant plusieurs jours comment les petits lycaons chassent les vautours, et comment ces derniers les chassent à leur tour. Quand les petits grandissent, les vautours deviennent beaucoup plus respectueux.

AW : Page 112 (bas) – Exaspéré d'être constamment harcelé, un vautour charognard prend son envol et essaie d'atterrir, griffes ouvertes, sur l'un de ses bourreaux. Les petits, effrayés, se sauvent pour mieux recommencer leurs espiègleries une fois que le vautour a atterri.

Deux photos – Canon EOS-3, objectif Canon EF 600 mm, f/8 à 1/500 de seconde, film Fujichrome Velvia

PAGE 113

CHEVAL DE PRJEVALSKI
(*Equus caballus przewalskii*)

Le cheval de Prjevalski est le seul cheval sauvage qui ait survécu à l'époque moderne. S'il était autrefois courant dans tout le Kazakhstan, la Mongolie et le sud de la Sibérie, la chasse et la concurrence des animaux domestiques l'avaient pratiquement éliminé vers le milieu du XXe siècle. Pour sauver l'espèce de l'extinction, les biologistes se sont alors tournés vers les chevaux de Prjevalski élevés en captivité. À partir des 13 individus d'origine, la population captive s'est accrue pour atteindre 1 200 animaux. En 1992, 16 chevaux ont été réintroduits en Mongolie, dans la réserve nationale de Hustain Nururu, et d'autres opérations similaires ont suivi. Le premier poulain sauvage est né en 1993. L'objectif est d'établir une population sauvage autosuffisante de 500 chevaux. Toutefois, en dépit de ces débuts prometteurs, les spécialistes se demandent si l'élevage prolongé en captivité n'a pas réduit la diversité génétique de l'espèce au point de compromettre sa survie à long terme.

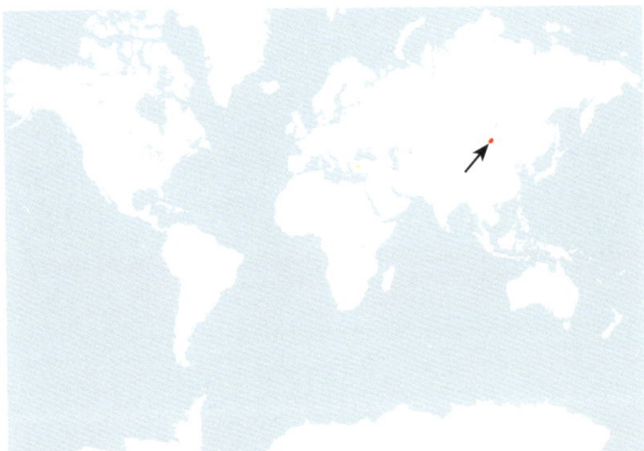

AW : Puissants et fougueux, des étalons appartenant à l'espèce sauvage du cheval de Prjevalski (également connu sous le nom de « tahki ») s'affrontent sur la steppe mongolienne. Depuis leur réintroduction dans la nature, ces chevaux se trouvent souvent confrontés à des meutes de loups qui essaient de séparer les jeunes poulains du reste du troupeau. J'ai photographié ces deux animaux depuis une cachette en haut d'un monticule, en utilisant un objectif 600 mm.

Canon EOS-IN, objectif Canon EF 600 mm, f/5.6 à 1/125 de seconde, film FujichromeVelvia

PAGE 114

BIGHORN D'AMÉRIQUE
(*Ovis canadensis*)

Confinés dans l'ouest de l'Amérique du Nord, les mouflons d'Amérique étaient peut-être au nombre de 2 millions avant l'arrivée des Européens. Six sous-espèces ont survécu : le mouflon des Rocheuses (*O. c. canadensis*), de Californie (*O. c. californiana*), de Nelson (*O. c. nelsoni*), du Mexique (*O. c. mexicani*), de Weem (*O. c. weemsi*) et péninsulaire (*O. c. cremnobates*). La sous-espèce *O. c. auduboni*, qui vivait autrefois dans les Black Hills du Dakota du Sud, a été éradiquée par la chasse et par la concurrence avec le bétail. Il reste environ 27 500 mouflons dans les Rocheuses, et 10 500 en Californie. Des quatre sous-espèces désertiques (qui comptent en tout 20 000 individus environ), la plus rare est le mouflon péninsulaire. On comptait plus de 1 100 mouflons péninsulaires en 1979, alors que la population actuelle est estimée à moins de 300 animaux. Ce déclin est attribué au développement, aux braconniers, aux prédateurs et aux maladies propagées par les animaux domestiques.

AW : La population de la sous-espèce du bighorn de Sibérie et du Canada occidental (*Ovis canadensis*) est en déclin rapide sur la quasi-totalité de son habitat traditionnel.
Des aménagements tels que les terrains de golf remplacent les terres sur lesquelles ils prenaient leurs quartiers d'hiver. Des chercheurs soupçonnent aussi une population croissante de pumas (*Felis concolor*) de prélever sa part. Lorsque j'ai photographié ces bighorns, j'ai été étonné de les voir manger des cactus sans être blessés par les épines coupantes comme des lames de rasoir. Pendant tout le temps où j'avançais doucement vers ces animaux majestueux, ils sont restés impassibles, me laissant approcher à moins de 30 m.

Canon EOS-3, objectif Canon EF 400 mm, f/11 à 1/60 de seconde, film Fujichrome Velvia

PAGE 115

CHEVÊCHETTE DES SAGUAROS
(*Micrathene whitneyi*)

Cette toute petite chouette à peu près de la taille d'un gros moineau vit dans les plaines désertiques, les forêts de sycomores et les habitats riverains. Exclusivement nocturne, elle chasse les insectes, les mille-pattes, les scorpions, les petits lézards et les petits oiseaux comme il sied à sa taille. Le jour, elle reste cachée dans les trous des arbres et des cactus. La reproduction a lieu au début de l'été (mai-juin), les femelles pondant de deux à cinq œufs. Encore assez nombreuses en Arizona, ces chouettes ont pratiquement disparu de Californie. L'expansion de l'agriculture dans les sous-bois et les régions désertiques, les programmes de détournement de cours d'eau et la construction de barrages sont autant d'éléments qui ont participé à la destruction de leur habitat. Si elles sont encore résidentes dans certaines régions, la plupart des chouettes quittent momentanément la partie la plus septentrionale de leur aire de distribution pour passer l'hiver au Mexique.

AW : Les chevêchettes des saguaros sont de minuscules hiboux (de 15 cm de haut) qui viennent nicher de façon opportuniste dans les cavités des anciens nids de pics des saguaros (*Melanerpes uropygialis*), la plupart du temps dans les saguaros. Alors que les températures peuvent monter jusqu'à 50 °C, les chevêchettes sont capables de rester confortablement installées au frais, au fond du tronc bien isolé du cactus. J'ai photographié cette chevêchette depuis un escabeau placé à 9 m du nid.

Canon F3, objectif Canon EF 400 mm, multiplicateur de focale Canon Extender EF x1.4, f/16 à 1/4 de seconde, film Fujichrome 50

PAGE 116

GRAND DUC D'AMÉRIQUE
(*Bubo virginatus*)

Ce grand duc est un gros hibou roux ou gris aux aigrettes proéminentes qui mesure de 46 à 63 cm avec une envergure de 0,9 à 1,50 m. La femelle est de 10 à 20 % plus grosse que le mâle. C'est un bon chasseur qui plonge depuis son perchoir pour attraper des petits mammifères et des oiseaux, mais aussi des proies assez grosses comme des dindes, des hérons ou de jeunes alligators. Son aire de répartition est vaste sur le continent américain, des forêts denses aux régions désertiques et des prairies aux zones urbaines. Parmi les douze sous-espèces identifiées, dix vivent en Amérique du Nord. Les couples défendent un territoire de 2 km^2 environ, et si mâles et femelles ne s'associent que pendant la saison des amours, ces unions assez stables peuvent durer de nombreuses années.

AW : Les grands ducs d'Amérique ont une aire de répartition très dispersée, qui s'étend du cercle arctique à la Patagonie. Comme d'autres hiboux, ils ne construisent pas leur propre nid, mais s'installent dans les nids abandonnés d'autres espèces. Sur cette photo, un grand duc d'Amérique a fait son nid dans l'ancien nid d'une buse noire (*Buteogallus anthracinus*) situé sur un saguaro géant. J'ai photographié ce grand duc avec un objectif 600 mm. J'ai délibérément évité tout contact visuel direct pendant que je montais mon objectif sur le trépied. Les hiboux se laissent facilement effrayer, et, la plupart du temps, ils s'envolent si vous les regardez.

Canon EOS-IN, objectif Canon EF 600 mm, f/11 à 1/30 de seconde, film Fujichrome Velvia

PAGE 117

CONDOR DE CALIFORNIE

(Gymnogyps californianus)

On trouvait autrefois des condors de Californie dans la majeure partie de l'ouest de l'Amérique du Nord, de la Colombie-Britannique au nord de la Basse-Californie, et même à l'est jusqu'en Floride. Leur présence est avérée sur la côte pacifique jusque dans les années 1880 et en Basse-Californie jusque dans les années 1930. L'espèce a été déclarée éteinte en 1987 après que les derniers individus sauvages ont été capturés pour mener à bien des programmes de reproduction en captivité. Or, ces oiseaux pondent un seul œuf tous les deux ans et les jeunes sont indépendants qu'à l'âge de un an. En outre, ils ne se reproduisent pas avant l'âge de six ou huit ans, de sorte que leur taux de reproduction est extrêmement bas. Le programme de réintroduction a pour objectif d'établir deux populations sauvages autonomes et géographiquement distinctes, l'une dans la forêt nationale de Los Padres et l'autre le long du plateau du Colorado, comptant chacune au moins cent oiseaux.

AW : Le condor de Californie, autrefois éteint à l'état sauvage, est aujourd'hui progressivement réintroduit. Plus de cinquante oiseaux survivent actuellement dans la nature, un peu plus d'une centaine vivant encore en captivité. L'un des problèmes lorsqu'on lâche des condors élevés en captivité, c'est qu'ils craignent peu les hommes. Sur cette photo, un condor se tient perché sur une falaise surplombant Horsehoe Bend sur le fleuve Colorado. J'ai réussi à approcher à moins de 5 m de cet immense oiseau et j'ai utilisé un objectif grand angle 28-80 mm, ce qui m'a permis de cadrer le condor au milieu de son environnement extraordinaire.

Canon EOS-3, objectif Canon EF 28-80 mm, f/16 à 1/25 de seconde, film Fujichrome Velvia

PAGE 118

MOLOCH

(Moloch horridus)

Le moloch d'Australie doit son nom au dieu éponyme de l'Ancien Testament qui exigeait des sacrifices humains de ses adeptes. Il est vrai que cet étonnant lézard de seulement 20 cm de long a le corps entièrement couvert de piquants. Ces derniers sont toutefois de nature plus défensive qu'offensive, et le petit reptile brun orangé, qui se nourrit exclusivement de fourmis noires, est parfaitement inoffensif. Habitant des déserts de sable australiens, il possède des épines qui ont une double mission. Dans le désert, en effet, l'eau est rare. Tôt le matin, la rosée se dépose sur le lézard, qui achemine le liquide jusqu'à sa bouche via une série de petits sillons cutanés. Ainsi, les piquants du moloch ne servent pas seulement à décourager les prédateurs, ils donnent aussi à cet habitant du désert les moyens de survivre.

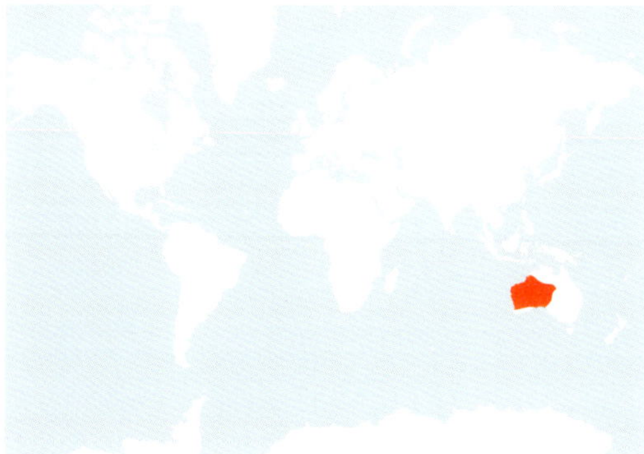

AW : Le moloch est un sujet idéal à photographier : il reste souvent immobile, même quand un photographe se penche sur lui. Pour accentuer son apparence effrayante, j'ai placé un appareil et un objectif grand angle 14 mm à 2,5 cm du lézard. À cette distance, il paraît énorme, car l'objectif à très grand angle saisit aussi le paysage. Néanmoins, à 2,5 cm, le lézard était trop près pour que je puisse faire une mise au point correcte ; j'ai donc diaphragmé jusqu'à une ouverture de f/22. C'est seulement de cette manière que j'ai pu avoir un moloch net, avec, en prime, le paysage qui l'entoure.

Canon EOS-3, objectif Canon EF 14 mm, f/22 à 1 seconde, fill-in, film Fujichrome Velvia

PAGE 119

VARAN GÉANT PERENTIÉ

(Varanus giganteus)

Ce varan est le plus grand lézard d'Australie et le deuxième au monde (seul le dragon de Komodo *V. komodoensis* qui vit en Indonésie, est en effet plus gros). Ce reptile, qui mesure jusqu'à 2,50 m de long (1,60 m en moyenne) et dont le poids atteint parfois 10 kg, habite les déserts et les zones semi-arides de la plus grande partie du continent australien. C'est un chasseur redoutable qui s'attaque aux serpents, aux autres lézards, aux oiseaux et aux mammifères, mais se nourrit également de charogne. Il a investi sous bien des aspects la niche prédatrice occupée par les mammifères dans les autres régions de la planète. En dépit de leur taille, les varans géants ne sont pas considérés comme des animaux très dangereux, et ils fuient souvent un danger pressenti en grimpant dans un arbre et en se cachant dans les branchages, où leur couleur leur assure un excellent camouflage. Pris au piège, ils sont en outre parfaitement capables de se défendre avec leurs grosses griffes, leurs puissantes mâchoires et leur lourde queue.

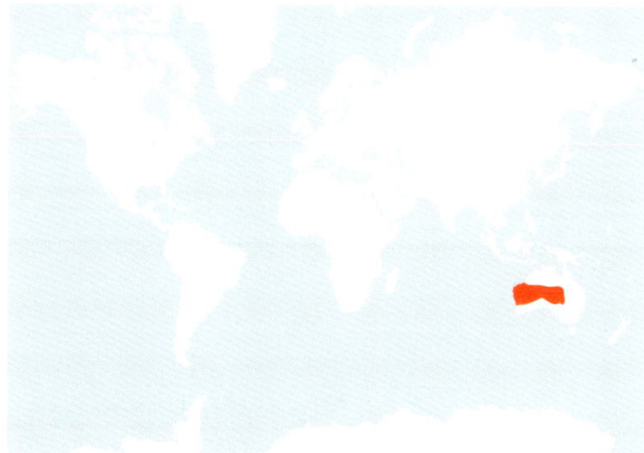

AW : Les varans d'Australie sont vénérés par les aborigènes d'Australie dans leur art et dans leurs légendes, comme étant une source d'inspiration, mais aussi une source de nourriture. Ces varans sont des prédateurs insaisissables et rapides, et ils peuvent être difficiles à approcher. Mais, au petit matin, quand leur corps a été refroidi par la nuit fraîche du désert, ils sont assez léthargiques. Ce varan d'Australie de 1 m de long repose sur un rocher orienté à l'est afin de capter les premiers rayons du soleil levant. J'ai pu m'approcher à moins de 1 m avant de prendre mes photos.

Canon EOS-3, objectif Canon EF 17-35 mm, f/22 à 2 secondes, filtre de polarisation, filtre de densité neutre ND4, film Fujichrome Velvia

PAGE 8

CHAMEAU DE BACTRIANE

(Camelus bactrianus)

Les deux espèces de camélidés (le chameau de Bactriane ou vrai chameau, à deux bosses, et le dromadaire *Camelus dromedarius*, à une seule bosse) sont victimes de la réussite de leur domestication. Ce sont probablement les chameaux de Bactriane qui ont été domestiqués les premiers il y a plus de 4 500 ans. Ils servaient (et servent encore) de moyen de transport, mais on les élève aussi pour leur viande, leur lait, leur laine et leur peau. S'il y a plus d'un million de chameaux de Bactriane domestiques en Chine et en Mongolie, la population sauvage est, en revanche, bien plus réduite. Si, au début du XXe siècle, les chameaux sauvages étaient assez courants, il n'en reste plus aujourd'hui qu'environ mille vraiment sauvages, concentrés dans le désert de Gobi qui s'étend le long de la frontière entre le nord-ouest de la Chine et le sud-ouest de la Mongolie. Les conflits avec les éleveurs, la chasse et l'hybridation avec les animaux domestiqués sont autant de facteurs qui contribuent à leur déclin.

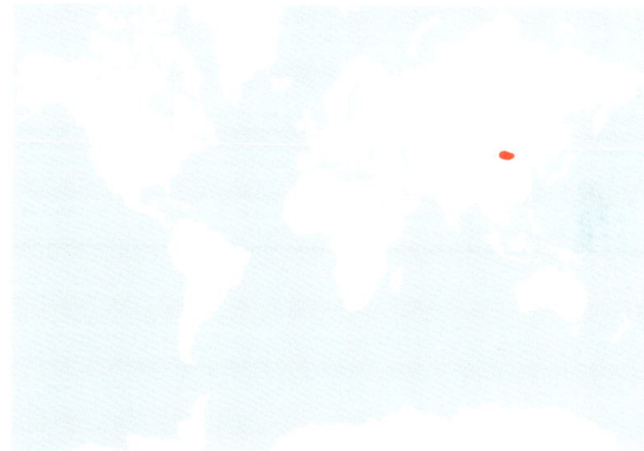

AW : Les chameaux de Bactriane sauvages pur sang sont extrêmement menacés. Sur cette photo, un chameau regarde fixement son environnement désert. Cet animal a été capturé quand il était jeune, puis élevé avec d'autres chameaux sauvages aux côtés de chameaux domestiqués pour les aider à s'acclimater. Une fois qu'ils sont acclimatés, ils sont accouplés avec d'autres chameaux sauvages de race pure dans le but d'accroître leur nombre, qui est dangereusement bas. On espère qu'un jour un troupeau entier de chameaux sauvages pur sang parcourra à nouveau le désert.

Canon EOS-IN, objectif Canon EF 17-35 mm, f/11 à 1/15 de seconde, film Fujichrome Velvia

TEXTE DE JANE GOODALL

© Ken Regan/Camera 5

Homo sapiens, l'« homme intelligent », le singe quelque part si différent de tous les autres animaux. Qu'est-ce qui fait des humains une espèce à part ? Certains répondront que nous avons été créés à l'image de Dieu. Des millions d'autres affirmeront que nous avons une âme. Presque tous, bien que beaucoup ne puissent expliquer pourquoi, croient que notre espèce est unique en son genre, à l'écart du reste du monde animal. C'est certain, l'homme possède un cerveau volumineux et un néocortex bien développé ; la faculté de raisonner, de résoudre des problèmes, d'utiliser et de fabriquer des outils, d'élaborer des projets d'avenir ; mais aussi d'abstraire, de généraliser et de conceptualiser. Nous avons conscience de notre être et nous savons manipuler notre environnement physique et social à notre avantage, individuellement ou collectivement. La période de dépendance de nos enfants, au cours de laquelle ils acquièrent les compétences nécessaires à l'adulte, est longue. Nous aimons les relations d'affection et de soutien durables. Nous éprouvons des émotions, comme la joie et la tristesse, la peur et le désespoir, et nous souffrons. Et, chose fondamentale, nous disposons d'un langage oral perfectionné qui nous permet d'évoquer le passé, même ancien, d'échafauder des plans pour l'avenir, même lointain, et de débattre d'idées qui ressortiront mûries par la sagesse accumulée de la communauté.

La science occidentale traditionnelle a toujours soutenu que, lorsque des animaux autres que l'animal humain arborent des comportements similaires à ceux décrits ci-dessus, ce n'est que le pur fait de l'instinct, de l'inné. Les animaux peuvent *paraître* tristes, déprimés ou joyeux ; ils peuvent même sembler réfléchir pour résoudre un problème. Mais ces comportements ne sont en fait que de simples réflexes, en réponse à des stimuli internes ou externes donnés. Accorder à de simples animaux une individualité, une puissance de raisonnement ou des émotions comparables à celles de l'homme, c'est se rendre coupable d'anthropomorphisme. Certains scientifiques ont même déclaré qu'ils pensaient que les animaux ne ressentent pas la douleur. Il suffit d'un minimum de connaissance des animaux, tout au moins de ceux dont le cerveau est développé, pour savoir que c'est absurde. Mais cela permettait d'excuser plus facilement les expériences et les tests cruels sur les animaux, l'horreur de l'élevage intensif, de la chasse, etc.

Ce fut une chance pour moi, lorsque j'ai commencé mes recherches sur les chimpanzés en 1960, de ne pas venir de l'université. Je ne savais pas que les chimpanzés étaient censés être dénués de jugement et d'émotions. Je ne me rendais pas compte que j'aurais dû numéroter les membres de la communauté que j'étudiais plutôt que de leur donner des noms, que leur comportement était purement inné, qu'ils étaient incapables de réflexion, que leurs émotions, si semblables aux nôtres, n'étaient que des réponses automatiques à diverses situations environnementales. Je ne savais pas non plus que seuls les humains sont censés avoir une individualité. Je me mis à l'ouvrage et je décrivis les personnalités vibrantes et uniques que j'apprenais peu à peu à connaître : David Greybeard et la vieille Flo, Mike et Olly, Fifi et Gilka. Imaginez ma stupeur quand l'érudit rédacteur en chef de *Nature* raya tous les *he*, *she* et *who* dans un article que je lui avais soumis pour les remplacer par *it* et *which*[1]. Compte tenu de leurs différences sexuelles évidentes, il était absurde de les priver de leur genre pour la seule et unique raison qu'ils n'étaient *que* des animaux. (Je rétablis les *he*, les *she* et les *who* et ils y restèrent !).

Alors, comment cette jeune femme naïve, aux lacunes scientifiques aussi insondables, a-t-elle pu étudier les chimpanzés ? C'est le célèbre anthropologue et paléontologue aujourd'hui disparu Louis Leakey qui m'envoya étudier le comportement des chimpanzés du Gombe, en Tanzanie. Il ne voulait pas y envoyer un universitaire ; il préférait en fait prendre quelqu'un dont l'esprit n'était pas contaminé par les théories réductrices de l'époque. Il ne lui fut pas facile de me décrocher une bourse pour commencer mes études, mais il y parvint. Il dut en outre affronter les préjugés qui empêchaient une femme d'aller seule dans la brousse.

Louis pensait que l'étude de notre plus proche parent dans son environnement naturel pouvait l'aider à mieux comprendre les comportements de nos premiers ancêtres humains. Il avait consacré sa vie à la recherche des vestiges fossilisés des premiers hommes préhistoriques dans diverses parties d'Afrique orientale, et il y avait découvert, avec sa femme Mary, bon nombre des squelettes qui devaient faire de l'Afrique le berceau de l'humanité. Les Leakey découvrirent en 1959, dans les gorges de l'Olduvai, *Zinjanthropus*, *Australopithecus boisei*, plus connu sous le nom de *Nutcracker man* (homme casse-noix) et, quelques années plus tard, les vestiges d'*Homo habilis*. Des anatomistes étaient parvenus, en collaboration avec des artistes pleins de talent, à reconstruire l'apparence probable de ces ancêtres, et les objets trouvés autour de leurs ossements nous avaient dévoilé quelques aspects de leur mode de vie. Mais le comportement ne se fossilise pas, et aucun indice ne renseignait sur leur vie sociale. Louis en déduisit que nous pourrions peut-être apprendre quelque chose du comportement des grands singes, nos parents vivants les plus proches. Les comportements communs aux hommes et aux singes modernes existaient probablement déjà chez un ancêtre commun, mi-homme, mi-singe, il y a des millions d'années ; et donc probablement également chez les premiers vrais hommes. John Emlen avait déjà envoyé George Schaller étudier un groupe de gorilles des

1. La langue anglaise désigne par le pronom personnel *it* (genre neutre, de même que le relatif *which*), tout ce qui n'est pas humain, animaux compris. Seuls les humains ont un genre grammatical, masculin (*he*) ou féminin (*she*).

montagnes pendant un an. Et voilà que Louis Leakey trouvait maintenant trois personnes prêtes à partir étudier les chimpanzés, les gorilles et les orangs-outangs. Je me mis en route pour la réserve de chasse du Gombe en 1960, Dian Fossey commença à observer les gorilles des montagnes en 1967 et Birute Galdikas partit en Indonésie à la découverte des orangs-outangs en 1971. Si Louis avait su que le bonobo constituait en fait une quatrième espèce de grand singe, il est certain qu'il aurait envoyé une quatrième jeune femme avide de connaissances l'étudier !

Quand je commençai mes études sur les chimpanzés sauvages de la réserve de chasse du Gombe (rebaptisé aujourd'hui « parc national du Gombe »), j'avais vingt-six ans. Je possédais les qualités que Louis estimait les plus importantes : la patience, le désir d'apprendre et d'approfondir mon sujet et la volonté inébranlable de réussir. Évidemment, quand je m'inscrivis par la suite à l'université de Cambridge, mon approche anthropomorphique me valut de nombreuses critiques de la part de mes professeurs et collègues. Heureusement, comme je n'étais nullement intéressée par une carrière scientifique, je parvins à résister à cette hostilité.

Or, le point de vue de Leakey s'est révélé exact : presque tous les ouvrages consacrés à l'évolution de l'espèce humaine parlent aujourd'hui du comportement des chimpanzés comme de celui, probable, de nos ancêtres de la préhistoire. Les observations prolongées et détaillées de Dian Fossey et de Birute Galdikas ainsi que toutes les informations glanées par les travaux suivants sur les singes ont aidé les anthropologues à reconstruire les étapes successives de l'évolution du singe à l'homme. Au moment où j'écris, les études sur les chimpanzés du Gombe approchent de leur quarantième année : c'est l'étude sur le terrain la plus longue que l'on ait jamais réalisée sur un groupe d'animaux sauvages. Fifi, qui n'était qu'un tout petit nourrisson quand j'ai commencé en 1960, va elle-même bientôt fêter ses quarante ans. Quand je la regarde dans les yeux, je sais qu'elle garde dans sa mémoire des souvenirs du début des années 1960 qui n'appartiennent qu'à nous deux. Flo, la mère de Fifi, a été l'un des premiers chimpanzés, avec David Greybeard, William et Olly, à vaincre sa peur de cet étrange singe blanc qui avait envahi son territoire. Et, tandis que je consignais leur comportement, ils me présentèrent aux autres membres de leur communauté. Que ces débuts furent fascinants : faire les premières observations sur l'utilisation des outils et leur fabrication, voir un groupe de mâles, que l'on croyait végétariens, s'unir pour chasser et abattre un jeune colobe, puis observer la chasse de jeunes potamochères, guibs et babouins. Apprendre peu à peu le répertoire de communication complexe de ces étonnants chimpanzés : les accolades, les baisers, les tapotements dans le dos, les accroupissements et les courbettes, l'extension de la main, tendue paume vers le haut, pour quémander de la nourriture ; les balancements, les coups de poing et les coups de pied ; les chatouilles et les rires ; les postures et les gestes qui ressemblaient à bien des nôtres et qui, employés dans des situations similaires, paraissaient signifier la même chose.

Je finis par me rendre compte de l'importance de la petite enfance dans le développement des chimpanzés, des grands écarts qui existent dans les techniques de maternage de chaque femelle et du rôle de l'apprentissage. Les jeunes peuvent apprendre par mimétisme, en observant le comportement des autres. De cette façon, les compétences requises pour l'utilisation et la fabrication des outils se transmettent d'une génération à l'autre. Les liens d'affection et de soutien entre les membres d'une même famille peuvent durer une vie entière, soit plus de soixante ans. Les orphelins sont adoptés, généralement par des parents plus âgés, mais parfois aussi par des adultes sans aucun lien de parenté. J'appris finalement avec tristesse que les chimpanzés, comme les humains, ont des travers cachés : ils sont terriblement territoriaux et ont une haine viscérale des étrangers. Cela peut conduire à des agressions sanglantes contre des individus des communautés voisines. Pendant une période de quatre ans, les mâles adultes prirent ainsi systématiquement en chasse les membres d'une petite communauté voisine, les attaquant avec brutalité et les laissant mourir de leurs blessures. C'était une stratégie guerrière primitive.

Et nous n'avons pas fini d'apprendre. Nous découvrons aujourd'hui les différences culturelles qui caractérisent les diverses populations de chimpanzés d'Afrique. Tout récemment, nous avons pu établir l'existence d'une transmission culturelle de communauté à communauté à Gombe : un mode d'utilisation des outils, jamais observé dans le groupe principal en plus de trente ans, est aujourd'hui « passé » chez un nombre croissant d'individus de ce groupe après transfert par une jeune femelle d'une communauté voisine où ce comportement est courant. C'est aussi la troisième fois que nous avons l'occasion d'observer le développement des relations entre jumeaux. Nous apprenons encore comment différentes sociétés de chimpanzés d'Afrique exploitent les vertus médicinales des feuilles de certaines plantes : les mêmes que celles employées par les hommes de la région.

Le plus fascinant, dans l'étude comportementale des chimpanzés, c'est leur ressemblance avec nous… ou notre ressemblance avec eux. De plus, à ces similarités de comportement viennent s'ajouter des ressemblances génétiques et biologiques extraordinaires. Notre structure d'ADN ne diffère de celle des chimpanzés que d'à peine plus de 1 %. En fait, à cet égard, les chimpanzés sont plus proches de nous qu'ils ne le sont des gorilles. Notre sang est si semblable au leur qu'il serait possible de sauver un homme en lui transfusant du sang de chimpanzé de groupe compatible avec le sien et,

▲▲CHIMPANZÉS (*Pan troglodytes*), PARC NATIONAL DES MONTS MAHALE, TANZANIE

▲▲ GUÉPARDS
(*Acinonyx jubatus*), RÉSERVE NATIONALE
MASAÏ MARA, KENYA
▲ RHINOCÉROS NOIR
(*Diceros bicornis*), DÉSERT DU KALAHARI,
AFRIQUE DU SUD

inversement. Notre système immunitaire est également d'une remarquable similitude. C'est pour cette raison que l'on se sert des chimpanzés comme de substituts humains pour tester certains médicaments, notamment dans la recherche contre les maladies infectieuses. Plus fondamental encore, notre cerveau et notre système nerveux central ressemblent mystérieusement aux leurs. C'est pourquoi il n'est pas absurde de penser que bon nombre des comportements qui paraissent humains sont probablement humains par la cause et par la fonction. Les bonobos (autrefois appelés « chimpanzés pygmées ») sont tout aussi proches de nous, sinon plus proches, et les gorilles présentent également bien de similitudes avec l'espèce humaine.

Tous ces faits ont contribué à rendre plus floue la ligne de partage que, dans notre vanité extrême, nous pensions si nette entre, d'une part, l'espèce humaine et, d'autre part, tout le reste du règne animal. Et si nous sommes prêts à admettre que l'homme n'est pas le seul à avoir une personnalité, une pensée réfléchie et, surtout, à être capable d'émotions et de souffrances tant psychologiques que physiques, nous pourrons sentir naître en nous un respect nouveau, non seulement pour les chimpanzés, les grands singes et les primates supérieurs, mais aussi pour tous les autres animaux merveilleux avec lesquels nous partageons la planète. Grâce aux travaux sur le terrain de nombreux chercheurs patients et dévoués, nous en savons un peu plus sur les sociétés et sur les modes de communication complexes des éléphants, des baleines et des dauphins, des chiens sauvages, ainsi que d'une multitude d'autres animaux du monde.

Toutes ces créatures ont évolué au cours du temps de manière à s'adapter à leur environnement spécifique. Nous nous laissons pourtant impressionner par celles qui présentent des cerveaux similaires au nôtre, dont la « conception » de la vie semble s'approcher de la nôtre. Mais ce n'est que le fait de notre égocentrisme. Les sociétés incroyablement complexes de certains insectes sont tout aussi fascinantes. Et le mode de vie extraordinaire des petits hétérocéphales, si semblable à celui des termites, également. Tout comme, d'ailleurs, la vie grouillante des récifs de coraux et les myriades de reptiles et d'amphibiens. En vérité, la diversité des habitats et les innombrables variations de forme et de comportement qu'ils dictent à la faune et à la flore ne peuvent que susciter un formidable respect.

Quelle tragédie que l'expansion humaine, inséparable du consumérisme et de l'avidité phagocytaire des pays riches du monde, ait déjà conduit à l'extinction de si nombreuses espèces vivantes ! Un phénomène largement dû à la disparition de leur habitat, mais aussi à la chasse, à l'extermination délibérée et, dans certains cas, à la concurrence d'espèces étrangères introduites accidentellement ou volontairement. La pollution de la terre, de l'eau et de l'air fait payer un lourd tribut à certaines espèces animales et végétales ; et la modification du climat terrestre, accélérée par les activités d'*Homo sapiens*, en menace des milliers d'autres. L'étude la plus vaste jamais entreprise sur l'état du monde sauvage et réalisée récemment par l'Union mondiale pour la nature a établi qu'un quart des espèces de mammifères sont en danger d'extinction.

De nombreuses et somptueuses étendues sauvages bénéficient désormais d'un statut de protection dans le monde entier. La Tanzanie compte à elle seule onze parcs nationaux dont, notamment, les magnifiques parcs de Serengeti, Ruaha, Kilimandjaro et, bien sûr, Gombe. Mais la protection de la vie sauvage est loin d'être une garantie de sécurité dans les pays en développement. Les bénéfices des braconniers valent généralement bien de courir le risque de se faire prendre, puisque les autorités compétentes ne sont que trop souvent à court de subventions et que la corruption y est florissante. La guerre civile et les gigantesques migrations de populations déracinées et souvent désespérées sont un camouflet à la loi. Ce fut le cas dans le célèbre parc national de Virunga, où des réfugiés affamés, installés dans des campements au pied des collines, ont dû placer des pièges de plus en plus loin dans le parc, uniquement pour survivre. Les soldats, la milice armée, les guérilleros ne témoignent d'aucun respect pour les zones protégées. En République démocratique du Congo, des chasseurs armés sont envoyés dans les parcs nationaux pour tuer des animaux afin d'approvisionner les banquets officiels en viande : les animaux y sont plus faciles à approcher. Et les zones protégées du monde industriel ne sont pas plus sûres : les intérêts commerciaux sont souvent prioritaires, notamment lorsqu'il s'agit d'autoriser l'exploitation minière ou la construction d'une route. Même le tourisme peut causer de terribles dommages aux fragiles écosystèmes. L'ennui, c'est qu'il y a trop d'*Homo sapiens* sur la planète Terre. Les Nations unies estiment que, d'ici à cinquante ans, la population totale de la planète s'élèvera à au moins 8,8 milliards d'hommes. Cet accroissement de population se fera pour 95 % dans les pays en développement, c'est-à-dire les pays pauvres, lesquels aspirent de toutes leurs forces à atteindre le niveau de vie des pays riches. Et leurs efforts risquent d'avoir un impact désastreux sur l'environnement naturel mondial. Entre un tiers et la moitié des terres du globe ont déjà été considérablement altérées par les activités humaines. Près de 200 millions d'hectares de forêts ont été perdus au cours des vingt dernières années. Et une superficie équivalente a été fragmentée par le développement : il ne subsiste plus aujourd'hui, dans de vastes écosystèmes relativement naturels, qu'un cinquième environ des forêts du globe. Or la destruction des dernières grandes forêts vierges entraîne une diminution dramatique de la biodiversité planétaire, puisque ces forêts abritent plus de 40 % de toutes les espèces animales et végétales. La situation des chimpanzés sauvages ne fait qu'éclairer la destruction de l'environnement naturel en Afrique. Au début du siècle, on dénombrait entre 1 million et

2 millions de chimpanzés dans la forêt de la ceinture équatoriale qui s'étend vers l'est depuis la côte d'Afrique occidentale (du Sénégal au nord, à la région de Cabinda en Angola au sud) en direction de l'est jusqu'à l'ouest de la Tanzanie et de l'Ouganda. Aujourd'hui, on estime leur nombre à 105 000 seulement. On observe une diminution similaire des populations de gorilles et de bonobos. On trouvait autrefois des chimpanzés dans vingt-cinq pays. Ils ont quitté quatre d'entre eux et se sont presque éteints dans de nombreux autres. Leur nombre n'est encore significatif aujourd'hui qu'au cœur de leur territoire (au Congo-Brazzaville et Congo-Zaïre, Gabon et Cameroun), et il est en baisse, essentiellement à cause du « trafic de viande ». Pendant des centaines d'années, les sociétés humaines d'Afrique occidentale et centrale ont vécu en harmonie avec leur environnement forestier, ne chassant que pour se nourrir. Les choses ont changé. Les entreprises de bûcheronnage construisent des routes qui pénètrent de plus en plus profondément dans les dernières parcelles de forêt vierge. Ces routes ouvrent la voie aux chasseurs venus des villes à des fins commerciales. Ils tirent sur tout ce qui bouge, depuis l'éléphant jusqu'à la chauve-souris, en passant par les chimpanzés, les gorilles et les bonobos, puis chargent la viande sur leurs camions et s'en retournent. La viande est vendue dans les grandes villes d'Afrique occidentale et centrale. Ce commerce ne sert pas – j'insiste, ne sert pas – à nourrir des populations affamées, mais à satisfaire les caprices exorbitants des nombreux amateurs de chair sauvage. De la viande de chimpanzé et d'autres singes a même été vendue dans des restaurants en Belgique. Ce trafic entraîne les chimpanzés, les gorilles, les bonobos, les éléphants et de nombreux autres animaux vers une extinction rapide. De plus, les grands singes courent le risque de se faire prendre dans les pièges posés par les chasseurs de guibs et de potamochères. Dans certains pays, le commerce des animaux vivants est la cause de nouveaux carnages, puisqu'il faut tuer les mères pour pouvoir capturer leurs petits. Ceux qui survivent sont envoyés à l'étranger pour le divertissement des gens, le commerce animalier et (bien que moins fréquemment de nos jours) la recherche médicale. Les populations restantes sont de plus en plus dispersées en raison de la destruction de leur habitat. Les petits groupes qui subsistent n'ont peu ou pas de possibilités d'échange génétique avec des groupes extérieurs et ne survivront pas, à la longue, à ce manque de diversité. Les célèbres chimpanzés du Gombe sont désormais isolés au milieu d'un parc national d'à peine 80 kilomètres carrés et cerné de fermages dont a disparu toute trace d'arbre.

Que ce soit en Afrique ou ailleurs, les zones protégées suffisamment vastes pour accueillir des populations naturelles de grands mammifères que sont les grands singes, les éléphants et les rhinocéros sont trop peu nombreuses. Moins de 2 % des régions protégées du monde dépassent 1 million d'hectares, superficie considérée par certains comme l'espace minimal vital de ces grands animaux. De plus, seuls 6 % de la nature sont protégés au sens strict : en effet, bon nombre des prétendues zones protégées autorisent l'exploitation minière, l'abattage des arbres, la chasse et l'élevage.

Le monde sauvage n'est pas le seul à souffrir de l'avidité et de l'exploitation humaines. Car l'accroissement de la population mondiale et l'adoption par un nombre de pays toujours plus grand des technologies destructives du monde industrialisé entraînent une intensification cruelle de la pauvreté, de la faim et de la maladie. Plus la population d'une région donnée augmente et plus l'on approche du point limite au-delà duquel les ressources de la terre ne suffisent plus à nourrir les hommes. Pour les riches, cela signifie importer de l'étranger. Pour les pauvres, cela signifie sombrer dans une pauvreté et une famine accrues. L'introduction des technologies modernes, sans les ressources nécessaires ou sans les mesures de protection de l'environnement indispensables, ont conduit à des taux de pollution terrifiants à travers le monde. Environ 4 millions d'enfants meurent chaque année de maladies liées à la pollution, avec un pourcentage particulièrement élevé dans l'ancienne Union soviétique et en Chine. Les effets dévastateurs à long terme sur l'environnement de certains produits chimiques (DDT et CFC, par exemple) sont aujourd'hui démontrés. Or ces effets n'étaient pas prévisibles, et le DDT et le CFC, ont jadis été salués comme des produits miracles. Le drame, c'est que l'industrie pétrochimique continue à mettre au point et à lancer sur le marché de nouveaux produits dont on ne connaît pas les effets à long terme. Le lien entre la fréquence croissante de maladies comme le cancer chez les populations vivant dans les zones exposées aux pesticides, engrais et déchets industriels des décharges publiques, se confirme de jour en jour. Et le fait que la fertilité humaine s'en trouve diminuée est sans doute une bonne nouvelle pour l'environnement !

Il y a toujours eu, au cours de l'évolution, une concurrence entre les espèces pour les ressources dont dépend leur perpétuation, et une multitude d'entre elles ont ainsi été perdues au fil des millénaires. Mais, cette fois, c'est une autre sorte d'extinction qui guette la planète Terre : celle causée par la manipulation perpétuelle de la nature par une seule espèce, la nôtre. Les hommes ont détruit ou persécuté sans vergogne toutes les formes de vie qui gênaient leurs projets. Nous avons inventé des pièges cruels, des flèches empoisonnées, mais aussi des balles modernes pour assouvir notre besoin de domination. Nous détruisons les habitats d'innombrables êtres vivants et recouvrons les paysages autrefois verdoyants de béton, puis nous fragmentons les quelques lieux de retranchement de ces animaux en y traçant des routes aussi longues que mortelles.

Il est malheureux, évidemment, que des groupes d'hommes d'ethnies ou de religions différentes se persécutent et essaient de se détruire. C'est même probablement

▲▲ ARAS À COLLIER JAUNE
(Propyrrhura auricollis), PANTANAL, BRÉSIL
▲ PIONES À TÊTE BLEUE
(Pionus menstruus)
ET CAÏQUES DE BARRABAND
(Pionopsitta barrabandi), RÉSERVE DEL MANCE, PÉROU

▲▲ VARAN DU NIL
(*Varanus niloticus*), Parc national Samburu, Kenya

▲ KOALA
(*Phascolarctos cinereus*), Île Kangaroo, Australie-Méridionale, Australie

ce qu'il y a de plus choquant. Les conflits internes qui opposent aujourd'hui les différentes ethnies africaines se sont soldés par des guerres effroyables, qui n'en finissent pas, et des souffrances massives. L'avidité du monde industrialisé a, une fois de plus, alimenté ces guerres acharnées, dont bon nombre ont été financées presque entièrement par le commerce du diamant. Les horreurs de la guerre nucléaire, chimique et biologique rappellent l'*Enfer* de Dante. Les guerres et le cauchemar de l'épuration ethnique au Rwanda, au Burundi et dans de nombreuses autres parties d'Afrique, ainsi qu'au Cambodge, en Chine, dans l'ex-Union soviétique et dans les Balkans, ont donné au problème des réfugiés des proportions colossales.

L'Institut Jane-Goodall et plusieurs autres groupes de même mouvance sont depuis longtemps conscients que tous les efforts entrepris pour préserver la nature dans le tiers monde risquent d'échouer si les populations locales n'en tirent pas un quelconque profit. Pour tenter de trouver une solution aux problèmes auxquels sont confrontés à la fois l'homme et l'animal sauvage à l'intérieur et à l'extérieur du parc national du Gombe, nous avons mis en place un programme d'aide aux villageois. « Tacare » a créé des pépinières dans vingt-sept villages de la région. Les villageois soignent et vendent des pousses d'arbres fruitiers, espèces à croissance rapide destinées à la construction, au bois de chauffe, etc. Des espèces d'arbres indigènes ont été réintroduites. Les questions de maîtrise et de prévention de l'érosion du sol sont traitées. Des programmes de formation à la protection de la nature ont été dispensés aux villageois, notamment dans les écoles. Un petit programme d'attribution de micro-crédits sur le modèle de la Grameen Bank a été instauré qui permet à des groupes de femmes de se lancer dans des projets de développement durables. Des soins médicaux, une information sur le sida et des consultations de planning familial sont désormais organisés dans les villages en collaboration avec les autorités de santé régionales. Grâce à l'aide de l'Unicef et de l'International Rescue Committee, trente-trois villages vont être équipés de sanitaires hygiéniques et d'eau potable. Nous travaillons actuellement à améliorer l'instruction des femmes et à obtenir quelques bourses d'études du second degré pour les jeunes filles. Cette amélioration de l'instruction devrait entraîner une diminution de la taille des familles, comme cela s'est déjà produit dans d'autres parties du monde.

Depuis son démarrage, il y a quatre petites années, ce programme a amélioré la qualité de vie de nombreux villageois. Ceux-ci sont à leur tour prêts à nous aider non seulement à protéger le parc national, mais aussi à réintroduire des zones forestières indigènes ailleurs. De plus, le programme de recherche du Gombe a lui-même favorisé l'économie locale, puisque nous achetons le plus possible de produits aux villageois des alentours et que nous nous efforçons d'en employer un maximum dans nos équipes de recherche. Fiers de leur travail, ces employés parlent des chimpanzés à leurs familles et amis, les soignent et veulent les protéger individuellement. Nous avons ainsi montré que la protection de l'environnement, et plus particulièrement de la forêt, est aussi importante pour l'homme que pour l'animal. Le rôle des arbres et des autres végétaux est non seulement de fournir nourriture et abri aux chimpanzés, mais aussi de préserver, voire parfois d'améliorer, la fertilité du sol, d'empêcher son érosion, de produire du bois de chauffe, de l'ombre et des médicaments.

Les gouvernements local et central soutiennent notre recherche et nous aident à protéger le parc national, d'abord parce que nous améliorons notablement la vie des Tanzaniens de la région, ensuite parce que le Gombe attire des touristes et, avec eux, des devises étrangères précieuses pour le pays. Nous essayons de mettre en place un programme similaire dans notre grand asile pour chimpanzés orphelins de la région côtière occidentale du Congo-Brazzaville. Tous ces programmes sont porteurs d'espoir pour l'avenir de l'Afrique. Et comme de plus en plus de gens à travers le monde prennent conscience des terribles blessures que nous infligeons à l'environnement, la technologie et l'industrie commencent à se colleter avec bon nombre de problèmes et à trouver de nouvelles solutions pour vivre en meilleure harmonie avec la nature.

Il est facile de se laisser déprimer par l'ampleur des difficultés, de baisser les bras et de sombrer dans l'apathie. Rendez-vous compte de notre pouvoir : le résultat collectif des actions de chacun d'entre nous. Des milliards de gens peuvent utiliser les transports en commun, marcher ou faire du vélo, fermer les robinets et éteindre les lumières, ramasser leurs ordures dans les lieux publics. Nous pouvons choisir de ne pas acheter les produits des sociétés réputées polluantes ou ceux fabriqués par les enfants esclaves des pays lointains. Nous pouvons acheter des aliments issus de la culture biologique.

Chacun d'entre nous compte. C'est aussi vrai pour les animaux. Pensez aux chats et aux chiens qui ont partagé votre vie, vous verrez clairement quel rôle particulier chacun d'eux a joué. C'est aussi ainsi que nous devons considérer les animaux sauvages. La mort d'un chimpanzé, c'est la disparition d'un individu, avec sa personnalité et son rôle dans la communauté. La femelle adulte Gigi a très certainement été à l'origine de l'escalade des conflits intercommunautaires qui ont causé tant de morts à Gombe vers le milieu de la décennie 70. Stérile, elle était en permanence en chaleur et attirait donc sexuellement les mâles des alentours. Ces mâles, plus sûrs d'eux en groupes, se livraient aux limites de leur territoire à des patrouilles qui se terminaient souvent par des attaques sanglantes d'individus des groupes voisins. Flo, la femelle dominante de son groupe dans les années 1960, a donné naissance à Fifi, qui a eu la carrière de reproductrice la plus brillante de tout Gombe. Trezia semble avoir introduit un nouveau mode d'utilisation des outils dans sa communauté. Et ainsi de suite. Il en va de même de tous les animaux à gros cerveau. Quand une vieille éléphante dominante est « éliminée », sa sagesse, accumulée au fil des ans, meurt avec elle, de même que son individualité spécifique. Je suis souvent critiquée par les conservateurs qui ne comprennent pas que je m'intéresse aux individus plutôt qu'à l'espèce. Je pense que seul le respect de la vie des individus peut transformer notre monde, déjà si beau, en un havre de paix que les générations futures pourront continuer à admirer.

Heureusement, un nombre croissant de jeunes gens prennent conscience des problèmes de notre monde. Si les enfants avaient le pouvoir d'agir, leur énergie, leur enthousiasme et leur engagement changeraient beaucoup de choses. Dès qu'ils découvrent les problèmes d'environnement et de société qui font, malheureusement, partie de leur héritage, ils se mobilisent pour tenter de réparer le mal. Car demain, ce sera leur monde à eux, futurs dirigeants, ouvriers et parents.

Je consacre une part grandissante de mon temps et de mon énergie à Roots & Shoots, notre programme pour la jeunesse. Le nom en est symbolique : les racines (roots) rampent sous le sol en édifiant des fondations solides ; les pousses (shoots) semblent petites, mais sont capables de briser des murs pour atteindre la lumière : les murs symboliques de la surpopulation, de la déforestation, de l'érosion du sol, de la désertification, de la pauvreté, de la faim, de la maladie, de la pollution, de l'avidité humaine, du matérialisme, de la cruauté, du crime et de la guerre. Le message de Roots & Shoots est un message d'espoir : des centaines de milliers de racines et de petites pousses, les jeunes, peuvent « percer » et changer le monde. Le programme met l'accent sur la valeur de l'individu dans ce processus de changement.

Du jardin d'enfants à l'université, les groupes Roots & Shoots sont impliqués dans trois types de projets « interventionnistes » visant à les intéresser aux animaux, à la communauté locale et à l'environnement. Ce qu'ils ont à faire dépend en fait du lieu où ils vivent et de la nature des problèmes qui s'y posent, de l'âge du groupe et des intérêts particuliers de ses chefs ou de ses membres. Ces groupes peuvent planter des arbres, nettoyer les cours d'eau, sauver des animaux, passer du temps avec les enfants à l'hôpital ou avec les personnes âgées. Ils apprennent à partager les connaissances. Ils s'amusent tout en s'enrichissant et en faisant avancer les choses. Le programme a démarré en Tanzanie, dans la capitale Dar es-Salaam et dans la région de Kigoma autour du Gombe et des chimpanzés. Il se développe aujourd'hui rapidement à travers tout le pays. Il existe aujourd'hui des groupes Roots & Shoots dans trente-huit États des États-Unis et dans quarante-sept pays à travers le monde.

Ce programme aspire à briser les barrières entre les groupes ethniques, religieux, socio-économiques, entre les générations, les nations, mais aussi entre les hommes et les animaux. Et les chimpanzés, avec leurs qualités presque humaines et l'histoire fascinante de leurs vies, ouvrent la marche. Les enfants s'identifient si facilement avec le petit Flint qui est mort de chagrin à l'âge de huit ans, incapable de se consoler de la perte de sa mère ! Les adolescents, eux, s'identifient à Mike, qui a utilisé des boîtes de conserve vides pour rendre ses charges plus impressionnantes et qui, avec un mélange de courage et d'intelligence, est parvenu à se hisser jusqu'à la position dominante. Les jeunes se sentent ensuite concernés lorsqu'ils entendent parler de la condition des singes dans la nature et des mauvais traitements qu'ils subissent en captivité. Ils sont alors prêts à s'intéresser au sort des éléphants, des guépards et des loups et finalement à celui des animaux et de la nature de leur propre environnement. Et plus rien ne peut les arrêter une fois qu'ils ont constaté le résultat de leurs actions.

Les organismes nationaux et internationaux de protection de la nature, ainsi que certains gouvernements éclairés, luttent pour faire respecter les zones protégées et pour en créer de nouvelles. Il existe encore malgré tout d'innombrables régions sauvages sur le globe et nous savons qu'un engagement local accru, surtout des enfants, nous permettra de survivre dans le futur.

En Afrique, malgré les conflits, nous pouvons encore nous émerveiller des somptueux contrastes qu'offre le continent : depuis les formidables concentrations d'animaux dans la plaine du Serengeti durant les grandes migrations jusqu'à la splendeur nue du désert de Namibie. Il y a aussi les spectaculaires chutes Victoria, les forêts marécageuses reculées d'Endoke, dans le bassin du Congo, où les animaux, éléphants, gorilles et chimpanzés compris, n'ont pas encore appris à craindre l'homme. Un nombre croissant d'espèces sont en voie de disparition, mais cette tendance peut parfois être inversée, comme ce fut le cas pour le faucon pèlerin. Et il y a encore tant à découvrir : de nouvelles espèces à identifier et à décrire, de nouveaux comportements à observer, des plantes médicinales (et leurs effets bénéfiques encore inconnus) à cueillir dans les forêts. Nous devons trouver un moyen de sauver ce qu'il reste.

Ainsi, en ce début de millénaire, arrêtons-nous un instant pour considérer nos actes passés : pas seulement les réalisations et les échecs de notre espèce au cours des derniers siècles, mais ceux de notre propre vie. La connaissance et la compréhension, la ténacité et le travail, l'amour et la compassion sont les outils les plus précieux dont nous disposons. Utilisons notre humanité, notre rationalité et notre puissance pour changer le monde. Nous avons besoin de comprendre pour nous impliquer, de nous impliquer pour agir et d'agir pour tout sauver. C'est notre défi : sauver la nature avec toutes ses formes de vie, les emporter avec nous dans le prochain siècle, afin de les partager avec nos enfants et les leurs.

Jane Goodall

LYCAONS

(*Lycaon pictus*), KWANDO, BOTSWANA

RÉGIONS MONTAGNEUSES

RÉGIONS MONTAGNEUSES

◂◂ CHÈVRE DES MONTAGNES ROCHEUSES
Glacier National Park, Montana, États-Unis

◂ ET ▸ GUANACOS
Parc national Torres del Paine, Chili

◂ GUANACOS

Parc national Torres del Paine, Chili

◂ ET ▴ CONDOR DES ANDES

Patagonie, Argentine

RENARD GRIS D'ARGENTINE

Parc national Torres del Paine, Chili

◂ ET ▴ RENARD GRIS D'ARGENTINE

Parc national Torres del Paine, Chili

◂ ET ▴ MACAQUES DU JAPON

Alpes japonaises, Honshu, Japon

BOUQUETINS DES ALPES
Interlaken, Alpes, Suisse

BOUQUETINS DES ALPES

Interlaken, Alpes, Suisse

BISONS D'EUROPE
Réserve Kavkazsky, Russie

▸ BISONS D'AMÉRIQUE
Parc national de Yellowstone, Wyoming, États-Unis

BIGHORN

Parc national de Yellowstone, Wyoming, États-Unis

▸ ÉLAN

Parc national de Denali, Alaska, États-Unis

CERFS ÉLAPHES

Mt Assiniboine Provincial Park, Colombie-Britannique, Canada

▸ CERFS ÉLAPHES

Parc des Montagnes Rocheuses, Colorado, États-Unis

MOUTON DE DALL

Parc national de Denali, Alaska, États-Unis

CHAMOIS DES ALPES
Chamonix, Alpes, France

GYPAÈTE BARBU

Parc national Gobi Gurvansaikhan, Mongolie

BOUQUETIN DE SIBÉRIE
Monts de l'Altaï, Mongolie

PAGES 132-133

CHÈVRE DES MONTAGNES ROCHEUSES
(Oreamnos americanus)

Malgré son nom, la chèvre des montagnes Rocheuses n'est pas une vraie chèvre, mais un membre de la tribu des Rupicaprini, les « chèvres-antilopes », sous-famille des caprinés. Il n'y a qu'une espèce dans ce genre et elle est propre à l'Amérique du Nord. Les chèvres des montagnes Rocheuses se plaisent dans les terrains accidentés et sont très bien adaptées aux pentes raides. Ces chèvres peuvent grimper 460 m en à peine vingt minutes, faisant preuve d'un mélange étonnant d'agilité et de vigueur. Les chèvres des montagnes Rocheuses ont évolué pour exploiter un environnement physiquement difficile, dans lequel les prédateurs sont beaucoup moins nombreux que dans d'autres milieux naturels. Comme elles sont protégées par la rudesse de leur habitat, elles craignent peu les hommes, ce qui en fait une cible particulièrement facile pour les chasseurs. Il y a entre 50 000 et 100 000 chèvres des montagnes Rocheuses en Amérique du Nord.

AW : Une courte randonnée à partir de Logan Pass permet d'avoir une vue extraordinaire sur Hidden Lake et sur les montagnes environnantes. C'est l'habitat principal de la chèvre des montagnes rocheuses. Le jour où j'ai emprunté cette piste, un grand bouc a miraculeusement surgi. Le cadre était si impressionnant que j'ai choisi un objectif grand angle 17-35 mm pour embrasser toute la vue, y compris le bouc. À f/22, chaque élément de la composition était net. J'ai utilisé un filtre de densité neutre ND4 pour assombrir le ciel brillant et obtenir une exposition homogène de ma composition.

Canon EOS-IN, objectif Canon 17-35 mm, f/22 à 1/8 de seconde, filtre de densité neutre ND4, film Fujichrome Velvia

PAGE 134

GUANACO
(Lama guanicoe)

Le guanaco est la seule espèce sauvage du genre Lama. Ses parents proches, les lamas (*L. glama*) et les alpagas (*L. pacos*), ont été domestiqués il y a au moins cinq mille ans. Les guanacos vivent aussi bien en montagne qu'en plaine. Leur hémoglobine transporte beaucoup plus d'oxygène que celle des autres mammifères, ce qui leur permet de vivre à haute altitude (jusqu'à 4 800 m). Au fil des ans, les guanacos ont été éliminés de la plupart des régions basses de leur milieu naturel. Ils ont été alternativement prisés pour leur fourrure et méprisés en tant que concurrent du mouton domestique. Le Nouveau Monde n'abritait pas moins de 50 millions de guanacos lorsque les Européens y ont débarqué pour la première fois. Aujourd'hui, leur population s'élève à moins de 600 000 individus. Environ 90 % de ceux qui ont survécu vivent dans le sud de l'Argentine et du Chili.

AW : Ce sont les anciens glaciers qui ont sculpté les pans de granit impressionnants de Cuernos Towers, dans le parc national de Torres del Plaine. J'ai écumé cette région pendant des jours à la recherche d'un animal que je pourrais placer au premier plan de cette vue extraordinaire. Ma persévérance a fini par être récompensée le tout dernier matin de mon séjour, quand ce lama solitaire est passé en flânant.

Canon EOS-3, objectif Canon EF 70-200 mm, f/16 à 1/15 de seconde, filtre de densité neutre ND4, film Fujichrome Velvia

PAGES 135, 136

GUANACO
(Lama guanicoe)

Les guanacos sont de petits camélidés dont les traits sont bien plus délicats que ceux de leurs cousins du Vieux Continent. Les guanacos, qui mesurent environ 1 m au garrot, pèsent entre 100 et 120 kg. Ils sont de corpulence fine et possèdent de longues pattes qui les propulsent à une vitesse pouvant aller jusqu'à 56 km/h. Bien qu'on les trouve souvent dans les milieux montagneux arides, les guanacos, comme beaucoup d'espèces du genre Lama, semblent prendre plaisir à rester debout ou couchés dans l'eau, et recherchent les cours d'eau et les mares. Ils vivent en groupes familiaux de seize membres en moyenne, constitués d'un seul mâle adulte et de femelles accompagnées de leur progéniture non sevrée. Les petits guanacos ou crias pèsent de 8 à 15 kg à la naissance et peuvent courir presque tout de suite. Ils sont allaités pendant six à quinze mois et les jeunes des deux sexes sont chassés du troupeau par le mâle lorsqu'ils atteignent l'âge de treize à quinze mois.

AW : Page 135 – Je me suis approché doucement de cette mère et de son petit, en plaçant le soleil couchant juste dans l'axe du corps de la mère pour obtenir un contre-jour saisissant. Pour choisir mon exposition, j'ai fait une mesure spot à distance de la fourrure du premier plan.

Canon EOS-3, objectif 70-200 mm, f/11 à 1/125 de seconde, film Fujichrome Velvia

AW : Page 136 – J'ai choisi une longueur de focale de 80 mm pour prendre cette scène, ce qui m'a permis de saisir le paysage. J'ai utilisé un filtre de densité neutre ND4 pour éviter que l'arrière-plan ne perde de son intensité.

Canon EOS-3, objectif Canon EF 70-200 mm, f/16 à 1/30 de seconde, film Fujichrome Velvia

PAGE 137

CONDOR DES ANDES
(Vultur gryphus)

Le condor des Andes est le plus grand rapace du monde : il mesure environ 1,30 m de long et son envergure peut dépasser 3 m. Avec une aire de répartition qui couvre toute la cordillère des Andes, le condor niche généralement au-dessus de 3 000 m. Le fait de séjourner à de telles altitudes l'a protégé des intrusions humaines de grande ampleur, mais sa population a été victime de l'ingestion de proies empoisonnées par des pesticides et de la chasse que lui ont faite les fermiers qui le rendaient responsable de la mort du bétail (alors qu'il se nourrit essentiellement de charognes). Les condors n'atteignent pas leur maturité sexuelle avant l'âge de sept ou huit ans, et les femelles ne pondent que deux œufs tous les deux ans. Avec un taux de reproduction aussi bas, les populations doivent attendre plusieurs années pour se remettre des pertes occasionnées par les hommes. On ne dispose d'aucun chiffre fiable concernant l'ensemble de cette espèce.

AW : Page 137 (gauche) – J'ai rampé à quatre pattes sur plus de 100 m pour ne pas me faire remarquer et pour ne pas intimider l'animal. Lorsque j'ai commencé à prendre des photos, le condor était si décontracté qu'il a fermé les yeux à plusieurs reprises.

Canon EOS-3, objectif Canon EF 600 mm, f/5.6 à 1/60 de seconde, film Fujichrome Velvia

AW : Page 137 (droite) – Alors que j'observais des condors planant au-dessus de moi, j'ai fait une prise de vue panoramique avec un objectif 400 mm, figeant le mouvement de cet oiseau. Les condors se sont approchés si près que j'aurais pu les cadrer entièrement avec un objectif 50 mm.

Canon EOS-3, objectif Canon EF 400 mm, f/5.6 à 1/250 de seconde, film Fujichrome Astia

PAGES 138. 139

RENARD GRIS D'ARGENTINE

(Pseudalopes griseus)

Il existe quatre espèces de renards d'Amérique du Sud. On trouve le renard gris d'Argentine dans les montagnes de faible altitude et dans les plaines ouvertes du Chili, de l'ouest de l'Argentine et de la Patagonie, où ses habitats de prédilection sont les prairies ouvertes et les bordures de forêt. La chasse a provoqué le déclin des populations des quatre espèces. Bien qu'une loi les protège dans presque toute leur aire de répartition (et malgré le fait que leur fourrure fasse l'objet d'une demande moins importante), ces renards sont toujours la cible des fermiers et des propriétaires de ranchs qui les accusent de tuer les volailles et les moutons. On pense que les populations d'Argentine sont aujourd'hui stables ; on ne dispose pas de données chiffrées fiables pour le Chili. La sous-espèce *P. g. fulvipes*, que l'on trouve uniquement sur l'île de Chiloé (dans la province de Los Lagos, au Chili, à environ 960 km au sud de Santiago) est considérée comme le canidé le plus rare d'Amérique du Sud.

AW : Toutes les photos – J'ai dû habituer ces renards en installant un sac en haut d'un assemblage de trois bâtons, le tout ressemblant à mon matériel. Au bout de trois jours, j'ai remplacé le leurre. J'ai utilisé un système automatique lesté au centre pour changer les niveaux de luminosité et une commande à distance de manière à pouvoir me tenir à 75 m. Peu de temps après, en me faisant très discret, j'ai pu approcher tout près de la tanière.

Page 138 – Canon EOS-3, objectif canon EF 17-35 mm, f/16 à 1/30 de seconde, filtre de densité neutre ND4

Pages 139 (gauche et droite) – Canon EOS-3, objectif Canon EF 70-200 mm, f/5.6 à 1/125 de seconde

Toutes les photos – film Fujichrome Velvia

PAGES 140. 141

MACAQUE DU JAPON

(Macaca fuscata)

Les macaques du Japon sont les primates les plus septentrionaux, exception faite des humains. Ils vivent dans les forêts à feuillages persistants des hautes terres et des montagnes du Japon, où ils se nourrissent de fruits, de feuilles, de fleurs, d'insectes et d'écorces. Classés comme espèce en danger par la World Conservation Union de l'IUCN, ils sont menacés du fait de la déforestation. Le nombre des macaques a baissé de façon dramatique depuis 1923, et, au début des années 1990, pas moins de 5 000 individus étaient éliminés chaque année en réponse aux plaintes des agriculteurs. *M. f. yakui*, une sous-espèce qui vit sur l'île de Yakushima, se trouve dans une situation déplorable, la disparition de leur milieu naturel poussant les animaux à se rabattre sur les orangeraies pour y chercher de la nourriture. On estime que la population actuelle de l'espèce entière, qui est en déclin, compte entre 35 000 et 50 000 individus.

AW : Page 140 – J'ai diaphragmé à f/16 pour faire une mise au point sur toute la scène. J'ai utilisé un filtre de densité neutre pour assombrir de façon sélective le versant de la colline couvert de neige qui était plus lumineux, et un fill in pour ajouter un peu de lumière sur la face des macaques.

Canon EOS-3, objectif Canon EF 17-35 mm, f/16 à 1/4 de seconde, filtre de densité neutre ND4, fill in, film Fujichrome Velvia

AW : Page 141 – Alors que j'étais en train de faire des portraits, j'ai remarqué du coin de l'œil un mouvement. J'ai eu le temps de faire ce cliché, uniquement grâce à l'autofocus.

Canon EOS-3, objectif Canon EF 70-200 mm, f/4 à 1/125 de seconde, film Fujichrome Velvia

PAGES 142. 143

BOUQUETIN DES ALPES

(Capra ibex ibex)

On trouvait autrefois le bouquetin des Alpes dans toutes les Alpes, des Alpes françaises à celles d'Allemagne, d'Autriche, de Suisse et du nord de l'Italie. Le bouquetin des Alpes, qui appartient à l'une des sous-espèces de bouquetins – bien que certains spécialistes le considèrent comme une espèce à part entière – avait été pratiquement exterminé au début du XIXe siècle. Ses impressionnantes cornes recourbées étaient recherchées par les chasseurs, et son corps utilisé à des fins prétendument médicales. Après avoir subi la pression des chasseurs pendant des décennies, la seule population survivante s'élevait à soixante individus, vivant dans le parc national de Gran Paradiso en Italie. Un programme de reproduction a été mis en place, et le troupeau s'est accru, ses membres servant à l'insémination d'autres troupeaux. Aujourd'hui, plus de trois mille individus vivent à Gran Paradiso, et plus de douze mille sont répartis en Suisse et dans d'autres parties de la plus haute chaîne de montagnes d'Europe.

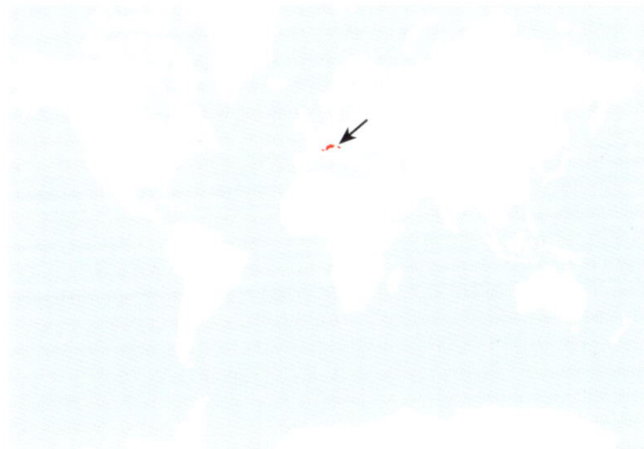

AW : Page 142 – J'ai réussi à m'approcher à moins de 3,50 m de ce troupeau. J'ai composé cette photo de manière à créer une ouverture à travers leurs cornes, qui évoquent une cathédrale. J'ai diaphragmé à f/16 pour faire la mise au point sur le troupeau entier, et j'ai utilisé un filtre de polarisation pour faire ressortir la couleur du lac.

Canon EOS-IN/RS, objectif Canon EF 70-200 mm, f/16 à 1/8 de seconde, filtre de polarisation, film Fujichrome Velvia

AW : Page 143 – C'était la fin de l'après-midi et le ciel était nuageux, ce qui m'a obligé à pousser mon film pour obtenir cette photo extrêmement nette.

Canon EOS-IN, Canon EF 600 mm, f/4 à 1/125 de seconde, film Fujichrome Astia (poussé d'un diaphragme)

PAGE 144

BISON D'EUROPE

(Bison bonasus)

Autrefois, on trouvait des bisons d'Europe de l'Angleterre au sud de la Suède, et du nord de l'Espagne à l'est de la Pologne et à l'ouest de la Russie. Ils ont survécu en France jusqu'au VIe siècle, et dans des régions reculées d'Allemagne jusqu'au XVIIIe siècle. Vers 1900, ils avaient été complètement exterminés, sauf dans les montagnes du Caucase et dans la forêt de Bialowieza, à la frontière entre la Pologne et la Biélorussie. Ces derniers troupeaux se sont éteints vers 1925. Heureusement, 12 individus ont survécu en captivité, et leurs descendants ont été réintroduits dans la nature. La forêt de Bialowieza abrite aujourd'hui 500 bisons environ, et 2 900 sont répartis dans d'autres régions, y compris les montagnes du Caucase. Néanmoins, comme ils descendent tous d'une seule douzaine d'animaux, la consanguinité a été importante, avec des effets néfastes sur l'espérance de vie, la mortalité infantile et les intervalles entre les périodes de reproduction.

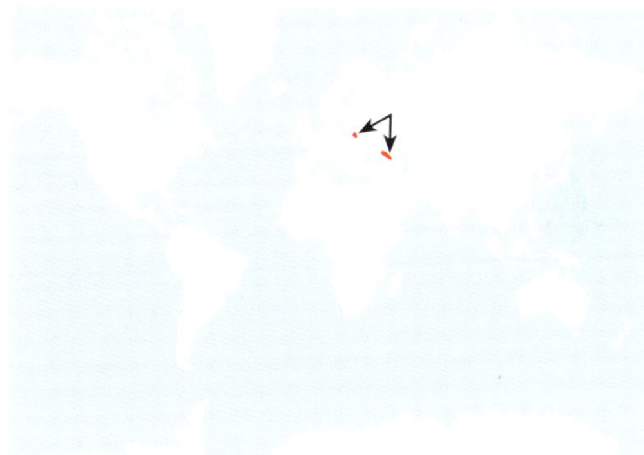

AW : Le bison d'Europe vit dans un milieu naturel très différent de celui de son cousin d'Amérique. Placé dans la perspective que l'on a depuis un hélicoptère en vol stationnaire, j'ai photographié ce troupeau alors qu'il courait le long d'un lac alpin à une altitude de 3 300 m, dans les montagnes du Caucase. Je venais de photographier ces montagnes reculées quand je suis tombé par hasard sur des animaux. En principe, ce bison haut sur pattes ne se rencontre que dans quelques forêts protégées de Russie et de Pologne.

Canon F1, objectif Canon EF 70-200 mm, f/4 à 1/500 de seconde, film Fujichrome 50

PAGE 145

BISON D'AMÉRIQUE
(*Bison bison*)

On estime qu'avant l'arrivée des Européens environ 50 millions de bisons d'Amérique (*B. b. bison*) parcouraient les plaines d'Amérique du Nord, et que l'ouest du Canada abritait plus de 150 000 bisons des bois (*B. b. athabascae*). Vers 1890, il ne restait plus que 1 000 bisons des Plaines, l'espèce ayant été victime de la chasse intensive et d'un programme gouvernemental visant à soumettre les Indiens des Plaines. Dans le Nord, le nombre de bisons des bois était descendu à 300 individus. Les seuls bisons en liberté se trouvent dans les parcs nationaux de Yellowstone et de Wood Buffalo.
Les bisons des bois ont connu d'autres problèmes dans les années 1920, quand des milliers de bisons des Plaines furent lâchés dans leur aire de répartition, où ils se sont rapidement hybridés avec la sous-espèce autochtone. Depuis, un programme d'élevage sélectif a été tenté afin d'isoler les bisons des bois presque purs, et les individus « purs » sont aujourd'hui au nombre de 2 500.

AW : Un bison se tient sur une colline pour capter les premiers rayons du soleil levant dans le parc national de Yellowstone, dans le Wyoming. Le froid mordant d'une longue nuit d'hiver a laissé l'animal enserré dans un épais manteau de givre. Je l'ai photographié en essayant de créer un contre-jour en plaçant volontairement le bison dans l'axe du soleil levant. J'ai calculé l'exposition en faisant une mesure spot à distance du ciel, juste devant la tête du bison.

Canon EOS-3, objectif canon EF 70-200 mm, f/16 à 1/250 de seconde, film Fujichrome Velvia

PAGE 146

BIGHORN
(*Ovis canadensis*)

Les bighorns des montagnes Rocheuses (*Ovis c. canadensis*) sont de grands moutons, dont les mâles pèsent entre 73 et 143 kg et les femelles, un peu plus petites, entre 53 et 91 kg. Les individus des deux sexes ont des cornes, mais seuls les mâles possèdent ces immenses cornes en forme de spirale qui les rendent aussi populaires auprès des chasseurs de trophées. Les bighorns préfèrent les habitats d'altitude, en particulier les prairies alpines qui leur donnent facilement accès aux falaises rocheuses. Ce milieu naturel les protège des pumas (*Felis concolor*), des ours bruns (*Ursus arctos*) et des humains. Les bighorns ont le pied très sûr lorsqu'ils traversent des zones rocheuses dangereuses, mais, malgré cela, nombreux sont ceux qui glissent, et leurs blessures sont alors souvent mortelles – au printemps, on voit souvent des ours inspecter le pied des falaises pour fouiller les carcasses des animaux qui tombent durant l'hiver.

AW : J'étais en train d'observer une petite bande de bighorns mâles broutant sur un talus au-dessous de moi, attendant une bonne occasion de les photographier. L'un des mâles s'est tourné vers moi tout en continuant à brouter. J'ai saisi mon zoom 70-200 mm, mais le bighorn m'a surpris en s'approchant trop près pour ce type de longueur de focale. J'ai changé pour un objectif grand angle 17-35 mm, je me suis assis tout doucement, et j'ai fait cette photo au moment où le bighorn passait à moins de 1 m.

Canon EOS-3, objectif Canon EF 17-35 mm, f/11 à 1/30 de seconde, film Fujichrome Provia

PAGE 147

ÉLAN
(*Alces alces*)

Le mont McKinley, point culminant de la chaîne de l'Alaska, se dresse à environ 6 100 m d'altitude. On rencontre fréquemment des élans dans le parc national de Denali.
Ils étaient autrefois répartis à travers le nord de l'Europe et le Caucase jusqu'en Sibérie, et de l'Alaska et du Canada à certaines parties du nord-est de l'Amérique, en passant par les montagnes Rocheuses. Mais la chasse excessive a provoqué un déclin important des populations dans certaines régions. Les élans ont disparu d'Europe de l'ouest au XIIIe siècle (ils ont survécu en Scandinavie), du Caucase au début du XIXe siècle, et de la plupart des régions limitrophes des États-Unis au début du XXe siècle.
Leur population étant soigneusement gérée, ils sont réapparus dans leur ancienne aire de répartition. On estime à 900 000 le nombre d'élans vivant en Amérique du Nord (principalement en Alaska et au Canada), et à 1 million en Eurasie.

AW : J'ai dû me servir ici d'une combinaison de filtres et de réglages qui ont nettement réduit mes chances de réussite. J'ai utilisé mon zoom à 80 mm, ce qui a légèrement élargi le mont McKinley, ainsi que l'élan. Le filtre de polarisation a fait ressortir les riches couleurs de la toundra tout en assombrissant le ciel. J'ai utilisé un filtre de densité neutre ND4 pour avoir la scène entière exposée de la même manière. J'ai diaphragmé à f/16, ce qui m'a permis de faire une mise au point sur tous les éléments. Mon temps d'exposition s'est donc trouvé allongé, si bien que l'élan en mouvement est flou sur la plupart des photos, mais pas sur toutes.

Canon EOS-IN, objectif Canon EF 70-200 mm, f/16 à 1/8 de seconde, filtre de polarisation, film de densité neutre ND4, film Fujichrome Velvia

PAGES 148, 149

CERF ÉLAPHE
(*Cervus elaphus*)

Le cerf élaphe, également connu sous le nom de « wapiti », est la plus grande espèce parmi les dix que compte le genre *Cervus*. Il peut mesurer jusqu'à 1,50 m au garrot et peser entre 75 et 340 kg. Les cerfs élaphes d'Amérique du Nord sont généralement plus grands que leurs cousins européens.
Les bois impressionnants, dont seuls les mâles sont pourvus, peuvent atteindre 1,70 m d'envergure. Alors que les cerfs élaphes étaient présents à l'origine en Europe (où ils sont connus sous le nom de « cerf commun »), en Amérique du Nord et en Asie, ils ont été introduits dans d'autres pays (l'Australie, la Nouvelle-Zélande et l'Argentine, par exemple), où il arrive qu'ils entrent en conflit avec la faune sauvage locale. Plusieurs sous-espèces de cerfs élaphes que l'on trouve en Corse et en Sardaigne, en Afrique du Nord et en Asie Mineure, de même que six sous-espèces que l'on trouve en Chine, sur le plateau tibétain, dans le centre de la Russie et en Afghanistan, sont considérées comme très menacées.

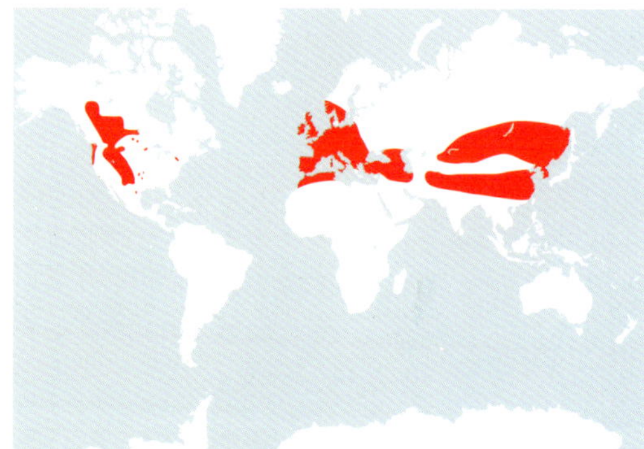

AW : Page 148 – Avec un objectif 70-200 mm, j'ai zoomé pour obtenir la meilleure composition possible, en cadrant serré autour du cerf et du sommet du mont Assiniboine. J'ai utilisé un filtre de densité neutre ND4 pour assombrir le ciel et la neige, et j'ai diaphragmé à f/22 pour avoir une mise au point très nette.

Canon EOS-IN/RS, objectif canon EF 70-200 mm, f/éé à 1/15 de seconde, filtre de densité neutre ND4, film Fujichrome Velvia

AW : Page 149 – Je voulais faire ici du paysage l'élément central. C'est pourquoi j'ai choisi un grand angle 17-35 mm.

Canon EOS-3, objectif Canon EF 17-35 mm, f/16 à 1/15 de seconde, film Fujichrome Velvia

PAGE 150

MOUTON DE DALL
(Ovis dalli)

Les moutons de Dall occupent les zones montagneuses les plus élevées d'Alaska, notamment les chaînes de l'Alaska et de Saint Elias. Pendant l'été, ils s'installent en altitude dans les habitats de toundra alpine et redescendent l'hiver pour chercher des endroits où trouver plus de fourrage. Dans le nord de leur aire de répartition, les moutons de Dall ont une couleur d'un blanc laiteux, alors que ceux du Sud sont plutôt bruns avec une tache blanche sur la croupe, un museau blanc et du blanc à l'intérieur des pattes arrières et sur le front. Là où les deux races se chevauchent, on trouve des moutons dont les couleurs se situent plutôt entre les deux ; c'est le cas du mouton de l'est du Yukon. Les moutons de Dall du Sud sont plus grands que leurs cousins du Nord. Un mâle du Sud pèse environ 90 kg, alors que les mâles du Nord pèsent entre 75 et 90 kg. Leurs habitats reculés les ont protégés, mais la chasse sportive et alimentaire peut entraîner un déclin des populations.

AW : Je suis toujours étonné de voir à quel point des animaux qui ont vécu toute leur vie dans des zones où la chasse est interdite peuvent être décontractés. Ce troupeau d'agneaux et de brebis s'est littéralement dirigé droit sur moi sur une crête du parc national du mont McKinley. Après quelques instants où nous nous sommes observés pratiquement nez à nez, le troupeau a continué sa route le long de la crête.

Canon EOS-IN, objectif Canon EF 17-35 mm, f/16 à 1/60 de seconde, film Fujichrome 50

PAGE 151

CHAMOIS DES ALPES
(Rupicapra rupicapra)

Les montagnes d'Europe abritent deux espèces de chamois : *R. pyrenaica* est confinée au nord-ouest de l'Espagne, aux Pyrénées et à la partie centrale des Apennins, tandis que *R. rupicapra* est répartie dans les Alpes, les Balkans et le Caucase. Ce chamois mesure entre 0,70 et 0,80 m de hauteur. Les individus des deux sexes sont pourvus de fines cornes noires recourbées. En été, les chamois vivent au-dessus de 1 800 m ; en hiver, ils descendent au-dessous de 1 000 m. Le fait qu'ils aient été chassés pour leur viande et pour leur peau, ajouté à la disparition de leur milieu naturel et aux nuisances qu'ils subissent, a chassé les chamois d'une grande partie de leur ancienne aire de répartition. Plusieurs sous-espèces sont très menacées, entre autres *R. r. catusiana*, qui vit dans le massif de la Chartreuse, en France (environ 150 individus), et *R. r. tatrica* qui vit en Pologne et dans les Tatras, en Slovaquie (moins de 1 000 individus). Au total, la population d'Europe est estimée à 400 000 individus.

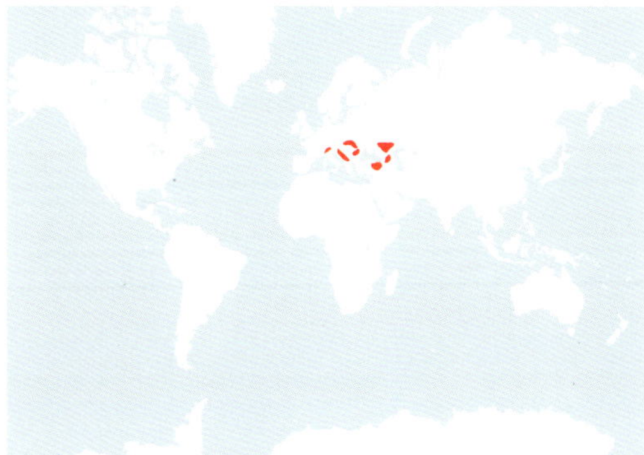

AW : Au cours d'une randonnée sur un chemin menant au Buet, dans la région de Chamonix, dans les Alpes françaises, je suis tombé sur ce chamois broutant dans une clairière, dans une forêt d'arbres à feuilles persistantes. J'ai choisi un objectif 70-200 mm pour photographier cet animal, car je voulais l'isoler sur un arrière-plan foncé et uniforme. En procédant ainsi, les taches plus claires de la face sont nettement plus visibles.

Canon EOS-IN, objectif Canon EF 70-200 mm, f/11 à 1/30 de seconde, film Fujichrome Velvia

PAGE 152

GYPAÈTE BARBU
(Gypaetus barbatus)

Les gypaètes barbus sont des immenses rapaces, avec une envergure de plus de 2,50 m. Ils ont les ailes noires et un masque facial noir, leur corps étant orange vif à cause des particules minérales dont leurs plumes sont imprégnées. Ils vivent à des altitudes pouvant aller jusqu'à 8 000 m (mais ils ne pondent qu'au-dessous de 4 400 m), et se nourrissent d'os – 85 % de leur régime alimentaire. Ils peuvent aussi se nourrir de rongeurs, d'oiseaux et de reptiles. S'ils n'arrivent pas à briser les os eux-mêmes, ils les transportent dans l es airs et les lâchent depuis une hauteur de 20 à 80 m. Les populations de gypaètes barbus sont en déclin dans toute l'Europe, l'Asie et l'Afrique – principalement parce que les fermiers les empoisonnent, pensant, à tort, qu'ils s'en prennent au bétail, et parce qu'ils sont victimes de la chasse. La plupart des populations sont aujourd'hui dispersées, et le gypaète barbu a disparu de plusieurs endroits de son ancienne aire de répartition.

AW : J'ai vu pour la première fois ces vautours immenses alors que je participais à une expédition au mont Everest au Tibet en 1984. Pour obtenir ce cliché, je suis allé au fin fond de la Mongolie. J'ai installé un affût en travers d'un ravin montagneux à pic d'où je pouvais voir le nid de l'oiseau, et j'ai passé deux jours à les observer. Pendant tout ce temps, j'ai eu la chance de pouvoir faire dix-neuf clichés. Malheureusement, la luminosité était si faible dans les anfractuosités profondes du ravin que seules quatre clichés se sont révélés suffisamment nets pour être utilisables.

Canon EOS-IN, objectif Canon EF 600 mm, multiplicateur de focale Canon Extender x2, f/8 à 1/8 de seconde, film Fujichrome Provia (poussé d'un diaphragme)

PAGE 153

BOUQUETIN DE SIBÉRIE
(Capra ibex sibirica)

Le bouquetin de Sibérie est considéré comme une espèce (*Capra sibirica*) par certains, et comme une sous-espèce par d'autres. Comme en Europe, le bouquetin de Sibérie a souffert de la chasse intensive, du braconnage, des intrusions humaines dans son milieu naturel et de la compétition avec le bétail. On le trouve dans les montagnes de l'est du Kazakhstan, du Tadjikistan, du Kirghizstan, dans le nord de l'Afghanistan, au Pakistan, en Inde, à l'est dans la province chinoise du Xinjiang, et au nord dans le sud et l'ouest de la Mongolie et le sud de la Sibérie. Des estimations faites à la fin des années 1980 indiquaient que 100 000 individus étaient encore présents dans l'ancienne Union soviétique ; chaque année, entre 10 000 et 15 000 d'entre eux seraient victimes de la chasse. Selon d'autres estimations, il pourrait y avoir 60 000 bouquetins de Sibérie dans l'ouest de la Chine, 20 000 en Afghanistan et dans l'ouest de l'Himalaya, et 80 000 en Mongolie.

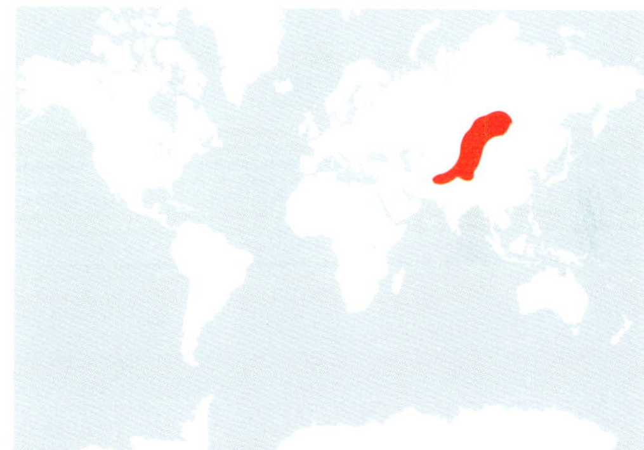

AW : Un bouquetin de Sibérie traverse une pente raide en haut des montagnes de l'Altaï, en Mongolie. Ces montagnes abritent aussi une population de panthères des neiges, ou onces (*Panthera uncia*) qui sont essentiellement les prédateurs de l'argali (*Ovis ammon*) ou du majestueux bouquetin. Pour faire cette photo, je suis resté caché dans un affût pendant douze heures à proximité d'un terrain salifère. En fin d'après-midi, ce mâle adulte a surgi d'un petit ravin juste au-dessus de ce terrain.

Canon EOS-3, objectif Canon EF 600 mm, multiplicateur de focale Canon Extender EF x1.4, f/11 à 1/15 de seconde, film Fujichrome Velvia

RÉGIONS TEMPÉRÉES

◂GRAND PANDA
Monts Quinling, Chine

CERFS DE VIRGINIE
National Bison Range, Montana, États-Unis

GRANDS MONARQUES

Transvolcanic Range, Michoacan, Mexique

▲ ET ▶ OURS NOIRS AMÉRICAINS
Anan Creek, Tongass National Forest, Alaska, États-Unis

GRUES DU JAPON

Île d'Hokkaido, Japon

GRUES DU CANADA

Bosque del Apache National Wildlife Refuge, Nouveau-Mexique, États-Unis

PUMA

Big Cypress Swamp, Floride, États-Unis

CONURES À FRONT BRUN

Sierra Madre Oriental, Mexique

OURS BRUNS

McNeil River State Game Sanctuary, Alaska, États-Unis

OURS BRUNS

McNeil River State Game Sanctuary, Alaska, États-Unis

CHOUETTES ÉPERVIÈRES

Great Slave Lake, Territoires du Nord-Ouest, Canada

CHOUETTE TACHETÉE

Cascade Mountain Range, Washington, États-Unis

GRAND PANDA
Monts Quinling, Chine

OURS NOIR AMÉRICAIN

TERRACE, COLOMBIE-BRITANNIQUE, CANADA

◂ ÉLANS

PARC NATIONAL DU GRANT TÉTON, WYOMING, ÉTATS-UNIS

LOUPS GRIS

TOK JUNCTION, ALASKA, ÉTATS-UNIS

KOALAS
Île Kangaroo, Australie du Sud, Australie

▸ KANGOUROUS GRIS OCCIDENTAUX
Parc national de Flinders Chase, Île Kangaroo, Australie du Sud, Australie

PAGES 158-159, 172

GRAND PANDA

(*Ailuropoda melanoleuca*)

Le grand panda est la plus bizarre des sept espèces d'ours. On a beaucoup discuté pour savoir s'il devait être considéré comme un ours ou comme un membre de la famille des *Procyonidae*, aux côtés des ratons laveurs (et des petits pandas *Ailurus fulgens*). On admet maintenant couramment que les grands pandas sont de proches parents à la fois de l'ours et du raton laveur, avec une prédominance de l'ours. La forme générale de leur corps ressemble à celle des autres ours ; néanmoins, leur couleur étonnante est unique. De même, leur tête est proportionnellement plus grande que celle des autres ours, phénomène en partie dû au fait que les muscles de leurs mâchoires sont volumineux – ce qui est d'autant mieux pour mâcher le bambou. On pense que 1 000 individus environ survivent dans la nature et 113 en captivité. Malgré les sanctions sévères imposées aux braconniers – qui peuvent aller jusqu'à la peine de mort –, ces animaux continuent à être tués pour leur fourrure.

AW : Pages 158/159 – Ce panda s'est arrêté suffisamment longtemps dans une petite clairière pour que je puisse faire deux rouleaux de pellicule.

Canon EOS-3, objectif Canon EF 400 mm, multiplicateur de focale Canon Extender x1.4, f/11 à 1/15 de seconde, film Fujichrome Velvia

AW : Page 172 – Pour faire cette photo, j'ai marché avec de l'eau jusqu'aux cuisses jusqu'à un endroit où je pensais que le panda surgirait de la forêt. Heureusement, je ne me suis pas trompé.

Canon EOS-3, objectif Canon EF 70-200 mm, f/8 à 1/250 de seconde, film Fujichrome Astia (poussé d'un diaphragme)

PAGE 160

CERF DE VIRGINIE

(*Odocoileus virginianus*)

Dans la partie septentrionale de leur aire de répartition, les cerfs de Virginie mesurent plus de 1 m au garrot et pèsent entre 100 et 150 kg ; ceux du sud des États-Unis sont plus petits (environ 0,90 m au garrot pour un poids de 50 à 100 kg), ceux d'Amérique du Sud étant encore plus petits – 0,80 m au garrot pour un poids de 30 à 55 kg. Les cerfs de Virginie occupent des habitats variés, mais évitent les forêts denses. Ils n'aiment pas se rassembler en groupes importants ; la cellule clé est constituée par la mère et sa progéniture. On estime qu'avant l'arrivée des Européens en Amérique du Nord il y avait entre 23 millions et 40 millions de cerfs de Virginie. Vers 1900, il n'en restait plus que 300 000 à 500 000. Grâce aux efforts de conservation et à la grande faculté d'adaptation de ce cerf, leur nombre avoisine aujourd'hui 14 millions, mais deux des seize sous-espèces que compte l'espèce (*O. v. clavium* et *O. v. leucurus*) sont considérées comme menacées.

AW : J'aime cette photo pour deux raisons principales. Tout d'abord, la lumière du petit matin et le paysage magnifique s'associent pour donner une forte impression d'espace. Par ailleurs, les cerfs semblent témoigner en silence d'un événement invisible. Les trois mâles se sont détournés de moi en même temps et ont suivi avec attention les mouvements d'un ours noir (*Ursus americanus*) traversant le marais derrière eux. Le fait que la face des cerfs et l'ours soient invisibles donne un peu de mystère à cette composition.

Canon EOS-IN/RS, objectif Canon EF 70-200 mm, film de densité neutre ND4, f/16 à 1/15 de seconde, film Fujichrome Velvia

PAGE 161

GRAND MONARQUE

(*Danaus plexippus*)

On trouve des grands monarques dans de nombreuses parties du monde, mais ils sont concentrés en Amérique. Les grands monarques d'Amérique du Nord sont très connus pour les extraordinaires migrations qu'ils effectuent – certains parcourent plus de 2 000 km pour atteindre leurs quartiers d'hiver. Les grands monarques du nord-ouest des États-Unis passent l'hiver en Californie, tandis que ceux de la côte Est migrent vers les montagnes du Mexique. Les endroits où ils hivernent au Mexique n'ont été découverts qu'en 1975, et c'est là qu'ils s'agglutinent par millions dans les arbres sur lesquels ils se posent. Toutes les populations de grands monarques ne migrent pas. Ceux des régions tropicales, par exemple ceux du Sud-Est asiatique et la plupart de ceux d'Amérique centrale, sont relativement sédentaires, bien qu'ils effectuent des migrations en altitude. La situation isolée de nombreux endroits où les papillons s'installent les a mis à l'abri du danger.

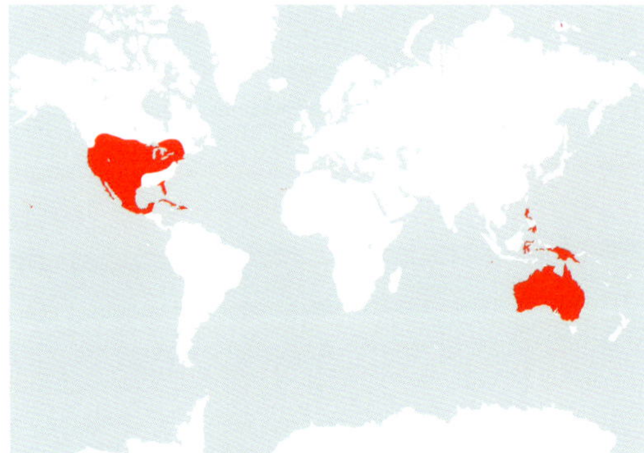

AW : Tous les ans, une masse impressionnante de 100 millions de monarques passe l'hiver dans les montagnes au nord de Mexico. Des réserves ont été créées pour que ces insectes délicats soient dérangés le moins possible. En posant mon appareil et mon objectif sur deux trépieds différents, sur un talus situé au-dessus de l'arbre dans lequel les papillons étaient perchés, j'ai réussi à placer mon film parallèlement au tronc de l'arbre. Cette position me permettait d'avoir tous les papillons dans mon champ en même temps. Enfin, j'ai utilisé un fill-in pour stopper tout mouvement parmi la masse d'ailes.

Canon EOS-3, objectif Canon EF 600 mm, f/11 à 1/4 de seconde, fill-in, film Fujichrome Velvia

PAGES 162, 163

OURS NOIR AMÉRICAIN

(*Ursus americanus*)

L'aire de répartition des ours noirs américains s'est considérablement réduite au fur et à mesure des modifications subies par son habitat. Toutefois, les ours noirs, extrêmement opportunistes, sont souvent attirés par les villes et les fermes, où ils peuvent fouiller dans les ordures. Leur population s'élève à 0,5 million en Amérique du Nord, mais ils sont confrontés à un accroissement de la chasse et du braconnage, notamment pour satisfaire la demande concernant certaines parties de son corps utilisées dans les remèdes populaires asiatiques. Les États-Unis sont ainsi les principaux fournisseurs de vésicules biliaires de la Corée du Sud, les marchés de la Chine, du Japon et de Taïwan étant eux aussi importants. Parmi les sous-espèces de l'ours noir, on estime entre 500 et 1 000 seulement le nombre d'ours noirs de Floride survivants (*U. a. floridanus*), le nombre d'ours noirs de Louisiane (*U. a. luteolus*) se réduisant à une simple poignée d'individus.

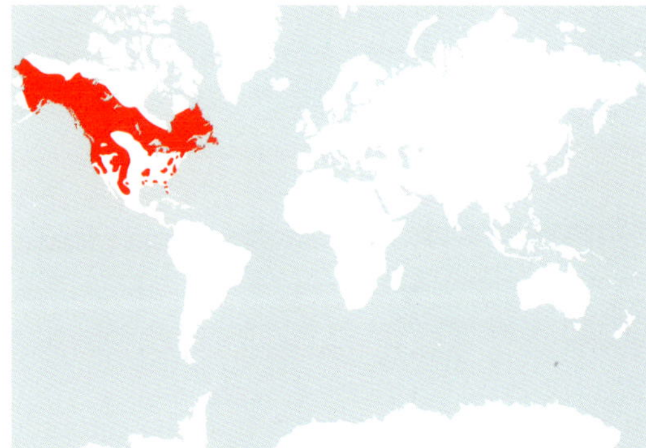

AW : Page 162 – J'apprécie vraiment quand une composition contient autant d'informations à elle seule : ici, on ne voit pas seulement un ours, mais aussi ce qu'il a attrapé et où il l'a attrapé.

Canon EOS-INR, objectif Canon EF 20 mm, f/11 à 1/15 de seconde, film Fujichrome Provia

AW : Page 163 – Lorsque les saumons remontent les rivières, les ours s'agglutinent en nombre important dans la forêt de Tongass, en Alaska. Cette femelle et ses petits s'approchent prudemment d'un banc à cause de ces succulents poissons.

Canon EOS-IN, objectif Canon EF 400 mm, f/4 à 1/125 de seconde, film Fujichrome Provia

PAGE 164

GRUE DE JAPON

(Grus japonensis)

Les grues de Japon (également connues sous le nom de « grues de Mandchourie ») viennent au deuxième rang mondial des espèces rares, avec 1 700 à 2 000 oiseaux vivant à l'état sauvage (seule la grue d'Amérique *Grus americanus*, qui compte 300 individus, est plus rare). Elles nichent dans les habitats marécageux des régions tempérées d'Asie du Sud-Est, et elles hivernent le long des rivières et des marais au Japon, en Chine et sur la péninsule coréenne. Il en existe essentiellement deux populations – une migratrice dans le nord-est de la Chine et en Russie, et l'autre sédentaire sur l'île d'Hokkaido au Japon. Cette dernière compte environ 600 oiseaux. L'espèce est menacée par la disparition de son habitat et par les projets de maîtrise et de dérivation des cours d'eaux (entre autres, les barrages sur l'Amour et le Yangzi Jiang). Environ 300 grues hivernent dans la zone démilitarisée coréenne, où elles sont exposées aux conflits internationaux et à l'activité humaine.

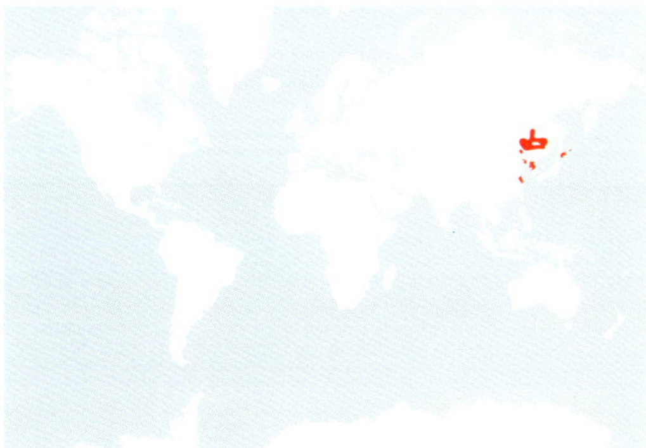

AW : Ces grues comptent parmi les animaux les plus vénérés au Japon. Lorsque l'on voit leur taille imposante de 1,50 m, leur plumage noir et blanc vif, et leur allure délicate et gracieuse, on comprend aisément pourquoi. Je me suis rendu sur l'île d'Hokkaido en janvier pour faire cette photo. J'ai vu des champs dans lesquels les paysans de la région laissent sur pied une partie de leurs céréales afin que les oiseaux puissent se nourrir pendant les durs mois d'hiver. Dans l'une de ces exploitations, un poste d'observation a été installé de manière à permettre aux Japonais de voir de près leur oiseau favori.

Canon EOS-IN, objectif Canon 800 mm, f/11 à 1/60 de seconde, film Fujichrome Velvia

PAGE 165

GRUE DE CANADA

(Grus canadensis)

Les grues de Canada sont d'élégants oiseaux de 1,20 m de hauteur. Elles se rassemblent souvent dans les habitats marécageux, où leur régime alimentaire varié est constitué de tiges de plantes, de bulbes, de baies et de graines, mais aussi d'insectes, de vers de terre, de rongeurs et de grenouilles. Leurs parades nuptiales sont des « danses » élaborées et elles émettent des cris puissants qui évoquent une crécelle au son grave. Avec une population mondiale de 500 000 individus, ces grues constituent l'espèce la plus nombreuse parmi les quinze qui existent. Les sous-espèces reconnues de grues du Canada sont au nombre de six. Trois d'entre elles sont migratrices. Mais les trois sous-espèces sédentaires sont beaucoup plus rares. Les deux sous-espèces de Cuba, avec 300 individus, et du Mississippi, dont le nombre est estimé à 120, sont extrêmement menacées. La sous-espèce de Floride est plus nombreuse, avec une population de 4 000 à 6 000 individus.

AW : Les grues de Canada prennent leurs quartiers d'hiver le long du Rio Grande au Nouveau-Mexique, où des champs de céréales ne sont pas moissonnés pour que ces immigrants affamés puissent se nourrir copieusement. Sur cette photo, une petite bande se rassemble le long du rivage d'un lac proche du fleuve. L'embrasement qui suit le coucher du soleil fournit une lumière suffisante pour baigner les oiseaux dans de douces teintes pastel.

Canon EOS-IN, objectif Canon EF 60 mm, multiplicateur de focale Canon Extender x1.4, f/5.6 à 1 seconde, film Fujichrome Velvia (poussé d'un diaphragme)

PAGE 166

PUMA DE FLORIDE

(Felis concolor coryi)

Le puma de Floride est une sous-espèce extrêmement menacée. Il était autrefois réparti à travers tout le sud des États-Unis, mais il ne subsiste aujourd'hui que de 30 à 50 individus dans les régions sauvages de Floride. Seule une de ses populations est capable de se reproduire. Le fait que plus de 90 % des mâles aient une proportion extrêmement élevée de sperme anormal et que 65 % soient cryptorchides (porteurs d'une malformation dans laquelle un testicule, ou les deux, n'est pas descendu, ce qui peut conduire à une stérilité totale) est encore plus inquiétant. Toutes ces découvertes donnent à penser que la consanguinité a des conséquences graves sur leur patrimoine génétique. Depuis 1988, des chercheurs congèlent du sperme de puma, et un programme d'élevage en captivité a été mis en place. Quelques individus d'une sous-espèce proche, originaire du Texas, ont été introduits dans le nord de la Floride pour essayer de stopper cette dégénérescence.

AW : Trouver et photographier des félins d'Amérique du Nord dans la nature est un défi de taille pour n'importe quel photographe. En ce qui concerne le puma de Floride, les chances de le rencontrer sont quasi nulles. Pour photographier ce puma, je me suis joint à des biologistes qui possèdent des techniques et des connaissances leur permettant de dénombrer relativement précisément ces félins très menacés. C'est en prenant cette photo que l'idée de ce livre m'est venue.

Canon EOS-3, objectif canon EF 400 mm, f/8 à 1/125 de seconde, film Fujichrome Velvia

PAGE 167

CONURE À FRONT BRUN

(Rhynchopsitta terrisi)

Espèce endémique du Mexique, les conures à front brun vivent à l'intérieur d'une région de 18 000 km^2, la sierra Madre Oriental, dans le nord-est du Mexique – même si moins de la moitié de cette zone est constituée de pinèdes, l'habitat qui leur convient. Ces oiseaux, que l'on trouve principalement à une altitude comprise entre 2 000 et 3 000 m, se nourrissent de pignons, de glands et de nectar. Ils effectuent des migrations saisonnières liées à la présence de pignons, se déplaçant légèrement vers le nord l'été et vers le sud l'hiver. Ils nichent dans des falaises de pierre à chaux, installant leur nid à l'intérieur de cavités rocheuses ; en dehors de la période de reproduction, les conures restent perchés en groupe dans les arbres. Leur population, extrêmement localisée, est considérée comme très rare et en voie de disparition. Leur population totale est estimée à guère plus de 2 000 individus.

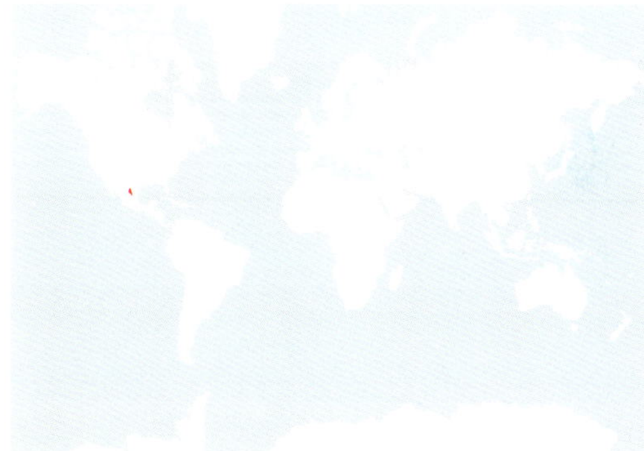

AW : Les conures à front brun sont de grands perroquets à l'instinct grégaire qui nichent sur les falaises de la sierra Madre Oriental au Mexique. Pour faire cette photo, j'ai été obligé de grimper le long d'une pente abrupte et de placer mon appareil juste au-dessous de leurs nids. Le matin, les conures s'agglutinent sur les agaves au-dessous des falaises. Avec mon objectif 600 mm et un multiplicateur de focale x1.4, j'ai réussi à obtenir une jolie composition compacte d'un groupe d'oiseaux. En visant légèrement au-dessus des conures, j'ai réussi à remplir l'arrière-plan avec une colline éloignée, sa couleur neutre faisant ressortir le vert des oiseaux.

Canon EOS-3, objectif Canon EF 600 mm, multiplicateur de focale Canon Extender EF x1.4, f/11 à 1/30 de seconde, film Fujichrome Velvia

PAGES 168, 169

OURS BRUN
(*Ursus arctos*)

L'ours brun est le mammifère qui possède l'aire de répartition la plus vaste, comprenant les montagnes, la toundra, les forêts, les plaines ouvertes et les côtes. Les ours bruns ne survivent que dans moins de 2 % de leur ancienne aire de répartition des régions limitrophes des États-Unis, et leur nombre s'élève tout juste à 1 000 individus (la sous-espèce californienne *U. a. californicus* s'est éteinte en 1922 – il a été désigné animal de l'État en 1953 – et le grizzli mexicain *U. a. nelsoni* a également disparu). Les reliques qui vivent en Europe connaissent les mêmes problèmes. Les ours possèdent des bastions importants en Alaska et au Canada (environ 55 000 ours) et en Eurasie (environ 130 000 individus), mais le fait qu'ils aient besoin de grands espaces, le danger potentiel des rencontres avec les hommes lorsque ces derniers s'introduisent dans leur milieu naturel et le problème croissant du braconnage font peser des menaces de plus en plus lourdes sur l'espèce.

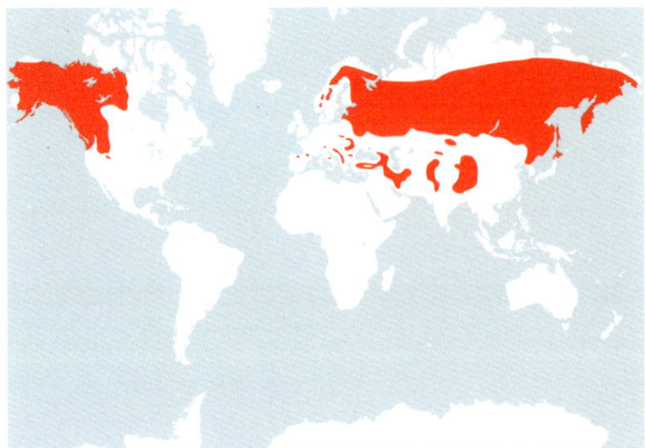

AW : Page 168 – Quand je photographie des ours, je m'assure qu'ils savent que je suis là, et je ne m'approche pas trop près. Cette précaution est encore plus indispensable lorsqu'il y a des oursons.

Canon EOS-IN, objectif Canon EF 600 mm, f/8 à 1/60 de seconde, film Fujichrome Provia

AW : Page 169 – Pour figer le mouvement de ces deux ours pleins d'énergie et pour avoir l'image la plus nette possible, j'ai poussé mon film d'un diaphragme et j'ai utilisé la plus grande ouverture.

Canon F1, objectif Canon EF 800 mm, f/5.6 à 1/250 de seconde, film Fujichrome 100 (poussé d'un diaphragme)

PAGE 170

CHOUETTE EPERVIERE
(*Surnia ulala*)

La chouette épervière est un oiseau de la forêt boréale. On peut aussi la trouver dans les habitats plus ouverts de la toundra. C'est une espèce plutôt sédentaire, et sa population est réputée pour varier énormément en fonction de l'abondance des proies. Contrairement à la plupart des chouettes, la chouette épervière est un rapace diurne, qui se fie plus à sa vue qu'à son ouïe pour atteindre sa cible ; pendant les longs mois d'hiver, elle chasse aussi la nuit. Ses proies préférées sont les campagnols et les mulots, mais elle se nourrit aussi d'insectes, de lièvres et d'oiseaux comme les tétras. La chouette épervière doit son nom à sa ressemblance avec l'épervier, au niveau du comportement et de l'apparence – notamment, les extrémités effilées des ailes, la longue queue et sa façon de voler en battant rapidement des ailes. Ces chouettes ne construisent pas de nid, mais pondent habituellement leurs œufs dans un trou d'arbre.

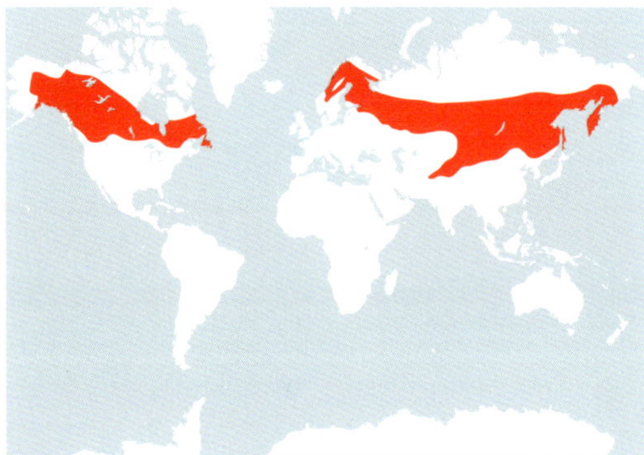

AW : Les chouettes épervières font preuve d'un comportement communément appelé « branching ». Cette expression fait référence à l'habitude qu'elles ont d'explorer les grosses branches des arbres environnants une fois qu'elles sont devenues trop grandes pour la cavité de leur nid. À cet âge, les jeunes peuvent voler sur de courtes distances. Pour éviter de les perturber, j'ai choisi un objectif 400 mm à f/2.8, de manière à pouvoir avoir des expositions raisonnablement rapides dans la sombre forêt d'épicéas, tout en restant à distance.

Canon EOS-3, objectif canon EF 400 mm, f/11 à 1/15 de seconde, film Fujichrome Velvia

PAGE 171

CHOUETTE TACHETEE
(*Strix occidentalis*)

Les chouettes tachetées ont un territoire qui se limite exclusivement à la Colombie-Britannique, à l'ouest des États-Unis et à certaines parties du nord du Mexique. Elles privilégient les forêts à végétation ancienne où les conifères prédominent, mais elles occupent aussi les forêts feuillues. Elles semblent préférer les forêts vieilles d'au moins deux cents ans, même s'il leur arrive de nicher dans des zones dont le développement est postérieur. Il existe trois sous-espèces reconnues : *S. o. caurina* (du Nord), *S. o. lucida* (du Mexique) et *S. o. occidentalis* (de Californie). Les chouettes tachetées sont sédentaires, mais elles peuvent descendre à des altitudes plus basses pendant les mois d'hiver. La destruction et la fragmentation de leur habitat, en particulier le déboisement des forêts anciennes, constituent la menace la plus grave qui pèse sur elles. Moins de 13 % des forêts anciennes du nord-ouest de la zone pacifique existent encore.

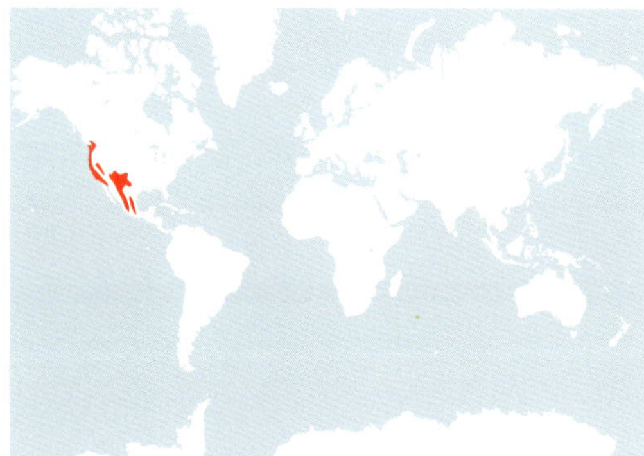

AW : J'ai toujours été attiré par les chouettes, à tel point que j'ai passé neuf ans à travailler sur un livre consacré uniquement aux chouettes d'Amérique du Nord. C'est à cette époque que la chouette tachetée méconnue a pris une importance nationale. Elle est devenue l'emblème de la lutte pour sauver les forêts anciennes du nord-ouest du Pacifique. Sur cette photo, une chouette tachetée est perchée sur un hemlock. Bien que cette chouette soit extrêmement difficile à repérer dans la forêt dense et sombre, elle se laisse facilement approcher une fois qu'on l'a trouvée, car elle craint peu les hommes.

Canon EOS-IN, objectif canon EF 400 mm, f/8 à 1/8 de seconde, film Fujichrome Astia

PAGE 173

OURS KERMODE
(*Ursus americanus kermodei*)

Les ours kermode ressemblent à des ours blancs en miniature que l'on aurait enlevés de la banquise pour les déposer dans les forêts humides côtières de Colombie-Britannique. Il s'agit en fait d'une variante de couleur rare de l'ours noir américain. Les ours kermode doivent leur nom à un ancien directeur du Royal British Columbia Museum ; ces animaux d'un blanc laiteux étonnant portent aussi le nom d'« ours esprit ». Comme les autres variantes de couleur de l'ours noir, les ours kermode sont le produit d'un double gène récessif. Les animaux qui ne possèdent qu'un gène récessif sont noirs, mais s'ils s'accouplent avec un autre porteur, la probabilité que leur progéniture soit un ours kermode est de 25 %. Princess Royal Island, sur la côte ouest de la Colombie-Britannique, abrite un nombre particulièrement important d'ours kermode, de 7 à 15 % des 130 ours noirs de l'île naissant blancs.

AW : Deux jours de suite, j'ai trouvé ce grand *Ursus americanus kermodei* mâle en train de se nourrir d'un tapis de trèfle dans une clairière. Ce qui m'a le plus étonné au cours de ces deux rencontres, c'est à quel point l'ours acceptait ma présence. Je l'ai parfois photographié à 5 m seulement. À la fin de l'après-midi, l'ours a quitté la clairière et est allé nager pour se rafraîchir dans une retenue d'eau établie par des castors non loin de là.

Canon F3, objectif canon EF 300 mm, f/5.6 à 1/60 de seconde, film Fujichrome Velvia

PAGE 174

ÉLAN

(Alces alces)

L'élan est le plus grand des membres de la famille des cerfs (*Cervidae*), avec 1,40 à 2,30 m au garrot et un poids situé entre 200 et 825 kg, les mâles adultes étant particulièrement grands. Ces animaux sont facilement reconnaissables à leur museau large, à leurs immenses bois et à l'appendice qui pend sous le cou. Les élans occupent généralement les habitats boisés enneigés l'hiver. Ce sont des ruminants qui se nourrissent d'arbrisseaux et d'arbres, ainsi que de végétaux aquatiques, plongeant parfois complètement dans l'eau pour atteindre des plantes immergées ; ils consomment environ 20 kg de végétaux par jour. Souvent solitaires, ils peuvent vivre en troupeaux lorsque l'habitat y est particulièrement propice. Les petits troupeaux peuvent en fait être constitués d'un adulte femelle, de la progéniture de l'année (les jumeaux sont courants) et des petits plus âgés et sevrés.

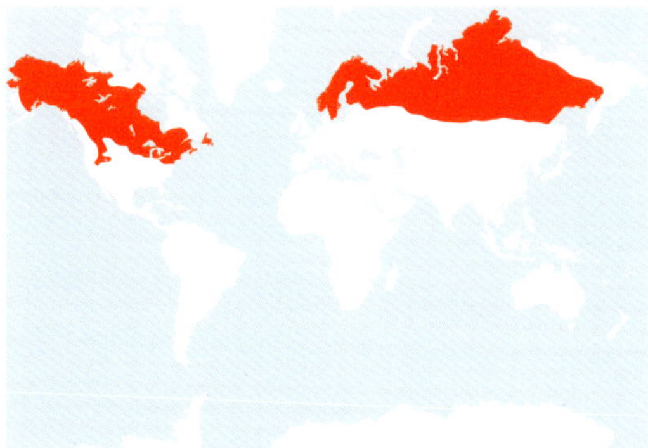

AW : J'ai dû faire preuve d'innovation pour saisir cette scène. J'ai utilisé un objectif grand angle 70-200 mm pour créer une composition équilibrée. J'ai diaphragmé à f/11 pour avoir tous les éléments dans le champ. J'ai utilisé un filtre de polarisation. Et comme il y avait une différence de quatre diaphragmes dans les niveaux de luminosité entre les sommets et l'élan, j'ai utilisé deux filtres de densité neutre ND4 pour que l'exposition de toute la scène soit uniforme. Les nombreux filtres et l'ouverture à f/11 ont énormément allongé ma vitesse d'obturation. Les seuls clichés utilisables ont été pris lorsque les élans étaient immobiles.

Canon EOS-IN, objectif canon EF 70-200 mm, f/11 à 1 seconde, filtre de polarisation, 2 filtres de densité neutre ND4, film Fujichrome Velvia (poussé d'un diaphragme)

PAGE 175

LOUP GRIS

(Canis lupus)

Le loup gris est l'incarnation de l'animal persécuté. Le méchant loup fait partie de notre culture. Dans les régions limitrophes des États-Unis, les loups avaient potentiellement été éliminés au début du XXe siècle ; les campagnes fédérales d'extermination encourageaient officiellement les chasseurs de primes. Aujourd'hui, 2 700 loups vivent dans ces régions (dont un grand nombre font partie des programmes de réintroduction étroitement surveillés) ; à cela s'ajoutent de 5 900 à 7 200 loups qui vivent en Alaska. 30 000 seraient encore en vie au Canada et peut-être 50 000 dans la fédération de Russie. Ailleurs, seules quelques faibles populations survivent. Il est aujourd'hui prouvé que l'équilibre d'un écosystème ne peut être assuré que lorsqu'il existe une population de prédateurs, en quantité raisonnable. Malgré cela, lorsque des loups sortent des zones protégées et pénètrent sur des terres d'élevage, ils déclenchent une guerre qu'ils ne peuvent gagner.

AW : Les loups sont difficiles à observer, même dans le nord du Canada et en Alaska, où vivent encore des populations relativement importantes. Ils font souvent leur tanière sur des promontoires leur permettant d'avoir une bonne vision des alentours. Cette tanière-ci se trouvait à flanc de colline au-dessus d'un petit lac. J'ai installé un affût sur le lac, ce qui me permettait d'avoir une vue dégagée sur l'entrée de la tanière. Pendant la journée, lorsque les adultes étaient partis chasser, les louveteaux sortaient. Bien que je sois resté caché à 100 m d'eux, ils ont senti ma présence.

Canon F3, objectif Canon EF 800 mm, multiplicateur de focale Canon Extender EF x2, f/8 à 1/15 de seconde, film Fujichrome 100 (poussé d'un diaphragme)

PAGE 176

KOALA

(Phascolarctos cinereus)

Le koala, symbole de la faune sauvage australienne, fait partie de l'ordre des diprotodontes, le plus grand des ordres de marsupiaux. Cet adorable animal des antipodes, que l'on ne trouve que dans les forêts d'eucalyptus d'Australie, se nourrit des feuilles et de l'écorce de douze espèces d'eucalyptus différentes. Les feuilles fibreuses sont difficiles à digérer, et, pour y parvenir, les koalas possèdent un intestin mesurant de 1,80 à 2,50 m de long. Avant que les hommes ne s'installent dans de nombreux endroits d'Australie, les koalas se comptaient vraisemblablement par milliers, mais la destruction de leur habitat, les incendies de forêts et la chasse pour leur fourrure ont fait disparaître de nombreuses populations régionales durant les deux premières décennies du XXe siècle. Rien qu'en 1924 plus de 2 millions de peaux étaient exportées. Quand ils ont commencé à être protégés, il ne restait plus que quelques milliers de koalas.

AW : Sur Kangaroo Island en Australie, à 14 m du sol, un koala berce son bébé sur une grosse branche d'eucalyptus géant. Pour obtenir ce cliché et cette perspective inhabituels, je suis grimpé dans l'arbre, en restant caché derrière le tronc. Les koalas dormaient si profondément dans ce matin froid que j'ai réussi à m'approcher à moins de 50 cm. J'ai choisi un objectif grand angle 17-35 mm pour deux raisons. Tout d'abord, il était facile à porter à la main tout en me tenant en équilibre sur une branche. Par ailleurs, je voulais obtenir une impression d'espace, ce qui n'est possible qu'avec un grand angle.

Canon EOS-3, objectif Canon EF 17-35 mm, f/8 à 1/60 de seconde, film Fujichrome Astia (poussé d'un diaphragme)

PAGE 177

KANGOUROU GRIS OCCIDENTAL

(Macropus fuliginosus)

Le kangourou gris occidental est, avec ses cousins asiatiques (*M. giganteus*), le plus grand marsupial vivant actuellement. Avec une taille de 1,50 m et une queue qui peut mesurer jusqu'à 1 m de long, les kangourous, qui broutent l'herbe et les autres végétaux, font partie du paysage de l'Australie. Leur lourde queue leur sert de balancier quand ils bondissent et de patte « supplémentaire » quand ils sont assis. Les femelles et leurs petits sont souvent rassemblés en « troupeaux » de deux à dix individus ou plus ; les mâles ne rejoignent ces groupes que pendant la période d'ovulation des femelles. Le nombre de kangourous gris occidentaux est estimé à plus de 1 million, mais les populations des trois espèces de kangourous (occidental, géant et roux *M. rufus*) ont beaucoup varié en fonction des sécheresses et de la chasse qu'elles subissaient. Le kangourou est énormément chassé en Australie pour sa viande et sa peau ; en 1992, 10 % de l'ensemble de sa population ont été abattus.

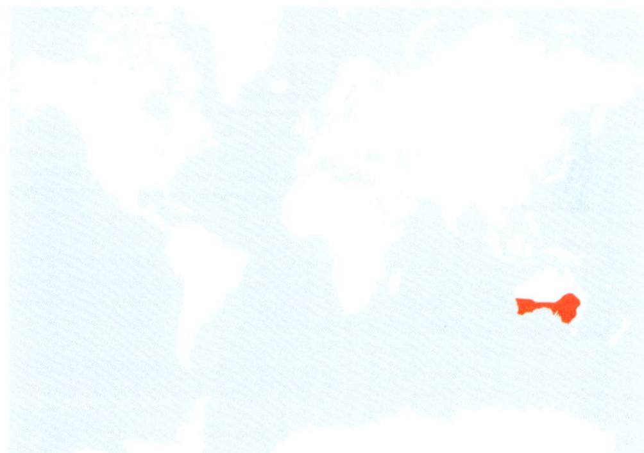

AW : Une maman kangourou et son petit me regardent pendant que je traverse une petite clairière sur Kangaroo Island (« île des kangourous »), en Australie, la bien nommée. Dans des situations comme celle-ci, j'essaie toujours de garder le sujet principal hors du centre de la composition. Comme l'ensemble était à l'origine dans les mêmes tons, j'ai mesuré l'exposition générale plutôt que de faire une mesure spot comme je le fais habituellement.

Canon EOS-3, objectif IS Canon EF 500 mm, multiplicateur de focale Canon Extender x1.4, f/8 à 1/60 de seconde, film Fujichrome Provia

TEXTE DE JOHN C. SAWHILL

© James Kegley

Pourquoi la vision d'animaux errant librement dans leur habitat naturel stimule-t-elle autant l'imagination des hommes ? Représentent-ils une sorte de force vitale qui enrichit au-delà de toute mesure les paysages complexes de notre planète ? C'est ce que pensait certainement Aldo Leopold dans son ouvrage de 1949, *A Sand County Almanac*.

Évoquant le temps qu'il passa dans les États mexicains de Chihuahua et de Sonora, Leopold qualifiait la conure à gros bec (un perroquet) de *numenon* de la sierra Madre, comme « la gélinotte huppée est le numenon des forêts du Nord, le geai bleu celui des bois de noyers, le *piñonero* celui des genévriers des avant-monts ». Un numenon, expliquait Leopold, est l'« insaisissable essence », la force spirituelle d'un lieu, incarnée dans ces créatures uniques. « Chacun sait, par exemple, qu'un paysage d'automne dans les forêts du Nord n'est autre que la terre, plus un érable rouge, plus une gélinotte huppée, écrivait Leopold. En termes de physique conventionnelle, la gélinotte représente seulement un millionième de la masse ou de l'énergie d'un acre de terre. Maintenant, retirez la gélinotte et l'ensemble est mort. »

Quand vous feuilletterez les pages qui suivent et admirerez le travail subtil d'Art Wolfe, imaginez à quoi ressemblerait chaque scène sans ces numenons que sont les otaries de Californie, les renards polaires, les pandas géants, et les condors des Andes embellissant leurs habitats originels. Comme les forêts du Nord sans la gélinotte, chacun de ces paysages serait nu sans son précieux complément d'espèces indigènes.

Imaginer ces habitats sans leurs plantes et leurs animaux caractéristiques nous rappelle sérieusement ce que nous risquons de perdre si le nombre d'espèces en déclin, en voie de disparition ou éteintes continue à augmenter. Malheureusement, les informations en provenance du terrain sont souvent tristes. Nous continuons à mettre en péril certaines des créatures les plus nobles de notre planète car nous ne parvenons pas à stopper la destruction imprudente et excessive des forêts ; le surpâturage des prairies ; l'assèchement des zones humides ; la pollution des rivières, torrents et lacs ; et l'ignoble braconnage d'espèces telles que les rhinocéros et les tigres.

Sachant ce qui est en jeu, que peut-on faire ? Juste baisser les bras et consigner la biodiversité mondiale en déclin dans quelques réserves isolées et dans les zoos de la planète ? Ou bien les personnes de plus en plus nombreuses qui se préoccupent vraiment de notre précieux héritage naturel doivent-elles prendre position et répondre avec intelligence, passion et conviction à la crise mondiale de la biodiversité ?

La bonne nouvelle, c'est que, dans le monde entier, des gens ordinaires imprégnés d'une éthique de protection sont en train de prendre position. Dans cette course de fond, les personnes qui se sentent concernées par la nature, que ce soit dans leur vie quotidienne, leurs loisirs ou leur intérêt pour des livres comme celui-ci, doivent être et seront une part essentielle de la solution. Barry Lopez pousse cette idée un peu plus loin, en encourageant les hommes à renouer avec la nature pour mieux renforcer leurs liens avec les communautés humaines. Après tout, communauté, nous rappelle-t-il, signifie tout le monde et toutes choses. Éliminons n'importe quel acteur de la vie – hommes, espèces, paysages – et nous érodons l'esprit de cohésion et l'objectif commun qui a uni les hommes à la terre et entre eux depuis des millénaires. Même dans les photographies d'Art Wolfe, il y a une personne présente dans ces paysages exotiques, celle qui est de l'autre côté de l'objectif, confirmant l'avis de Barry Lopez selon lequel le terme « communauté » inclut les hommes, les espèces et les paysages.

Je crois que le défi du XXIe siècle pour un amoureux de la nature est d'aborder le terrain comme le fait Art lui-même, comme un être intimement lié à certains lieux, désireux de marcher avec respect et légèreté sur cette terre. Il s'agit en outre de convaincre nos amis et nos proches d'agir et d'œuvrer chaque jour pour mieux protéger et mieux s'intégrer à notre environnement naturel.

Il existe de nombreux exemples de gens ordinaires dont l'engagement et le dévouement pour la protection de la nature méritent d'être loués. Une personne célèbre aussi a servi cette cause, c'est Theodore Roosevelt. Il y a près d'un siècle, Roosevelt, consterné par la destruction des aigrettes et d'autres oiseaux aquatiques – dont le plumage était utilisé pour orner des chapeaux – refusa d'accepter le déclin de ces espèces comme quelque chose d'inéluctable. Il agit avec force et célérité pour créer la première réserve ornithologique américaine en 1903 sur Pelican Island (Floride) et œuvra ensuite pour mettre sur pied un réseau plus large de réserves nationales de la faune et de la flore, qui, aujourd'hui, couvre plus de 40 millions d'hectares. Roosevelt, reconnu aujourd'hui comme le président des États-Unis le plus respectueux de l'environnement, étendit aussi les forêts nationales de 17 à 70 millions d'hectares, et classa dix-huit zones en « monument national », dont le Grand Canyon et la Forêt pétrifiée.

La solution préconisée par Roosevelt – protéger les zones de forte diversité biologique – garde aujourd'hui tout son sens, et la protection des habitats est la base sur laquelle d'autres stratégies peuvent s'appuyer. Mais il reste un long chemin à parcourir. L'éminent biologiste d'Harvard, Edward O. Wilson, notamment, pense que tous les États du monde devraient protéger concrètement au moins 10 % des terres de notre planète afin de prévenir une crise globale d'extinctions.

Cela signifie-t-il fermer un dixième de la surface du globe aux activités humaines ? Certainement pas. On a enfin réalisé – et c'est l'un des éléments les plus prometteurs dans le domaine de la biologie de la conservation – qu'il existe un certain nombre d'activités économiques, comme l'écotourisme et l'exploitation rationnelle des plantes indigènes, qui peuvent être conduites harmonieusement dans des zones protégées. Jane Goodall décrit, par exemple, comment son institut aide les petits propriétaires ruraux vivant près du parc national de Gombe en Tanzanie à atteindre un meilleur niveau de vie par le biais d'activités qui ne compromettent pas les actions de conservation menées au sein du parc.

Nul n'est besoin de faire le tour de la planète pour trouver des exemples de peuples et de communautés qui comprennent qu'ils peuvent vivre décemment de la terre tout en protégeant sa capacité à supporter une grande diversité faunistique. Aux États-Unis, lors de mes voyages pour le Nature Conservancy, j'ai rencontré de nombreux propriétaires terriens inoubliables qui agissent concrètement et en symbiose avec nous pour la protection de la nature.

Au Colorado, dans la grandiose Yampa Valley, j'ai croisé des propriétaires de ranchs, comme Jay et Gail Fetcher, qui tentent de concilier la tradition d'élevage de la région avec la nécessité de protéger une forêt de peupliers de Virginie le long de la rivière Yampa. De leur propre initiative, les Fetcher ont installé des barrières dans les zones sensibles du cours d'eau pour mieux contenir le pâturage des troupeaux, favorisant ainsi la régénération des peupliers et réduisant l'érosion des berges.

Plus à l'est, sur l'île de Block (Rhode Island), des résidents de longue date comme Keith Lewis ont préféré organiser la protection d'habitats pour les oiseaux d'eau migrateurs et pour diverses espèces terrestres plutôt que de faire des millions de dollars de profit. « La vie a plus de valeur que l'argent », a dit Lewis lorsqu'il a vendu ses 34 hectares de terrains côtiers au Nature Conservancy. Keith a aussi passé une année entière – à ses propres frais – à faire pression, avec succès, sur l'Assemblée générale de Rhode Island pour permettre à l'île de Block de prélever un droit de mutation local sur les biens fonciers afin d'acheter davantage de terres vierges. Aujourd'hui, grâce à Lewis et à d'autres habitants de l'île de Block, les terres publiques ou protégées représentent presque 20 % de la surface totale de l'île.

Dans les dernières décennies, la passion de personnes telles que Keith Lewis a conduit notre organisation, le Nature Conservancy, à réviser ses stratégies de protection des terres. Au cours de nos quarante premières années d'existence, nous n'avions porté absolument aucune attention à des personnes telles que les Fetchers et Keith Lewis, qui avaient vécu près des terrains que nous acquérions. Notre seul objectif était de gérer les terres que nous achetions ou d'en acquérir davantage, et notre structure était assez centralisée. Mais, peu à peu, en travaillant à plus grande échelle, nous avons été obligés d'évoluer. Non seulement nous avons étendu nos opérations au niveau local, mais nous avons commencé à reconnaître le rôle primordial joué par les acteurs locaux dans la réalisation de nos objectifs. Intégrer les communautés locales à nos travaux nous a permis d'être plus efficaces, plus influents, et nous a souvent procuré l'occasion unique de protéger de vastes territoires, appartenant notamment à des particuliers.

Prenons l'exemple de notre travail sur les rivages est de la Virginie. Durant un quart de siècle, le Nature Conservancy a acquis 20 000 hectares de rivages, dont le dernier archipel d'îles vierges propice aux oiseaux migrateurs et aux tortues marines de la côte est. Afin de garantir une protection à long terme à cet ensemble, nous nous sommes tournés vers la communauté locale. Nous en avons réuni les principaux acteurs pour connaître les souhaits de la communauté, travaillé avec les autorités du cru pour garantir un faible taux de construction et l'organisation de la collecte des eaux usées, et promouvoir des activités économiques en rapport avec l'environnement.

Ayant compris qu'il était vital pour l'avenir de la côte de garantir la stabilité de l'emploi, le Nature Conservancy a pris l'initiative de créer une filiale d'entreprise à but lucratif pour apporter un éventail d'activités économiques compatibles dans la région, allant de l'agriculture haut de gamme à l'écotourisme. Toutes nos activités associées à cette aventure n'ont pas été fructueuses, mais nous avons tiré des enseignements de cette initiative, enseignements qui peuvent être appliqués à d'autres communautés à la recherche d'un juste équilibre entre protection de l'environnement et opportunités économiques.

Nous tournant vers l'avenir, il nous apparaît clairement que le soutien de personnes sensibilisées sera crucial pour la restauration des habitats. Dans son livre *The Diversity of Life*, Edward O. Wilson écrit : « Il ne peut y avoir de but plus inspiré que de commencer l'âge de la restauration, en retissant la merveilleuse diversité de la vie qui nous entoure encore. » Wilson constate que les propriétaires soucieux de l'environnement travaillent déjà activement sur leurs propriétés, en restaurant le fonctionnement des zones humides dulçaquicoles ou saumâtres, en replantant des forêts et en régénérant les écosystèmes telles les prairies herbeuses des Grandes Plaines.

Au plus profond des Osage Hills de l'Oklahoma, l'une des plus belles oasis prairiales au cœur de l'Amérique, j'ai rencontré Mary Barnard Lawrence, la charmante dame qui rend possible l'un des plus importants programmes de restauration des prairies herbeuses du Nature Conservancy. Pendant des décennies, les parents de Mary, Horace et Frankie Barnard, se sont abstenus de labourer les 12 000 hectares de leur ranch et ont géré le pâturage du bétail afin de respecter la capacité limite du milieu. Il y a dix ans, Mary entreprit de mettre la propriété familiale en vente. Après avoir étudié plusieurs offres, particulièrement sensible à notre plan de réintroduction du bison et du feu sur le ranch, les éléments naturels manquants pour régénérer les graminées caractéristiques de la prairie, elle accepta de nous confier le ranch.

▲▲ CHEVAUX DE PRJEVALSKI
(*Equus caballus przewalskii*), HUSTAIN NURURU NATIONAL RESERVE, MONGOLIE
▲ OURS BRUN
(*Ursus arctos*), PARC NATIONAL DU MONT MCKINLEY, ALASKA, ÉTATS-UNIS

BISON D'AMÉRIQUE

(Bison bison), PARC NATIONAL DU YELLOWSTONE, WYOMING, ÉTATS-UNIS

Lorsque la vente fut conclue, elle remarqua : « Durant ces deux dernières années, j'ai ressenti de plus en plus fort ce que ressentent les Indiens : personne ne peut jamais vraiment posséder la terre. On peut juste la comprendre et la protéger. »

Effectivement, nous avons mis quatre ans pour mieux comprendre le paysage. Quand nous avons entamé nos actions de restauration, nous avons commencé par brûler des portions de prairies au printemps, en fin d'été et à l'automne pour tenter de reproduire le caractère saisonnier des incendies tel qu'il existait avant l'installation des pionniers. Puis, par un vif matin d'octobre, pour la première fois depuis presque un siècle, trois cents bisons furent relâchés pour pâturer librement les 2 000 hectares de prairie.

Récemment, nous avons célébré le dixième anniversaire de la réserve et évalué les résultats de nos efforts. Les populations d'oiseaux prairiaux comme le bruant de Henslow, la sturnelle des prés ou le bruant sauterelle sont en augmentation. Nous observons plus d'oiseaux grâce à la diversité accrue du couvert, résultant du pâturage par les bisons et d'incendies contrôlés, comme nous l'avions espéré. Nous sommes si satisfaits des premiers résultats que nous avons décidé d'augmenter parallèlement la taille du troupeau et la surface des zones brûlées chaque année.

L'an dernier, plus de trente mille personnes venues de tous les États-Unis et de quarante-trois pays étrangers ont visité les Osage Hills. Le visiteur le plus étonnant fut peut-être une femme de la tribu Osage locale. Le directeur de la réserve, Harvey Payne, m'a raconté que cette femme visitait la réserve chaque jour et filmait soigneusement les allées et venues des bisons, tout en priant tout bas pour remercier le ciel du retour de ces nobles créatures de la prairie.

Mary Barnard Lawrence a exprimé des sentiments similaires lors de son allocution à l'occasion de la fête du dixième anniversaire de la réserve : « Quand je traverse ce vaste territoire et que je sens les saisons qui passent, je suis constamment stupéfaite – et pleine de reconnaissance – par la croissance et la beauté de la réserve de la prairie. Je frissonne à la vue des fleurs printanières, de la variété d'herbes qui poussent de plus en plus chaque été, et des bisons – toujours la majesté des bisons, croissant vers des effectifs stables comme j'en avais rêvé [...]. »

Bien entendu, c'est une chose assez évidente de restaurer la diversité naturelle quand on a sous les yeux un paysage aussi superbe que la réserve de la prairie. Les résultats de la restauration écologique, moyen de protéger la biodiversité, doivent être un but pour les hommes du XXIe siècle parce qu'ils peuvent tout aussi bien s'appliquer à des habitats plus restreints. Dans la banlieue de Chicago (Illinois), des volontaires des Forest Preserve Districts restaurent les paysages de savane de chênes du Midwest, en plantant des herbes et des fleurs prélevées aux abords des cimetières, golfs, talus ferroviaires et pistes équestres, en coupant les broussailles et en brûlant périodiquement les sous-bois. Si elle réussit, la restauration de cette savane permettra à des espèces comme le chêne blanc des marais, la mauve des clairières, le serpent de Kirtland, l'épervier de Cooper et le papillon bleu-argent de prospérer.

Dans le sud de la Floride, un vaste projet de génie environnemental, impliquant l'État et le gouvernement fédéral, des propriétaires privés et des associations de protection, cherche à restaurer les circulations d'eau cruciales pour les Everglades et l'ensemble de l'écosystème de la baie de Floride. Un élément vital du programme de sauvegarde des Everglades sera la collaboration du corps des ingénieurs de l'US Army afin de démanteler le réseau de canaux qui emprisonnent le cours autrefois libre du fleuve Kisssimmee.

En attendant, dans des milliers de jardins de la région, les propriétaires découvrent qu'ils peuvent régénérer l'habitat des oiseaux, des abeilles et des papillons en plantant des herbes, des fleurs, des buissons et des arbres indigènes. Ces actions ont donné lieu à un slogan : « Pensez globalement, agissez localement » – pour sauver la Terre, commençons par notre jardin.

Mais agir localement n'est qu'un petit début. Nous devons aussi agir tous ensemble au niveau régional, national et international afin de nous assurer que les générations futures pourront profiter du spectacle de grands animaux vaquant dans leur habitat naturel. Laissez-moi vous suggérer un schéma destiné à établir un programme local, national et international pour une protection durable de la vie sauvage.

1. UTILISER LES FRONTIÈRES NATURELLES, ET NON GÉOPOLITIQUES, COMME BASE POUR LES ACTIONS DE PROTECTION DES HABITATS ET DE LA VIE SAUVAGE. La protection des ressources naturelles et de la vie sauvage requiert de nouvelles façons de penser les plans d'aménagement. Traditionnellement, les barrières géopolitiques – États, comtés, frontières nationales... – ont structuré les actions de protection. Mais les plantes et les animaux ne respectent pas ces frontières artificielles, pas plus que ne le font les rivières, les prairies, les forêts, les déserts, les montagnes ou les marais. L'habitat du grizzly, par exemple, s'étend des États-Unis au Canada. De ce fait, gouvernements, associations de protection, propriétaires terriens et autres parties intéressées doivent organiser leurs programmes de protection et leurs actions autour des écosystèmes et des paysages fonctionnels, et non sur les frontières créées par l'homme.

En adoptant l'écosystème comme base d'action et comme moyen d'améliorer la prise de décision et les effets de la protection sur le terrain, l'État de Californie a ouvert la voie. D'autres devraient suivre.

2. DONNER AUX CITOYENS DE MEILLEURES RAISONS DE PROTÉGER LA NATURE. Aux États-Unis, environ deux tiers des terres sont des propriétés privées, et plus de la moitié de toutes les espèces menacées vivent sur des terrains privés. Les propriétaires terriens ont donc la responsabilité de gérer réellement l'environnement et nous devons inciter des millions de personnes à prendre des mesures concrètes de protection des habitats naturels. Malheureusement, la controverse sur certaines lois (la loi sur les espèces menacées, par exemple) conduit quelquefois à des effets pervers, certains propriétaires détruisant délibérément des habitats de peur qu'une espèce menacée ou en danger ne se trouve sur leur propriété, entraînant ainsi des contraintes sur la façon dont ils gèrent leur terre.

Il serait préférable d'adapter les règlements aux trois objectifs suivants. Premièrement, étendre les mesures incitatives pour les propriétaires protégeant ou respectant les habitats sur leurs terres. Le ministère de l'Agriculture américain met en œuvre deux programmes de compensations – le programme de protection des réserves et le programme de protection des zones humides – très appréciés par les fermiers. Malheureusement, comme ces programmes sont insuffisamment dotés, ils ne sont pas à même de recueillir un fort taux de participation. Une autre prime de protection insuffisamment dotée est le programme « Safe Harbour » du service américain de la pêche et de la faune sauvage. Ce programme garantit aux propriétaires que, s'ils entament volontairement des actions sur leurs terrains afin de protéger les habitats d'espèces menacées ou en danger, ils ne feront pas l'objet de contraintes supplémentaires sur la façon d'utiliser leurs terres.

Deuxièmement, il s'agit de modifier la fiscalité pour inciter la vente, la cession ou l'échange de terres à des fins de protection. Des États tels que le Delaware, le Maryland, la Caroline du Nord et la Virginie ont choisi de promouvoir une action fiscale en faveur de la conservation, et des milliers d'hectares ont ainsi été totalement protégés. L'une des propositions à l'étude viserait à exonérer d'impôts la moitié des revenus du capital si un propriétaire vend des terres à protéger à un organisme de protection public ou privé. Si elle est adoptée, cette mesure pourrait protéger 80 000 hectares par an. Étant donné l'état florissant de l'économie actuelle aux États-Unis, il n'y a pas de meilleur moment pour adopter des lois comme celle-ci qui procurerait une réduction d'impôts aux personnes soucieuses de l'environnement et profiterait aux générations futures.

Troisièmement, utiliser les taxes et d'autres lois pour décourager le démantèlement des fermes et autres grandes propriétés. En 1998, les électeurs du New Jersey ont accepté un contrat qui permettra de maintenir intactes la plupart des grandes zones d'élevage du Garden State. D'autres États et des entités locales font de même en recherchant des fonds qui pourraient être utilisés afin d'acquérir des droits d'exploitation des fermages. J'entends souvent des fermiers et des propriétaires terriens dire qu'ils sont prêts à gérer ou à utiliser leurs terres dans le respect de l'environnement, à condition que de vraies mesures incitatives soient mises en place.

Les pouvoirs publics doivent aussi se mettre au travail pour abroger ou modifier les lois dont l'effet est de détruire les habitats naturels. S'ils se focalisent sur les programmes de restauration des habitats, les pouvoirs publics et le secteur privé pourront concentrer leurs énergies vers un objectif aussi ambitieux et aussi utile que le fut la construction de barrages et de pas de tir pour les fusées au siècle dernier.

3. ACCROÎTRE DE FAÇON SUBSTANTIELLE LES ACTIONS DE PROTECTION INTERNATIONALES. Enfin, nous devons accroître de façon significative nos efforts pour conférer une dimension internationale au déclin de la vie sauvage et des habitats. Dans les trente-cinq États où il aide les associations et les programmes de protection locaux en Amérique latine, aux Caraïbes, en Amérique du Sud et dans le Pacifique, le Nature Conservancy fournit des fonds pour engager localement des personnes à des fins de protection de l'environnement. Mais nous reconnaissons la nécessité de faire plus encore – c'est pourquoi nous travaillons avec nos partenaires afin d'accroître et d'élargir ces programmes.

La communauté internationale a aussi besoin de s'engager davantage dans la protection des habitats et de la vie sauvage. Les institutions financières internationales, qui, trop souvent par le passé, ont financé des projets démentiels de construction de routes et de barrages ayant entraîné la destruction de vastes territoires, prennent conscience de leurs pratiques et engagent les réformes indispensables. Espérons que ces institutions vont soutenir activement dans les prochaines décennies des politiques innovantes comme les projets de conservation des forêts destinés à réduire les émissions de gaz carbonique.

L'une des actions les plus significatives du président Theodore Roosevelt fut de réunir une conférence de tous les gouverneurs de la nation pour leur faire part de la nécessité de protéger l'environnement. Il est temps qu'un sommet des chefs d'État du monde ait lieu spécifiquement pour promouvoir des actions de coopération internationale en matière de protection des habitats et de la vie sauvage.

Nous pouvons faire des progrès considérables dans le domaine de la protection de la vie sauvage et des milieux naturels si nous nous focalisons sur les liens étroits existant entre les hommes, les espèces et les paysages. Ces liens sont si importants pour l'homme et les communautés naturelles que nous aspirons à les transmettre aux générations futures. Dans les pages qui suivent, vous savourerez les magnifiques images d'espèces et de paysages qu'Art Wolfe a photographiés à travers le monde. Le cadeau qu'il nous fait représente de façon éclatante une part précieuse de notre monde qui ne doit pas disparaître.

JOHN C. SAWHILL

CERF ÉLAPHE

(*Cervus elaphus*), PARC NATIONAL DU YELLOWSTONE, WYOMING, ÉTATS-UNIS

RÉGIONS SUBTROPICALES

RÉGIONS SUBTROPICALES

◂ PAON BLEU
Parc national de Ranthambore, Rajasthan, Inde

RHINOCÉROS INDIEN
Parc national royal de Chitwan, Népal

RHINOCÉROS INDIEN

PARC NATIONAL ROYAL DE CHITWAN, NÉPAL

◂ CERFS AXIS
PARC NATIONAL DE KANHA, MADHAYA PRADESH, INDE

OURS LIPPU
PARC NATIONAL ROYAL DE CHITWAN, NÉPAL

◂ ET ▸ ÉLÉPHANTS D'ASIE
PARC NATIONAL DE NAGARAHOLE, KARNATAKA, INDE

PAONS BLEUS

Parc national de Ranthambore, Rajasthan, Inde

ENTELLES

Parc national de Kanha, Madhaya Pradesh, Inde

◂ ET ▴ TIGRES

Parc national de Bandhavgarh, Madhaya Pradesh, Inde

◄ ET ► TIGRES

Parc national de Kanha, Madhaya Pradesh, Inde

CALAO BICORNE

Parc national de Khao Yai, Thaïlande

PETIT DUC À COLLIER

Parc national de Ranthambore, Rajasthan, Inde

FOURMILIER GÉANT

Pantanal, Brésil

MAKI CATTA

Réserve de Berenty, Madagascar

PAGES 186-187

PAON BLEU

(*Pavo cristatus*)

On reconnaît au premier coup d'œil le paon bleu, l'un des oiseaux les plus originaux du monde. Si on le trouve dans les parcs et les jardins du monde entier, le paon bleu est en fait originaire du sous-continent indien. L'oiseau national de l'Inde est en outre sacré tant pour les hindous que pour les bouddhistes. À l'état sauvage, le paon aime les habitats ouverts, en particulier les forêts de feuillus humides et sèches situées à proximité des cours d'eau. Le mâle, dont la traîne dépasse parfois 1,50 m de longueur, se sert des « yeux » de ses plumes pour attirer un harem de femelles. Lorsqu'il n'est pas en train de faire le beau, son superbe éventail est sagement replié derrière lui. La femelle construit un nid caché dans les broussailles, dans lequel elle pond en moyenne de trois à six œufs qu'elle est la seule à couver. En dehors de la saison de reproduction, les paons se séparent, avec, d'une part, les femelles et leurs petits et, d'autre part, des groupes de mâles célibataires.

AW : Comme beaucoup de gens, je suis maintenant un peu blasé face aux paons, surtout après en avoir vu se promener en liberté dans tous les parcs zoologiques que j'aie pu visiter. Mais j'ai tout de même redécouvert ce grand volatile au cours d'un voyage en Inde où je l'ai vu à l'état sauvage. Ce sont des oiseaux vraiment remarquables, surtout quand le mâle fait sa parade nuptiale. Cette photo a été prise de l'arrière d'une Jeep. Si je m'étais approché à pied, le paon sauvage aurait certainement replié ses plumes et se serait enfui dans la forêt.

Canon EOS-3, objectif Canon EF 70-200 mm, f/11 à 1/15 de seconde, film Fujichrome Velvia

PAGE 188

RHINOCÉROS DE L'INDE

(*Rhinoceros unicornis*)

Bien avant que le braconnage n'ait raison des rhinocéros, la destruction de leur habitat avait marginalisé les cinq espèces. Le rhinocéros de l'Inde était assez courant en Inde et au Pakistan avant 1600, mais la croissance rapide de la population et le développement agricole firent brutalement chuter ses effectifs. Vinrent ensuite les chasseurs. Ainsi, en 1910, l'espèce avait pratiquement disparu, avec à peine plus d'une douzaine d'individus en Inde et une cinquantaine au Népal. Grâce à des mesures de protection, quelque 460 rhinocéros arpentent aujourd'hui le parc national de Chitwan au Népal, sous l'œil vigilant de près de 1 000 gardes armés, tandis que 1 200 autres vivent dans le parc national de Kaziranga en Inde. Avec les 340 animaux des autres régions du sous-continent, la population sauvage atteint 2 000 rhinocéros environ au total. Le braconnage demeure néanmoins un danger très réel, de sorte que nul ne sait si l'espèce a définitivement été sauvée.

AW : J'ai repéré ce rhinocéros depuis une terrasse d'observation en hauteur, surplombant un immense marais. Accompagné de deux guides, je me suis approché prudemment à moins de 15 m de l'endroit où il se tenait, dans les hautes herbes. Quand j'ai déclenché l'obturateur, le rhinocéros a immédiatement réagi et nous avons prudemment battu en retraite. Ces animaux ont tellement été chassés par le passé – et ils le sont toujours aujourd'hui par des braconniers – qu'ils restent méfiants lorsque quelqu'un s'approche à pied.

Canon EOS-3, objectif Canon EF 600 mm, f/8 à 1/60 de seconde, film Fujichrome Velvia

PAGE 189

RHINOCÉROS DE L'INDE

(*Rhinoceros unicornis*)

Le rhinocéros de l'Inde est l'une des deux espèces de rhinocéros unicornes d'Asie, l'autre étant le rhinocéros de Java (*R. sondaicus*), menacé d'extinction. Ces rhinocéros diffèrent de leurs homologues d'Afrique et de Sumatra par leur corne unique, mais aussi par leur « cuirasse » marquée de plis qui leur donne un air vraiment préhistorique.
Les rhinocéros de l'Inde apprécient les prairies alluviales où ils peuvent se cacher parmi les plantes de 8 m de hauteur. Cependant, leur territoire est aujourd'hui si restreint que, dans certaines régions, ils sont contraints d'opter pour un habitat moins protecteur. Comme les rhinocéros d'Afrique, l'espèce indienne est en proie aux braconniers qui convoitent les merveilles que sont censées renfermer leurs cornes de 50 cm de long. Le cours de la corne de rhinocéros a atteint par moment 50 000 dollars le kilo, soit quatre fois le prix de l'or pur, de sorte qu'une seule corne pouvait rapporter plus de 150 000 dollars aux trafiquants.

AW : Juché sur le dos d'un éléphant, j'ai photographié ce rhinocéros en bordure de la forêt dense du parc national de Royal Chitwan, au Népal. Le soleil couchant donne à toute la scène un ton rougeâtre. J'ai choisi mon objectif grand angle 70-200 mm pour deux raisons. Tout d'abord, son ouverture maximale de focale de f/2.8 permet une vitesse d'obturation suffisamment rapide pour figer les mouvements provoqués par le déplacement à dos d'éléphant. Par ailleurs, le fait d'utiliser l'objectif à 80 mm m'a permis d'englober le paysage environnant, après avoir zoomé pour trouver la longueur de focale qui convenait le mieux à la situation.

Canon EOS-3, objectif Canon EF 70-200 mm, f/2.8 à 1/25 de seconde, film Fujichrome Velvia

PAGE 190

CHITAL

(*Axis axis*)

Le chital est l'une des quatre espèces de cervidés du genre *Axis*. Le mâle porte de superbes bois à trois andouillers qui lui donnent un air majestueux. Le chital vit dans les plaines herbeuses et les forêts clairsemées et s'aventure rarement dans les bois touffus. Bien qu'ils soient grégaires et forment des bandes groupant une petite dizaine à plusieurs centaines d'individus, ces cervidés passent l'essentiel de leur temps sur un territoire de 180 à 500 hectares, les mâles couvrant généralement davantage de terrain. La chasse et la destruction de leur habitat ont eu un effet désastreux sur la population des chitals dans de nombreuses régions de leur aire de répartition originelle. Toutefois, des bandes de chitals ont été transplantées à l'état sauvage dans plusieurs pays, dont les États-Unis et certaines régions d'Europe et d'Amérique du Sud. S'il est régulièrement dérangé, le chital peut devenir essentiellement nocturne, ce qui rend son observation et son recensement plus difficiles.

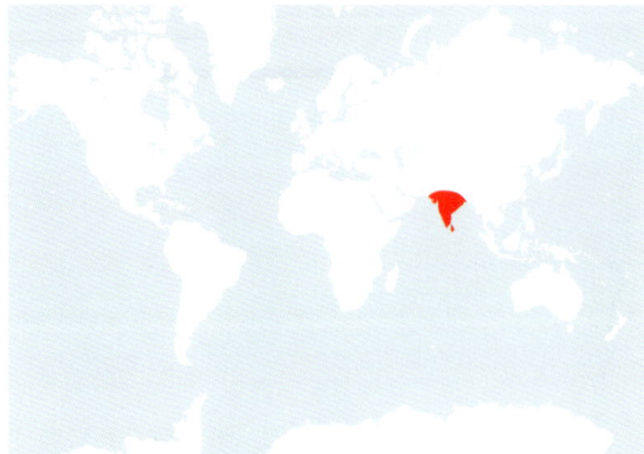

AW : Le chital est l'une des proies privilégiées des tigres du parc national de Kanha, dans le centre de l'Inde. Par conséquent, ces cerfs sont toujours sur leurs gardes, toujours en alerte. Pour faire cette photo, j'ai été obligé d'utiliser l'équivalent d'un objectif de 840 mm – un objectif de 600 mm plus un multiplicateur de focale x1.4 – et deux trépieds – un pour mon appareil et un pour l'objectif. Néanmoins, ce troupeau m'observait avec crainte.

Canon EOS-3, objectif Canon EF 600 mm, multiplicateur de focale Canon Extender EF x1.4, f/11 à 1/60 de seconde, film Fujichrome Astia

PAGE 191

OURS LIPPU
(Ursus ursinus)

Cet ours noir hirsute qui porte un croissant blanc ou jaune caractéristique sur la poitrine est originaire du sous-continent indien. Il a les lèvres protubérantes, très mobiles, et le museau dénudé. Des adaptations diverses lui permettent de manger des termites, qu'il va chercher dans leur nid avant de les aspirer bruyamment. L'ours lippu se nourrit aussi de charognes, d'œufs, d'herbes et de fruits. Comparable par sa taille et par son poids à l'ours noir femelle, il a une mauvaise vue et une ouïe défaillante. Surpris par l'arrivée de quelqu'un, il attaque pour se défendre, ce qui lui a valu une réputation d'animal agressif plutôt injustifiée. L'ours lippu a fait l'objet de nombreuses battues, motivées par la peur qu'il inspire mais aussi par sa vésicule biliaire, qui aurait des vertus médicinales. En outre, cet ours a perdu une grande partie de son habitat au profit de l'agriculture et de l'exploitation forestière. On estime aujourd'hui entre 7 500 et 10 000 le nombre d'ours lippus sauvages encore en vie.

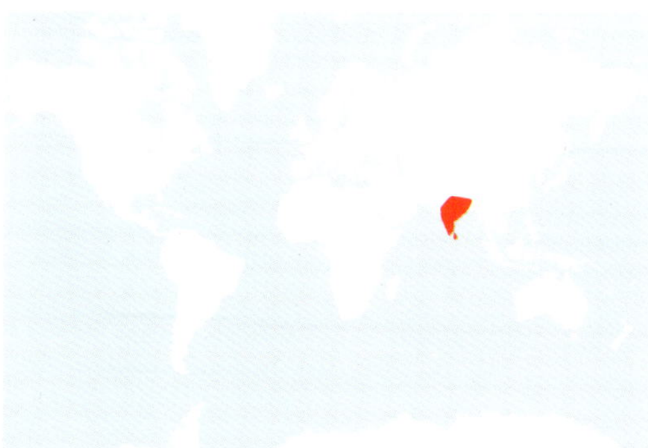

AW : Un ours lippu se tient debout pour mieux voir quand je m'approche. Deux oursons presque adultes restent près de leur mère. Il n'est pas raisonnable de s'aventurer trop près de ces ours noirs à poil long d'Inde et du Népal. Chaque année, de nombreuses personnes sont tuées par des ours lippus qui défendent leur territoire et leur progéniture. J'ai photographié cet ours avec un long téléobjectif équipé d'un multiplicateur de focale x1.4, de manière à pouvoir maintenir entre nous une distance de sécurité respectable.

Canon EOS-3, objectif Canon EF 600 mm, multiplicateur de focale Canon Extender EF x1.4, f/11 à 1/250 de seconde, film Fujichrome MS100/1 000 (exposé à 400 ISO)

PAGE 192

ÉLÉPHANT D'ASIE
(Elephas maximus)

Comme leurs cousins d'Afrique, les éléphants d'Asie ont essuyé de lourdes pertes à cause du trafic d'ivoire. On estime entre 34 000 et 54 000 le nombre d'éléphants d'Asie sauvages encore en vie. Par ailleurs, les éléphants ayant besoin d'un vaste territoire pour survivre, l'expansion des terres cultivées multiplie les conflits avec l'homme. En Inde, le saccage des cultures pose de graves problèmes dans de nombreuses régions, tandis que de 100 à 150 personnes sont tuées chaque année par des éléphants. Il reste aujourd'hui de 17 000 à 23 000 éléphants en Inde, au Népal, au Bangladesh et au Bhoutan, de 11 000 à 20 000 dans le Sud-Est asiatique et de 6 000 à 11 000 à Sri Lanka, Sumatra et Bornéo. De nombreuses populations étant isolées, avec des échanges génétiques nuls ou très limités, leur viabilité à long terme est loin d'être acquise. On dénombre en Asie environ 16 000 éléphants domestiqués qui servent d'animaux de trait ou sont affectés à des temples pour un usage cérémoniel.

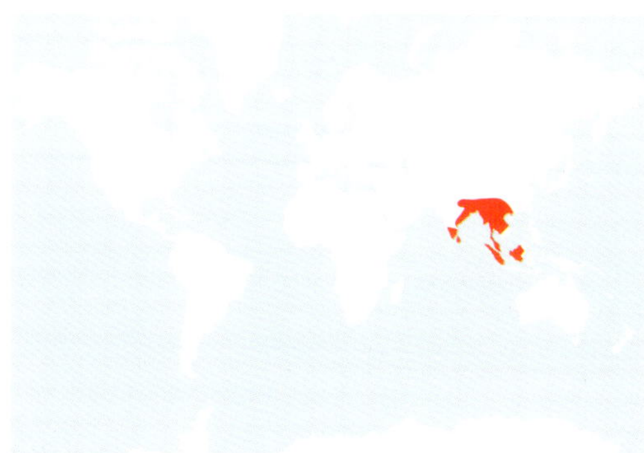

AW : J'ai visité l'Inde pour la première fois pour cet ouvrage Je ne savais pas trop ce que je pouvais attendre des éléphants d'Asie, moi qui avais déjà photographié des milliers d'éléphants d'Afrique. Seraient-ils plus doux ? J'ai eu rapidement la réponse à cette question quand le grand mâle qui est sur la photo a chargé notre véhicule. J'aime cette photo autant pour sa lumière douce que pour l'intérieur de la forêt qui dégage une certaine atmosphère.

Canon EOS-3, objectif Canon EF 70-200 mm, f/11 à 1/30 de seconde, film Fujichrome Velvia (poussé d'un diaphragme)

PAGE 193

ÉLÉPHANT D'ASIE
(Elephas maximus)

Les éléphants peuvent mettre bas à tout moment de l'année, à la suite d'une longue gestation de vingt et un mois environ. Les éléphanteaux, qui pèsent 170 kg en moyenne à la naissance, sont capables de se tenir debout au bout de quelques heures à peine. Les petits sont beaucoup plus poilus que les adultes, ce qui leur donne un air assez hirsute. Les femelles allaitent régulièrement les jeunes jusqu'à dix-huit mois, bien qu'ils se nourrissent également d'herbe et d'autres végétaux dès l'âge de quelques mois. S'ils tètent leur mère, il leur arrive aussi de téter n'importe quelle femelle allaitante du groupe (une de leurs tantes ou de leurs sœurs). Les femelles surveillent les jeunes de près, et ces derniers attendent plusieurs années avant de quitter leur mère. Les jeunes mâles forment parfois un groupe entièrement masculin jusqu'à l'âge de sept ou huit ans, alors que les femelles restent dans leur groupe de naissance. Elles demeurent d'ailleurs proches de leurs parentes tout au long de leur vie.

AW : Un éléphanteau jette un regard méfiant au moment où mon véhicule avance pour mieux le voir. Comme chez les éléphants d'Afrique, les mères des éléphants d'Asie sont très protectrices à l'égard de leur progéniture. Elles permettent rarement à leurs petits de s'aventurer à plus de quelques longueurs de trompe. Aux heures les plus chaudes de la journée, les petits restent dans l'ombre rafraîchissante que donnent les énormes corps de leurs mères. J'ai composé cette photo sur un plan vertical afin d'accentuer les lignes verticales de la trompe de la femelle.

Canon EOS-3, objectif Canon EF 600 mm, f/11 à 1/125 de seconde, film Fujichrome Velvia

PAGE 194

PAON BLEU
(Pavo cristatus)

Les paons bleus ont porté à l'extrême le concept de sélection sexuelle, les mâles arborant leur traîne criarde en gage de bonne santé génétique. Les mâles les plus éblouissants sont généralement les meilleurs géniteurs. Les femelles sont toutefois attirées par les grands groupes de mâles, de sorte que ces derniers coopèrent souvent en se regroupant. Ces groupes ne sont pas formés au hasard, ils réunissent des mâles qui ont tous des liens étroits de parenté, généralement des frères. Même lorsque les oiseaux ont été élevés séparément, et qu'ils n'ont donc jamais vécu ensemble, ils forment tout de même des groupes fondés sur les liens de parenté : sans doute se reconnaissent-ils aux motifs que dessinent leurs plumes, à leur odeur ou encore à leur cri. En formant ces bandes fraternelles, les mâles augmentent la probabilité qu'au moins certains d'entre eux s'accouplent, ce qui bénéficie à l'ensemble de la fratrie, ses gênes étant ainsi transmis à la génération suivante.

AW : Pendant la journée, les paons fouillent le sol de la forêt à la recherche d'insectes de lézards et de grenouilles. Quand la tombée du jour approche, les chasseurs peuvent vite être chassés à leur tour, et ces grands oiseaux à l'instinct grégaire reviennent se mettre en sûreté sur leur perchoir, très haut dans la couronne de la forêt. Je suis très attiré par cette image parce que sa simplicité évoque l'esprit des broderies chinoises sur soie. Les branches en fleurs complètent les lignes gracieuses des paons et équilibrent la composition.

Canon EOS-3, objectif Canon EF 600 mm, multiplicateur de focale Canon Extender EF x1.4, f/16 à 1/4 de seconde, film Fujichrome Velvia (poussé d'un diaphragme)

PAGE 195

ENTELLE
(*Semnopithecus entellus*)

Ce semnopithèque est tout aussi à l'aise dans les déserts que dans les forêts tropicales, à terre ou dans les arbres. Il est essentiellement végétarien et apprécie tout particulièrement les feuilles, les fruits, les fleurs mais aussi les cultures, d'où de fréquents conflits avec les agriculteurs. Ces primates forment des groupes de 13 à 37 individus (100 dans les cas extrêmes), avec généralement deux femelles adultes pour chaque mâle adulte. Les mâles se rassemblent également entre eux pour constituer des groupes unisexués. Tous les groupes ont à leur tête un mâle dominant, qui combat les autres mâles pour renforcer son statut. Lorsqu'un nouveau mâle prend la tête d'un groupe, il tue tous les jeunes encore dépendants de leur mère pour ramener les femelles en période de chaleur. Ces semnopithèques se font de plus en plus rares, leur habitat étant sacrifié à la pratique de l'agriculture. C'est en Inde que l'on trouve la population la plus importante, estimée à 233 800 individus.

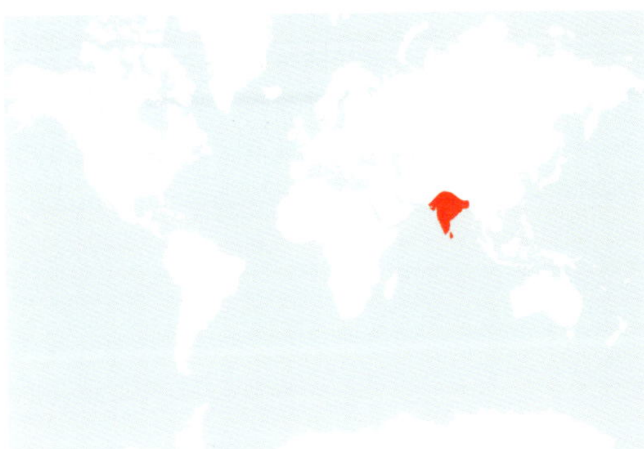

AW : Les entelles servent souvent d'yeux et d'oreilles aux guides et aux traqueurs à la recherche de tigres et de léopards dans les parcs nationaux indiens. Ces primates toujours en alerte émettent une série de cris de mécontentement perçants chaque fois qu'ils voient un grand félin. C'est pour cette raison qu'il n'est pas rare de voir des troupeaux de cerfs – proie privilégiée des grands félins – se tenant à proximité de troupes d'entelles. Dans un moment plus calme, deux entelles femelles bercent leur petit, sur un promontoire rocheux surplombant la forêt. J'ai choisi un téléobjectif très long pour éviter de perturber cette scène typique.

Canon EOS-3, objectif Canon EF 600 mm, f/8 à 1/30 de seconde, film Fujichrome Velvia (poussé d'un diaphragme)

PAGES 196, 197

TIGRE
(*Panthera tigris*)

En 1920, on comptait environ 100 000 tigres en Asie. Plusieurs facteurs (la peur qu'ils attaquent l'homme, la prédation du bétail, la destruction de leur habitat et l'attrait de leur peau et d'autres parties de leur corps) expliquent l'impressionnante chute libre de ces effectifs. Des huit sous-espèces reconnues, trois, à savoir le tigre de la Caspienne (*P. t. virgata*), le tigre de Java (*P. t. sondaica*) et le tigre de Bali (*P. t. balica*), sont aujourd'hui éteintes. Parmi les cinq restantes, ce sont les tigres du Bengale (*P. t. tigris*) qui sont les plus nombreux (de 3 500 à 5 000 individus). Ils vivent en Inde, au Bangladesh, au Myanmar (ex-Birmanie), au Népal et au Bhoutan. Les 1 050 à 1 750 tigres d'Indonésie (*P. t. corbetti*) encore en vie se trouvent au Myanmar, au Viêt-nam, en Thaïlande et dans la péninsule Malaise. On dénombre moins de 80 tigres de Chine sauvages (*P. t. amoyensis*), de 50 à 200 tigres de Sibérie (*P. t. altaica*) et environ 400 tigres de Sumatra (*P. t. sumatrae*).

AW : Page 196 – Pour faire cette photo à la tombée du jour, j'ai utilisé un film à vitesse rapide, que j'ai exposé à 400 ISO, ce qui m'a permis d'éviter le flou dû au mouvement.

Canon EOS-3, objectif Canon EF 600 mm, f/4 à 1/15 de seconde, film Fujichrome MS100/1 000 (exposé à 400 ISO)

AW : Page 197 – La curiosité de ce tigre en fait un sujet facile à photographier. Mais, quand les tigres s'habituent aux hommes, ils deviennent des proies faciles pour les braconniers. La mère de ce mâle, Sita, a disparu en 1998. En 2000, sa peau a été retrouvée chez un braconnier.

Canon EOS-3, objectif Canon EF 70-200 mm, f/4 à 1/8 de seconde, film Fujichrome Astia

PAGE 198

TIGRE
(*Panthera tigris*)

Si les tigres peuvent se reproduire à tout moment de l'année, la plupart des accouplements ont lieu de novembre à avril. Les femelles atteignent la maturité sexuelle à l'âge de trois ou quatre ans, les mâles entre quatre et cinq ans. Les femelles sont en chaleur pendant six jours tout au plus toutes les trois à neuf semaines. Elles donnent le jour à leur portée (deux ou trois bébés en général, mais parfois jusqu'à six) après une période de gestation de cent cinq jours en moyenne. Les mâles quittent la femelle après l'accouplement et ne participent pas à l'éducation des petits. À la naissance, les bébés tigres pèsent de 780 à 1 600 g. Ils gardent les yeux fermés pendant deux semaines. Les femelles mettent généralement bas dans une grotte ou tapies dans une végétation dense, et les petits restent cachés jusqu'à ce qu'ils puissent suivre leur mère, c'est-à-dire vers l'âge de cinq ou six mois.

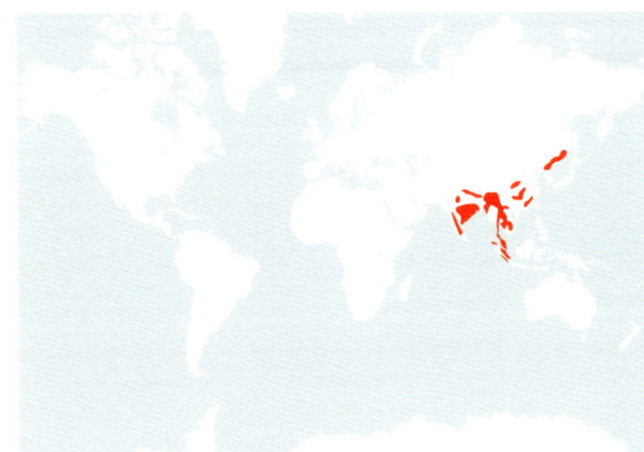

AW : Un tigre et deux petits de quatre mois s'étalent paresseusement dans la forêt dense du parc national de Kanha. Pendant dix jours, j'ai recherché ces trois tigres, juché sur le dos d'un éléphant. Les tigresses qui ont des petits se cachent souvent, et elles n'ont pas tort. Les mâles tuent régulièrement les petits qui n'appartiennent pas à leur propre progéniture, ce qui rend les femelles à nouveau disponibles pour l'accouplement. Photographier lorsque l'on est à dos d'éléphant est une tâche des plus ardues. Mais, lorsque le niveau de luminosité est faible, ce qui était le cas ici, c'est un véritable défi. Pour faire cette photo, j'ai utilisé un film rapide, un objectif avec stabilisateur d'image, ainsi qu'un fill-in.

Canon EOS-3, objectif IS Canon EF 75-300 mm, f/5.6 à 1/30 de seconde, fill-in, film Fujichrome MS100/1 000 (exposé à 400 ISO)

PAGE 199

TIGRE
(*Panthera tigris*)

Dans les années 1960 et 1970, le prix d'une peau de tigre pouvait atteindre 4 000 dollars. Les conventions internationales et l'évolution des mentalités à l'égard des fourrures firent ensuite chuter la demande. Aujourd'hui, le tigre doit cependant faire face à d'autres pressions tout aussi dévastatrices. Utilisés dans les médecines traditionnelles orientales depuis des milliers d'années, les os de tigre font depuis quelque temps l'objet d'une demande trop importante en raison de l'accroissement de la population et de l'internationalisation du commerce. C'est à l'origine le tigre de Chine (*P. t. amoyensis*) qui subit le plus cette pression. Cependant, cette sous-espèce étant virtuellement éradiquée, les chasseurs s'en prennent à tous les tigres survivants. Le commerce de produits à base de tigre est encore légal à Taïwan, en Corée du Sud, en Chine et au Japon, et de nombreux chercheurs craignent que les 5 180 à 7 430 tigres sauvages encore en vie ne le restent pas longtemps.

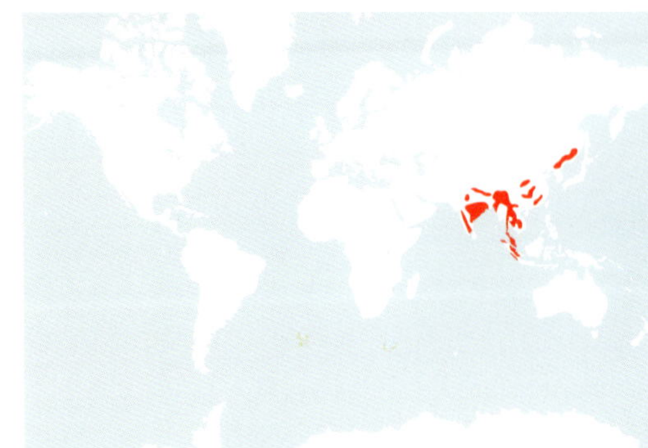

AW : Un tigre est silencieusement assis dans les sous-bois touffus du parc national de Kanha, en Inde. Je suis personnellement attiré par les photos dont la réalisation fait appel à l'imagination. Dans le cas présent, le fait que ce félin ne soit que partiellement visible confère à la photo une impression de mystère. J'ai fait une mesure spot de mon exposition à distance de la face du tigre.

Canon EOS-3, objectif Canon EF 600 mm, f/4 à 1/60 de seconde, film Fujichrome Velvia

PAGE 200

CALAO BICORNE

(Buceros bicornis)

Ce calao est un oiseau massif qui atteint 1,40 m de longueur, la queue mesurant à elle seule jusqu'à 1 m. Les calaos vivent dans le Sud-Est asiatique, depuis le niveau de la mer jusqu'à 1 500 m d'altitude environ. Frugivores, ils cueillent des fruits à l'aide de leur énorme bec et les avalent entiers, régurgitant les éléments indigestes comme les graines, jouant ainsi un rôle non négligeable dans leur dissémination. Les calaos ont habituellement un seul partenaire au cours de leur vie. La femelle pond ses deux à quatre œufs à l'abri d'un trou d'arbre. Pendant les vingt-huit à quarante jours que dure l'incubation, son partenaire se charge de la nourrir, tandis qu'elle reste auprès de sa couvée. Les poussins sont dépendants de leurs parents pendant sept ou huit semaines. La femelle ne quitte pas le nid, et c'est le mâle qui se charge de l'approvisionnement en nourriture. Les calaos sont menacés par la chasse et la destruction de leur habitat, de sorte que leur population a chuté dans bien des régions.

AW : Cette photo m'a demandé six heures. C'est le temps qu'il a fallu pour que ce calao revienne dans la cavité qui lui sert de nid afin de nourrir son petit. J'ai utilisé un objectif 600 mm, plus un multiplicateur de focale x1.4 et deux trépieds, un pour l'appareil, l'autre pour l'objectif. Je n'oublierai jamais le son émis par l'oiseau lorsqu'il a fondu sur l'arbre. J'en ai presque oublié de prendre la photo. Seuls quelques clichés étaient nets ; l'association de la forêt sombre et du mouvement de l'oiseau a rendu les conditions de travail difficiles. Même en poussant mon film, je n'ai obtenu qu'une vitesse d'obturation affreusement lente.

Canon EOS-IN/RS, objectif Canon EF 600 mm, multiplicateur de focale Canon Extender EF x1.4, f/5.6 à 1/8 de seconde, film Fujichrome Astia (poussé d'un diaphragme)

PAGE 201

PETIT DUC À COLLIER

(Otus bakkamoena)

Ce petit duc à collerette de 23 cm est courant en Asie, où l'on en dénombre plus de vingt sous-espèces. S'il semble préférer les habitats légèrement boisés, on le rencontre également à proximité des villes, où il chasse les insectes attirés par l'éclairage urbain. On entend souvent son cri étrange (« out ») après le crépuscule. Les insectes constituent l'essentiel de son alimentation, mais il mange aussi de petits mammifères (souris et campagnols notamment), des oiseaux, et même des geckos et des chauves-souris. En éclaircissant les forêts les plus denses de certaines parties de son territoire, l'homme a favorisé cette espèce au détriment d'autres petits ducs, dont *O. rufescens* et *O. spilocephalus*.

AW : Chaque jour, quand je pénétrais dans le parc national de Ranthambore, je passais près de ce couple de chouettes. Au crépuscule, quand je quittais le parc après une journée passée à faire des photos, les minuscules chouettes étaient déjà parties chasser pour la nuit. Pour faire cette photo, j'ai installé un trépied sous mon objectif 600 mm muni d'un multiplicateur de focale x2, puis j'ai mis un second trépied sous le boîtier de mon appareil. Il est toujours préférable d'avoir un trépied pour être certain d'obtenir la meilleure composition possible et des photos vraiment nettes ; deux trépieds sont indispensables avec un objectif aussi long, surtout lorsque l'on y ajoute un multiplicateur de focale.

Canon EOS-3, objectif Canon EF 600 mm, multiplicateur de focale Canon Extender EF x2, f/16 à 1 seconde, film Fujichrome Velvia

PAGE 202

TAMANOIR OU GRAND FOURMILIER

(Myrmecophaga tridactyla)

Le tamanoir ou grand fourmilier appartient à l'ordre des Xénarthres qui comprend aussi les tatous et les paresseux. Le tamanoir pèse jusqu'à 60 kg et mesure jusqu'à 1,20 m de long, sans compter sa queue touffue, qui atteint de 0,65 à 0,90 m. Son pelage est raide et grossier. Il possède des griffes puissantes dont il se sert pour éventrer les termitières. Avec sa longue langue qu'il étire jusqu'à 61 cm, il est capable de manger jusqu'à 35 000 fourmis ou termites par jour. Le tamanoir vit dans des habitats divers, dont la savane, la prairie et les forêts humides. Souvent diurne, il devient essentiellement nocturne s'il est dérangé par l'homme. La perte de son habitat a marginalisé cette espèce dans de nombreuses régions de son aire de répartition d'origine, et il a pratiquement disparu d'Amérique centrale. Par ailleurs, dans de nombreuses régions, il est considéré comme un trophée de chasse recherché, ce qui pose de sérieux problèmes.

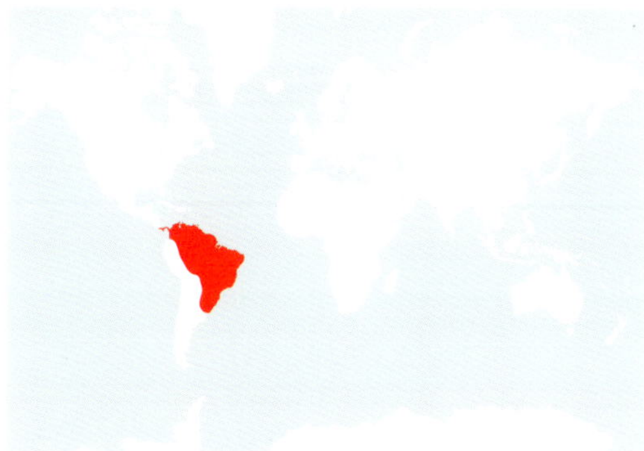

AW : Le tamanoir est une créature extrêmement bizarre. Il occupe une grande partie de la savane et des bois d'Amérique du Sud. Pourvu d'une grande queue puissante et de longues griffes acérées, il est capable de blesser gravement n'importe quel prédateur. J'avais cela à l'esprit quand je me suis approché à moins de 1 m avec un objectif grand angle. J'ai pensé qu'en me plaçant tranquillement devant le tamanoir, qui est myope, je pourrais m'approcher très près sans l'empêcher de continuer à fourrager.

Canon EOS-3, objectif Canon EF 17-35 mm, f/11 à 1/60 de seconde, film Fujichrome Provia

PAGE 203

MAKI OU LÉMUR CATTA

(Lemur catta)

Le maki est l'une des onze espèces de lémurs de la famille des Lémuridés (vingt et une autres espèces de lémuriens sont classées dans d'autres familles). Le catta, le plus terrestre des lémurs, passe souvent plus de temps à terre que dans les arbres. Il vit en groupes mixtes de douze à vingt-quatre animaux et se nourrit de fruits, de feuilles et d'autres éléments végétaux. Ce sont les femelles, qui dominent les mâles, qui sont également chargées de la défense du territoire du groupe qui couvre de 6 à 8,8 hectares. S'ils peuvent survivre dans des habitats partiellement boisés, les makis ont néanmoins besoin d'une végétation primitive, de type forêt vierge. Ils apprécient aussi les habitats riverains que l'homme défriche et exploite de plus en plus. On ne connaît pas le nombre total de lémurs cattas, et les estimations varient énormément, de 10 000 survivants pour les plus pessimistes à 100 000 pour les plus optimistes.

AW : Dans la réserve de Berenty, à Madagascar, les lémurs se sont tellement habitués aux hommes qu'ils peuvent littéralement vous grimper sur les épaules. Avec des sujets aussi bien disposés, il est difficile de ne pas repartir avec de bons clichés. Pour faire cette photo, j'ai pris un lémur seul dans la lumière de fin d'après-midi. J'ai choisi un objectif 70-200 mm, car ces lémurs hyperactifs sont perpétuellement en mouvement. Une fois qu'ils ont été immobiles – même pour un bref instant –, j'ai pu rapidement zoomer, en cadrant le lémur de façon parfaite afin de remplir les quatre coins de ma composition.

Canon EOS F1, objectif Canon EF 70-200 mm, f/8 à 1/125 de seconde, film Fujichrome 50

TEXTE DE GEORGE B. SCHALLER

© George B. Schaller

George Schaller a passé quatre ans dans les forêts des réserves du Wolong et du Tangjiahe au début des années 1980. Son livre *The Last Panda* (Chicago et Londres, University of Chicago Press, 1993), relate les succès, les échecs et les frustrations du projet de sauvegarde des pandas entrepris sous les auspices du gouvernement chinois et du World Wildlife Fund. En voici quelques extraits, le texte ayant parfois subi de légères modifications.

Hérissée d'épicéas et de bouleaux, la crête se dessinait à l'horizon, pareille à l'échine d'un dragon. Des nuages bas s'échappaient de la montagne. La neige d'une tempête de fin d'hiver était encore accrochée aux rameaux et aux branchages. Les bambous poussaient à l'étage inférieur, leurs tiges serrées prenant tellement possession du coteau que, sous les feuillages, la lumière était du vert translucide des fonds sous-marins. Dans ces vertes ténèbres, l'odeur de mousse et de bois en décomposition prenait à la gorge. Les bambous étaient raidis par le givre, et un silence de plomb pesait sur la crête : pas un bruit, pas un souffle de vie apparent. Un bruissement de feuilles rompit soudain le silence, suivi du craquement d'une branche semblable à un bris de verre. Enveloppé dans sa parure de bambous, un panda géant femelle se laissa doucement tomber dans la neige, le dos appuyé contre un buisson. Se penchant d'un côté, elle tendit la patte, saisit une tige de bambou de ses griffes ivoire, la courba, puis, d'un mouvement lié, la cisailla d'un coup de dents près de la base. Le bambou bien en main, elle le renifla pour s'assurer qu'il était bien à son goût, puis le mangea en commençant par le bas, comme une branche de céleri. Tandis que ses puissantes molaires sectionnaient et broyaient la tige, elle en cherchait une autre des yeux, sa longue expérience lui évitant tout mouvement inutile, témoin de la symbiose écologique parfaite qui règne entre le panda et le bambou. Elle se restaura sans bouger, fit quelques pas, puis mangea encore un peu, consommant exclusivement les grosses tiges et rejetant les extrémités feuillues. Puis elle s'assit, penchée en avant, somnolente et repue, les pattes antérieures posées sur les genoux. Les bambous, un partenaire, une tanière bien douillette pour élever ses petits, en un mot, son univers, tout ce dont elle avait besoin, tenait sur un périmètre de un kilomètre.

Quelques minutes plus tard, elle se dirigea de son pas chancelant de marin vers une trace parmi les rhododendrons noueux, près de laquelle elle s'arrêta net. Aucun bambou ne poussait là. Un rayon de soleil perçait à travers les nuages et éclairait le crépuscule. Sous les bambous, la silhouette et la couleur du panda restaient floues, indéfinissables. Là, en plein soleil, le panda brillait d'une clarté étincelante. Un énorme épicéa se dressait à ses côtés. Elle connaissait cet arbre : c'était un repère olfactif, il marquait la limite de ses terres de prédilection. Les multiples renseignements que lui fournit l'arbre l'aidèrent à comprendre la situation. La neige alentour était immaculée, mais elle sut en reniflant l'écorce qu'un mâle avait marqué l'endroit de ses glandes anales quelques jours plus tôt. Elle en mémorisa l'odeur, mais ne la couvrit pas de la sienne.

Elle bifurqua ensuite vers le prochain bosquet et se remit au travail, le recyclage du bambou constituant le fondement même de son existence. Elle menait une vie agréable. Seul mammifère à vivre à cette altitude, le panda donne le sentiment d'une solitude absolue, d'un isolement presque mythique. Lorsqu'un vol de mésanges frôla les feuilles des bambous au-dessus de sa tête telle une nuée de souris volantes, aucun trouble ne parut dans ses petits yeux noirs. Après s'être restaurée, elle roula sur le côté pour dormir, la tête dans la neige, appuyée contre un rondin, son épaisse fourrure la rendant insensible aux éléments.

Le bruit d'une hache se fit entendre plus bas, là où la forêt cède le pas aux cultures. Tapie derrière son bouclier de bambous, elle prêta l'oreille, puis s'en alla, évitant toute confrontation avec d'éventuels envahisseurs. Elle suivait son propre chemin, gravissant la montagne en se cachant de fourré en fourré, se déplaçant comme l'ombre d'un nuage, navigant avec précision dans cet océan de bambous, laissant seulement ses traces en témoignage de son passage.

Cela fait très longtemps que les pandas me fascinent. Lorsque j'étais au lycée, je suis allé au zoo de Saint Louis, dans le Missouri, et dans la chaleur suffocante, j'ai regardé un panda évoluer de son pas traînant dans son enclos entouré de fossés. J'avais lu *Trailing the Giant Panda* des frères Roosevelt, qui avaient été les premiers Occidentaux à abattre un panda le 13 avril 1929. Bien que j'eusse avalé leur ouvrage avec avidité, et bien qu'encore adolescent, j'avais beaucoup de mal à applaudir à leur exploit.

Je connaissais également *The Lady and the Panda*, de Ruth Harkness, qui relatait l'enthousiasme soulevé par Su-Lin, le premier bébé panda à arriver vivant en Occident en 1936.

Bien des années plus tard, en 1963, mes études de biologie à l'université du Wisconsin terminées depuis longtemps, je me souviens avoir lu des articles de presse à propos du premier panda né en captivité au zoo de Beijing. Zoologue, j'étais intrigué par les paradoxes et les illogismes de cet animal. Malgré son goût pour la classification, la science n'avait pas réussi à ranger le panda dans une catégorie taxonomique déterminée, car ce mammifère présente des similitudes à la fois avec les ours et avec les ratons laveurs. Une étude comportementale permettrait-elle de résoudre l'énigme ? Créature aussi incongrue qu'une vache carnivore, ce gros nounours semblait en effet consacrer sa vie au recyclage du bambou. Comment s'était-il adapté à une alimentation aussi spécialisée ?

Toutefois, mon intérêt ne se limitait pas au délicat dénouement de cet imbroglio biologique. Il y avait aussi l'attrait de la rareté et de l'exotisme, et la possibilité d'être le premier Occidental à étudier la vie originale du panda. Scientifique baroudeur à l'esprit missionnaire, je voulais aussi contribuer à la survie de l'espèce. Je ne suis guère motivé et éprouve peu de plaisir à faire des travaux de recherche si l'animal ne m'inspire qu'un intérêt purement intellectuel, si je n'apprécie pas sa compagnie. Comme le gorille des montagnes, le tigre, le lion et les autres espèces que j'avais étudiées précédemment, l'objet de mes recherches devait susciter en moi une émotion pour que j'accepte de me plonger dans son univers pendant des années, émigrant perpétuellement isolé dans une culture étrangère, sur le terrain nuit et jour par tous les temps, m'efforçant petit à petit non seulement de connaître l'espèce, mais aussi de la comprendre, assemblant les bribes de sa vie comme les pièces d'un puzzle. On sous-estime souvent les qualités réelles du panda, les limitant à son séduisant physique. En un mot, je jugeai l'espèce digne d'intérêt.

La révolution communiste de 1949 fut précédée d'une période d'agitation politique, de guerre civile et d'agression japonaise. Dans ce contexte, le pays des pandas fut interdit d'accès aux étrangers et la situation avait peu de chance d'évoluer. Toutefois, en avril 1971, le gouvernement chinois invita l'équipe américaine de tennis de table à venir en Chine : c'était là l'un des signes indirects qui annoncèrent l'imminence d'un changement de politique. Je pensai que c'était le moment de lancer un programme de recherche sur le panda.

Dès juillet 1971, William Conway, directeur général du zoo de New York, commença à écrire de ma part au zoo de Beijing, à l'académie des Sciences chinoise et à l'ambassade de Chine au Canada (la Chine et les États-Unis n'ayant pas de relations diplomatiques à l'époque) pour leur proposer une étude en collaboration. Il contacta également sir Peter Scott pour informer le WWF de nos projets.

Il n'est guère surprenant que les Chinois n'aient jamais répondu à nos courriers, car la révolution culturelle battait alors son plein. J'oubliai momentanément les pandas en travaillant sur la faune de l'Himalaya, du Karakoram et autres chaînes de montagne. Puis, une fois ce projet terminé, je partis étudier les jaguars et leurs proies dans les marécages du Mato Grosso. J'étais donc au Brésil lorsque, à l'automne 1979, Wayne King, un militant très actif dans la protection de la nature alors directeur du musée de l'État de Floride, appela.

« George, le WWF et la Chine viennent de se mettre d'accord pour réaliser une étude conjointe sur le panda. Est-ce que tu as envie de faire le travail de terrain ? »

Je donnai ma réponse à Lee Talbot, alors directeur du WWF, dans une lettre datée du 12 octobre 1979 : « Je suis vraiment ravi de pouvoir prendre part à ce projet. »

Quatorze mois plus tard, je rejoignais mes collègues chinois à Wuyipeng pour commencer le travail de terrain. Sans parler de l'intérêt de la recherche, j'avais très envie de voir un panda dans son habitat naturel, ce qu'aucun étranger n'avait pu réaliser depuis des dizaines d'années. Au bout de deux mois d'efforts, cette première rencontre électrochoc n'avait toujours pas eu lieu, les pandas étant parvenus à m'éviter avec une mystérieuse habileté. Je n'étais fort heureusement pas le premier à essuyer ce genre d'échec.

Cependant, les pandas se montrèrent particulièrement insaisissables à Wuyipeng, de sorte que, pendant toutes ces semaines où je les pistais fin 1980 et début 1981, je n'en ai jamais rencontré un seul dans la forêt enneigée. Un panda passa devant nos tentes tard un soir, sans que personne le vît, il revint dans la nuit, comme pour nous narguer avec ses empreintes. Enfin, le 2 mars 1981, je partis à l'aube pour Bai Ai où Xiao Wang, qui rentrait à Wuyipeng après avoir passé des pièges en revue la veille au soir, avait rencontré un panda sur le chemin. Il avait un peu neigé pendant la nuit, et, au bout de quelques minutes, je repérai des traces qui gravissaient la colline. Je les suivis lentement, en posant les pieds doucement pour ne pas faire craquer de branches sous la neige, les sens en éveil guettant le moindre bruit, le moindre mouvement. Je trouvai trois crottes, encore chaudes au toucher. Devant, le craquement d'une brindille rompit le silence, puis plus rien. Je fis quelques pas. Un bruissement de bambous, puis, à nouveau, un épais silence. Le panda essayait de toute évidence de me localiser, lui aussi. Nous nous affrontions sans nous faire voir, l'intensité émotionnelle presque tangible dans l'air. Ayant senti un danger potentiel, le panda battit en retraite. Déçu, je changeai d'itinéraire.

Je trouvai tout près de là une autre trace fraîche, celle d'un animal plus petit, probablement un jeune, qui avait emprunté un chemin parallèle à celui que je venais de suivre. Howard Quigley décida de chercher à savoir d'où venait le plus petit des pandas tandis que je suivais les traces de l'autre. À l'aube, le plus gros des deux s'était approché à moins de 300 mètres de nos tentes avant de sentir quelque chose d'inquiétant qui le fit reculer un peu et finalement contourner le camp pour remonter vers les hauteurs. Je continuai donc à descendre en suivant ses traces dans l'impénétrable enchevêtrement de bambous dont les cimes pliaient sous la neige, formant une voûte compacte. Incapable d'écarter les robustes tiges, je me frayais un chemin à quatre pattes, progressant la tête la première, écrasant les bambous morts de mes mains nues engourdies. Arrivé pratiquement en bas de la pente, je tombai sur la tanière du panda aménagée au pied d'un érable.

Sur le chemin qui me ramena au camp, je rencontrai Howard, les vêtements couverts de boue comme les miens, des feuilles de bambou mortes accrochées à ses cheveux et à sa barbe. Son panda avait, lui aussi, disparu dans la vallée. Était-ce un hasard si les deux animaux se déplaçaient à proximité l'un de l'autre ? Je décidai alors de

▲▲ GRAND PANDA
(*Ailuropoda melanoleuca*), MONTS QUINLING, CHINE

▲ GORILLE DE MONTAGNE
(*Gorilla gorilla beringei*), PARC NATIONAL DE MGAHINGA, OUGANDA

▲▲ RAINETTE VENIMEUSE
(*Dendrobates ventrimaculatus*), RIO NAPO, PÉROU
▲ PROPITHÈQUE
DE VERREAUX
(*Propithecus verreauxi*), RIVIÈRE MANDRARE, MADAGASCAR

remonter sur les hauteurs en suivant leurs traces, mais le brouillard masquait déjà le sommet du Choushuigou et il risquait de se remettre bientôt à neiger, ce qui effacerait toutes les empreintes. Les pandas ayant bifurqué vers les sommets, ils allaient peut-être croiser l'un de nos chemins, situé au-dessus de Bai Ai. Au lieu de les suivre, j'optai pour cette seconde hypothèse. Le sentier des hauteurs de Bai Ai longeait la crête qui surplombait la vallée. Tandis que je gravissais la montagne, un grognement rompit le silence, doux mais néanmoins sonore. Devant moi se dressait la silhouette immobile de Hu Jinchu. Lorsqu'il me vit, il me montra du doigt un grand épicéa isolé en contrebas. Tapi sur une branche près de la cime se tenait un petit panda. « Enfin ! » me dis-je. À 17 h 15, son cri plaintif résonna une nouvelle fois. Il appela encore à l'aide quelques minutes plus tard, et lorsque le bruit faiblit, nous repérâmes un second panda, un gros adulte, dans les épais branchages inférieurs du même arbre. Ce dernier descendit lentement, les pattes postérieures les premières, avant de se laisser glisser sur le dernier mètre dans une pluie d'écorce, puis de disparaître dans les bambous. Nous conclûmes qu'il s'agissait d'un mâle qui, pour une raison connue de lui seul, n'appréciait pas le premier panda. Débarrassé de la cause de son tourment, le petit panda abandonna son perchoir peu fiable pour se blottir contre le tronc de l'épicéa. Indifférent au froid et à l'obscurité qui gagnaient, il resta tapi là, petite boule de vie chatoyante, idéalisée mais réelle, tandis que le brouillard envahissait la vallée si doucement que nous ne nous en aperçumes que lorsque le panda disparut de notre vue. Hu Jinchu et moi échangeâmes un sourire : nous venions de connaître un double plaisir.

Nous avons beaucoup de chance que le panda soit encore parmi nous, que nos parcours se soient croisés sur la longue route de l'évolution. Je suppose que l'on ne devrait pas classer selon une échelle de valeurs les espèces qui n'en connaissent pas et qui méritent, toutes, notre fascination et notre respect. Et pourtant, il me semble que l'humanité aurait plus à perdre de la disparition du panda que de celle de la primevère ou du piranha, car cet animal incarne le refus stoïque de la fatalité, suscitant à la fois notre pitié et notre admiration. Si le panda disparaît, nous ne pourrons jamais plus regarder son visage noir et blanc, son évolution s'arrêtera là, son code génétique unique sera détruit, son nom tombera dans l'oubli comme ceux des milliers d'autres espèces dont la liste figure dans les catalogues poussiéreux des muséums d'histoire naturelle du monde entier. *Ailuropoda melanoleuca*, littéralement « le pied du panda noir et blanc ». Lorsque des siècles de ténèbres nous sépareront de lui, nous n'aurons plus que quelques souvenirs, quelques gros ossements, quelques peaux fanées. Bien sûr, toutes les espèces sont vouées à disparaître, toutes connaissent leur heure de gloire avant de s'éteindre. Cependant, les pandas étaient déjà là il y a plusieurs millions d'années, avant même les débuts de l'humanité. Ils ont survécu à bien d'autres gros mammifères auxquels les bouleversements de l'ère glaciaire furent fatals. L'heure de leur anéantissement ne devrait pas encore sonner.

La multiplicité des ouvrages qui paraissent sur les espèces menacées ou déjà disparues semble presque nuire à la perception du phénomène, la répétition banalisant un événement véritablement dramatique. Les gens achètent-ils ces livres pour avoir bonne conscience et se persuader eux-mêmes qu'ils accordent de l'importance à l'environnement ? Les ouvrages traitant des espèces menacées ressemblent trop souvent à de simples hommages, avec tout ce que cela implique, relatant l'épopée d'animaux dont le drame s'est irrévocablement achevé : le dodo, le pigeon voyageur, le grand pingouin ou encore l'éléphant de mer de Steller.

Ma capacité de compassion est limitée, je ne peux m'émouvoir du sort de toutes les espèces menacées, dont la liste ne cesse de s'allonger.

Et pourtant, la publication de tous ces volumes est justifiée. Il faut dire et redire les choses, c'est un devoir moral. L'oubli est un luxe que nous ne pouvons nous permettre, et la négligence est une forme d'insulte. Selon certains, il suffirait de préserver la biodiversité, tous ces millions d'espèces animales et végétales, jusqu'au siècle prochain, pour rompre le cercle infernal de la destruction. Or, rien ne le prouve. Nous devons donc au moins rendre compte de toutes nos expériences dans l'espoir que nos écrits inciteront les hommes à faire le nécessaire pour protéger les espèces et faire naître un sentiment unitaire de compassion. Certes, même dans un monde vraiment moral, la dévastation ne cesserait pas, mais au moins la nature ferait-elle l'objet de sentiments plus nobles, l'esprit de l'humanité ayant subi une révolution. Nous adapterions nos valeurs et nos priorités et développerions une éthique de gestion du patrimoine qui dénoncerait le gâchis et la destruction inutile. Une telle évolution ne saurait toutefois être le fruit de la passion et de la rhétorique agressive, elle ne peut naître que d'une nouvelle conception de l'homme, d'une nouvelle stratégie de survie de l'humanité.

Le panda peut peut-être contribuer à changer notre vision du monde. Sa simplicité apparente nous permet de distinguer les qualités qui le rendent si séduisant. Après avoir transcendé son habitat montagnard pour devenir citoyen du monde, le panda est devenu le symbole des efforts entrepris pour protéger l'environnement. Ce gros ours pataud est doté d'une esthétique si créative, d'une telle perfection artistique, que cela semble être le but même de son évolution. Avec son visage rond, assez plat, ses grandes taches noires autour des yeux et son allure de nounours tout doux et maladroit, le panda rayonne d'une innocence enfantine qui suscite l'empathie universelle, tout le monde ressentant le désir de le prendre dans ses bras et de le protéger. C'est là chose rare.

D'une certaine façon, les survivants sont plus poignants que les morts. Toutes ces caractéristiques ont créé une espèce dans laquelle la légende se mêle à la réalité, une créature mythique en chair et en os.

Une tâche difficile incombe à notre génération : saisir enfin l'ampleur de tous les torts faits au panda et aux autres formes de vie. La destruction de l'environnement a atteint un tel stade qu'elle n'est rien moins qu'un renoncement spirituel au passé et à l'avenir.

Il n'est guère surprenant que le panda soit devenu le symbole de notre environnement, car il a le pouvoir de toucher et de transformer tous ceux qui jettent un regard sur lui. Sa simple apparition illumine la scène. Le concept chinois du yin et du yang illustre la dualité de toute chose : le noir et le blanc, l'obscurité et la lumière, le soleil et la lune, l'été et l'hiver, la vie et la mort. Ces deux aspects opposés et complémentaires ont besoin l'un de l'autre pour atteindre l'équilibre recherché, l'accent étant mis sur l'endurance et la flexibilité. Le panda est la personnification du yin et du yang, mais l'humanité a rompu l'équilibre, et la survie de cette espèce symbolique est désormais compromise.

Je ne peux m'empêcher de constater avec ironie que jamais la destruction du panda n'a été aussi rapide qu'au cours des années où nous avons étudié cette espèce, une période au cours de laquelle on lui a accordé plus d'attention qu'en aucun autre moment de son histoire. Nos années d'efforts soutenus pour protéger le panda n'ont certainement pas abouti à une victoire, mais seulement retardé modestement la défaite. Je suis en effet hanté par l'idée que ce programme a peut-être fait plus de mal que de bien à l'espèce. Bon nombre de personnes et d'institutions avaient réellement à cœur la défense des intérêts du panda, et leurs bonnes intentions ne font aucun doute. Toutefois, si le panda était resté dans l'ombre de ses bosquets touffus, loin des médias du monde entier et de la cupidité que cette publicité a contribué à attiser, peut-être n'y aurait-il pas autant de spécimens en captivité, capturés inutilement pendant et après la disparition des bambous, ni autant de nurseries. Les pandas ne seraient sans doute pas synonymes d'aussi grosses sommes d'argent, ni loués vivants à l'étranger ou encore vendus morts en guise de trophées macabres à Taïwan et au Japon. Cependant, même si nous les avions laissés tranquilles, leur paix n'aurait pas tardé à être troublée par les bûcherons et les paysans de plus en plus nombreux qui défrichent les versants de montagne pour en cultiver la terre. Quoi qu'il en soit, le programme auquel j'ai participé n'a pas été inutile, loin s'en faut : il a été le premier à fournir des informations fondamentales sur le mode de vie méconnu des pandas, il a mis en évidence le besoin de protéger l'espèce et a fait des propositions pour résoudre ces problèmes. La situation alarmante du panda ne doit pas oblitérer notre sens du devoir, notre volonté de sauver l'espèce. Actuellement, le panda survit, son habitat aussi, et il existe un programme réaliste pour sauver l'espèce de l'extinction. Toutefois, si nous ne faisons pas le nécessaire aujourd'hui pour le mettre en œuvre, notre brève histoire d'amour avec le panda prendra fin, avec des remords éternels.

La seule liberté concevable pour un panda est celle que lui confèrent le calme et la sécurité des bambous qui poussent à l'ombre de la forêt. Il ne peut s'adapter à notre mode de vie, et aucun compromis n'est possible. Il serait dangereux et coûteux de se convaincre du contraire, de continuer à parier sur son avenir.

C'est à la Chine qu'incombe la responsabilité ultime de sauver l'habitat naturel du panda : seule la Chine peut en effet prendre les mesures nécessaires à la protection de cet animal. Le reste du monde doit néanmoins proposer ses conseils et apporter au gouvernement chinois son soutien moral et financier. La gravité de la situation fait naître l'espoir et donne l'occasion d'agir enfin. En revanche, si nous ne prenons pas immédiatement les décisions qui s'imposent, les derniers pandas vont disparaître, nous laissant orphelins, nostalgiques d'une épopée qui a échoué, signe que civilisation est synonyme de destruction. La disparition d'une espèce est définitive.

Le panda n'a pas d'histoire, seulement un passé. Il nous est venu d'une autre époque, dans la fragilité d'un instant, sa vie ténébreuse éclairée par les quelques années où nous l'avons suivi à la trace dans la forêt. Mon engagement de plusieurs années pour la cause du panda a envahi mon âme à la façon du panda qui illumine la forêt de bambous de sa présence. Si mes souvenirs ne sont pas tous heureux, ils concernent essentiellement Wei et Tang et les autres pandas vivant en liberté que j'ai connus. L'image de Zhen est la plus présente à mon esprit. Je me souviens très clairement de sa brève apparition le jour où j'ai quitté Wuyipeng, apparition que j'ai interprétée comme un cadeau d'adieu.

Je l'avais trouvée non loin du camp, assise sur un rocher couvert de mousse, le museau enfoui dans ses bras croisés. Je m'approchai silencieusement à moins de 15 mètres et attendis. Elle leva la tête et me regarda d'un regard vague, puis se pencha en avant, me tournant le dos, et reprit sa sieste. Elle faisait preuve d'une incroyable assurance, d'une immense liberté en m'ignorant de cette façon. Elle changea plusieurs fois de position, se couchant sur le côté ou sur le ventre, se redressant de temps en temps pour se gratter ou pour chasser une mouche de la patte. À un moment, elle regarda dans la direction de voix fortes qui s'élevaient du camp. Lorsque, deux heures et demie plus tard, il se mit à pleuvoir fortement, elle leva les bras au-dessus de la tête, s'étira et fit entendre un bâillement caverneux. Elle descendit de son piédestal rocheux et commença à mâchouiller des pousses de bambou. Je la laissai là, son pelage scintillant doucement dans le crépuscule végétal, jusqu'à ce que son image se fonde peu à peu dans la forêt comme des flocons de neige.

Des années ont passé depuis la dernière fois où j'ai vu des pandas sauvages, et pourtant leur souvenir vivace continue à me hanter.

George B. Schaller

CORMORAN DE VIEILLOT
(*Phalacrocorax niger*), PARC NATIONAL DE NAGARAHOLE, KARNATAKA, INDE

GEORGE B. SCHALLER

RÉGIONS TROPICALES

RÉGIONS TROPICALES

◂ GIBBON CENDRÉ

Sarawak, Bornéo, Malaisie

ORNITHOPTÈRE

Mont Amungwiwa, Papouasie-Nouvelle-Guinée

PARADISIER DE RAGGI
Mont Amungwiwa,
Papouasie-Nouvelle-Guinée

◂ ET ▸ ORANGS-OUTANS
Parc national de Gunung Leuser, Sumatra, Indonésie

CIVETTE PALMISTE DE DERBY

Sarawak, Bornéo, Malaisie

► JAGUAR

Réserve de biosphère de Calakmul, État de Campeche, Mexique

HARPIE FÉROCE
Panamá

PARESSEUX TRIDACTYLE
Îles Bocas del Toro, Panamá

SAJOU À GORGE BLANCHE
Îles Bocas del Toro, Panamá

◂ TAPIR TERRESTRE
Lac Agrio, Équateur

PUMA
Réserve de biosphère de Calakmul, État de Campeche, Mexique

JAGUAR

Réserve de biosphère de Calakmul,
État de Campeche, Mexique

OCELOT

Llanos, Venezuela

ARAS HYACINTHES
Pantanal, Brésil

ARAS HYACINTHES

Pantanal, Brésil

◂◂◂ ARA BLEU

Réserve del Manú, Pérou

◂◂ ARA BLEU

Rio Aquarico, Équateur

◂ TOUCANS TOCOS

Pantanal, Brésil

▸ ARAS CHLOROPTÈRES

Rio Tambopata, Pérou

TOUCAN À GORGE CITRON

Côte caraïbe, Colombie

GRENOUILLE DORÉE

Plaines du Pacifique, Panama

RAINETTE MARBRÉE

Rio Tambopata, Pérou

COQ-DE-ROCHE PÉRUVIEN

Cordillère des Andes, Venezuela

LOUTRE GÉANTE
RÉSERVE DEL MANÚ, PÉROU

▲ ET ▶ LOUTRES GÉANTES
RÉSERVE DEL MANÚ, PÉROU

▲ SINGE DE NUIT
Îles Bocas del Toro, Panamá

▶ ALOUATE NOIR
Îles Bocas del Toro, Panamá

QUETZAL RESPLENDISSANT

Parc national de La Amistad, Panamá

CAÏMAN YACARE
Pantanal, Brésil

▸ CAÏMANS À LUNETTES
Río Orinoco, Venezuela

CAÏMANS YACARES

PANTANAL, BRÉSIL

PROPITHÈQUE DE VERREAUX

Rivière Mandrare, Madagascar

INDRI

Réserve de Perinet-Analamazoatra, Madagascar

◂ ET ▸
GORILLES DE MONTAGNE
PARC NATIONAL DES VOLCANS, RUANDA

PAGES 212-213

GIBBON CENDRÉ
(*Hylobates muelleri*)

Les gibbons cendrés ou gibbons de Müller sont des « singes inférieurs ». Parmi les primates, les gibbons sont les plus proches parents des hominidés (qui comprennent les pongidés ou grands singes, mais aussi les homininés), leur embranchement étant apparu sur notre souche d'ancêtres communs il y a 12 à 20 millions d'années. Aujourd'hui, les gibbons sont confinés au sud-est asiatique, et on ne trouve plus de gibbons de Müller qu'à Bornéo. Bien connus pour leurs bonds phénoménaux (plus de 9 m en une seule fois) et leur voix mélodieuse (leur cri unique porte à plusieurs kilomètres), ces primates monogames sans queue sont parfaitement adaptés à la vie arboricole. Quel que soit leur sexe, ils pèsent entre 4 et 8 kg. La déforestation, le braconnage et les pièges continuent à décimer cette population. En 1977, on estimait leur nombre à près de 2 millions d'individus. Depuis, la majeure partie de leur habitat a été détruite, et on ne dispose d'aucune donnée fiable sur leur population.

AW : Les populations de gibbons sont de plus en plus menacées du fait de la disparition de leur habitat. Néanmoins, certains se sont habitués aux hommes qui viennent les voir, comme le prouve ce jeune animal. Pour faire cette photo, je suis grimpé sur un petit arbre à côté de celui dans lequel le gibbon était juché. À ma grande surprise, il m'a laissé approcher à moins de 4 m, ce qui m'a permis d'utiliser un objectif grand angle et d'en faire un portrait dans son environnement, ce qui en dit autant sur le milieu naturel que sur le gibbon.

Canon EOS-IN, objectif Canon EF 24-85 mm, f/11 à 1/15 de seconde, film Fujichrome Astia

PAGE 214

ORNITHOPTÈRE
(*Ornithoptera priamus*)

L'ornithoptère mâle est un superbe insecte vert iridescent dont les ailes sont ornées de motifs jaunes et noirs. Plus grosse, la femelle, essentiellement brune avec des dessins blancs sur ses ailes de 20 cm d'envergure, paraît un peu terne en comparaison. Les femelles acceptant de s'accoupler dès qu'elles sont sorties de leur cocon, les mâles effectuent souvent une parade nuptiale en début de matinée dans les clairières des forêts tropicales dans le but de séduire ces « nouveau-nés ». Les mâles sont si pressés qu'ils sont parfois deux ou trois à tenter de s'accoupler simultanément avec une même femelle. Les ornithoptères vivant nécessairement dans la forêt tropicale, ils sont particulièrement vulnérables à la dégradation de cet habitat, que celle-ci soit le fait de l'exploitation forestière, d'une activité minière ou du défrichage à des fins agricoles.

AW : Un ornithoptère se repose tranquillement dans la forêt dense humide des hautes terres. C'est l'un des plus grands papillons du monde. Lorsqu'il émerge de sa chrysalide, il faut des heures pour que ses immenses ailes sèchent et qu'il puisse prendre son envol. J'ai photographié cet insecte en utilisant un objectif grand angle 35-75 mm, tirant parti de l'immobilité du papillon pour m'approcher très près. J'ai mis mon ouverture sur f/22 pour rendre la profondeur de champ maximale. J'ai utilisé un fill-in pour faire ressortir la couleur des ailes.

Canon EOS-3, objectif Canon EF 17-35 mm, f/22 à 1/2 seconde, fill-in, film Fujichrome Velvia

PAGE 215

PARADISIER DE RAGGI
(*Paradisaea raggiana*)

Ce paradisier chanteur qui vit dans pratiquement toute la partie orientale de la Nouvelle-Guinée est l'emblème national de la Papouasie-Nouvelle Guinée. Ce sont les Espagnols qui au XVIe siècle donnèrent le nom d'oiseaux de paradis à ces volatiles. Sur les quarante-cinq espèces de paradisier, trente-cinq ne vivent qu'en Nouvelle-Guinée. Ce sont les mâles qui arborent un magnifique plumage, dont ils se servent pour séduire les femelles. Ils effectuent pour ce faire des parades étonnantes en se contorsionnant pour leur présenter le spectacle le plus chatoyant qui soit. C'est, bien sûr, la beauté de leur plumage qui fait peser la menace la plus lourde sur ces oiseaux. Associée à la destruction de leur habitat, la chasse a ainsi décimé de nombreuses populations. Si le commerce international des plumes a été fortement réduit, les populations indigènes continuent néanmoins à utiliser les plumes dans leurs costumes traditionnels.

AW : Cet oiseau est difficile à photographier à l'état sauvage parce qu'il reste en hauteur dans la couronne de la forêt. Pour faire cette photo, je me suis rendu dans une petite station de recherche qui abrite plusieurs oiseaux dans des volières. Au petit matin et en fin d'après-midi, les femelles en captivité poussent des cris, ce qui attire les mâles sauvages de la forêt environnante. Les faibles niveaux de luminosité dans la forêt dense m'ont obligé à utiliser un flash et un multiplicateur de focale. J'ai utilisé le flash en mode fill-in, et j'ai fait une mesure spot à distance du poitrail du mâle pour parvenir à trouver la bonne exposition. Même avec le flash, je n'ai pu obtenir que quelques photos nettes.

Canon EOS-3, objectif Canon EF 600 mm, f/4 à 1/8 de seconde, fill-in, film Fujichrome Provia

PAGES 216, 217

ORANG-OUTAN
(*Pongo pygmaeus*)

Au milieu des années 1970, on estimait à 90 000 le nombre d'orangs-outans vivant à Bornéo (*P. p. pygmaeus*) et à 15 000 à Sumatra (*P. p. abelli*). Depuis, la population a fortement diminué. Moins de 2 % de l'ancienne aire de répartition des orangs-outans sont protégés et les zones protégées ont de plus en plus compromises. La forêt vierge de Sumatra disparaît rapidement. L'exploitation minière et forestière du Kalimantan décime la forêt, tandis qu'à Sabah, la partie malaise de l'île, la jungle qui représentait 86 % du territoire en 1953 n'en couvrait plus que 41 % en 1990. Sur l'ensemble de l'Indonésie, les orangs-outans ont ainsi perdu plus de 80 % de leur forêt au cours des vint dernières années. On évalue aujourd'hui à 9 200 animaux environ la population de la sous-espèce de Sumatra et à moins de 15 000 celle de Bornéo. Aux effets désastreux de la déforestation, il convient d'ajouter la chasse à des fins alimentaires et la capture des jeunes pour l'industrie du divertissement.

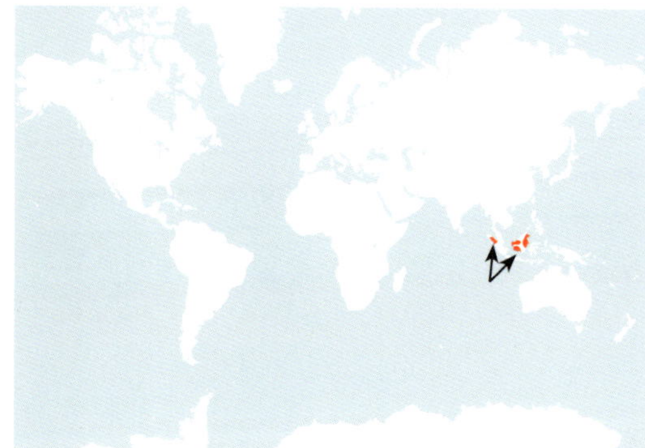

AW : Page 216 – J'ai réussi à avoir une bonne vue sur cette mère et son bébé en grimpant à quatre pattes le long d'une colline, en passant à travers le ravin près de l'arbre sur lequel ils se trouvaient. Ils sont restés décontractés puisqu'ils étaient à plus de 30 mètres du sol.

Canon EOS-3, objectif Canon EF 500 mm, f/11 à 1/60 de seconde, film Fujichrome Provia (poussé d'un diaphragme)

AW : Page 217 – Une rencontre avec un orang-outan presque adulte donne l'occasion unique de faire une photo. Quand cet orang-outang sera adulte, il passera le plus clair de son temps dans la cime des arbres de la forêt.

Canon EOS-3, objectif canon EF 17-35 mm, f/8 à 1/125 de seconde, film Fujichrome Provia

PAGE 218

CIVETTE PALMISTE DE DERBY

(*Hemigalus derbyanus*)

Les civettes palmistes de Derby sont de petits carnivores (de 1,75 à 3 kg) qui vivent sur le continent et diverses îles du sud-est asiatique, dont Sumatra et Bornéo. Malgré une certaine ressemblance avec les canidés, la civette appartient à la famille des viverridés. Son visage pointu porte une raie médiane foncée et deux bandes latérales. Son corps est parcouru de rayures sombres et claires. Si les civettes savent grimper, la palmiste est essentiellement terrestre. Elle est surtout active la nuit, lorsqu'elle arpente le sol de la forêt à la recherche d'invertébrés qu'elle saisit de ses longues griffes courbes rétractiles. Deux sous-espèces rares (*H. d. minor* et *H. d. sipora*) vivent uniquement sur les îles Mentawai, au large de la côte occidentale de Sumatra. Sur l'ensemble de leur aire de répartition, les civettes palmistes voient leur habitat diminuer au profit de l'exploitation forestière, tandis qu'elles sont persécutées par les hommes qui les accusent de voler les poulets.

AW : Au cours d'un voyage d'exploration au fin fond de la forêt humide de Bornéo, j'ai repéré ce petit prédateur hyperactif au moment où il ratissait celle-ci à la recherche de nourriture. J'ai poussé mon film pour augmenter ma vitesse d'obturation. Mais sans la possibilité qu'ont mon appareil et mon objectif de garder la mise au point pendant un mouvement, je doute fort que j'aurais pu obtenir la moindre photo nette.

Canon EOS-IN, objectif Canon EF 600 mm, f/4 à 1/125 de seconde, film Fujichrome Astia (poussé d'un diaphragme)

PAGES 219, 224

JAGUAR

(*Panthera onca*)

Au pléistocène, on trouvait des jaguars dans tout le sud des États-Unis. Les variations climatiques, puis l'expansion territoriale de l'homme entraînèrent la disparition de ces grands félins, qui se seraient néanmoins reproduits en Arizona jusqu'en 1950 (on en voit encore périodiquement dans le sud de cet État). Persécutés par les éleveurs, chassés pour leur peau et confrontés à la perte de leur habitat, les jaguars ont par ailleurs été pratiquement éradiqués du Mexique et d'Amérique centrale. Leur sort n'est guère plus enviable dans les régions plus méridionales. Dans les années 1960, 15 000 jaguars étaient abattus chaque année au Brésil. Depuis l'arrêt du commerce des peaux, la forêt amazonienne est le dernier bastion des jaguars. L'élimination de nombreuses sous-espèces a probablement entraîné une importante déperdition de la richesse génétique du jaguar. La déforestation qui ne cesse par ailleurs de frapper les forêts tropicales va renforcer la fragmentation des populations qui subsistent.

AW : Page 219 – Des chercheurs ont découvert une population de jaguars le long de la frontière du Mexique et du Guatemala.

Canon EOS-3, objectif Canon EF 600 mm, multiplicateur de focale Canon Extender EF x1.4, f/8 à 1/30 de seconde, fill-in, film Fujichrome Velvia (poussé d'un diaphragme)

AW : Page 224 – Les jaguars sauvages sont difficiles à photographier. Le fait de travailler avec des chercheurs augmente les chances d'y parvenir. Pour obtenir la bonne exposition, j'ai fait une mesure spot à distance de la tache ensoleillée sur la tête du jaguar.

Canon EOS-IN, objectif Canon EF 600 mm, f/4 à 1/30 de seconde, film Fujichrome Astia (poussé d'un diaphragme)

PAGE 220

HARPIE FÉROCE

(*Harpia harpyja*)

Cet imposant rapace (les mâles pèsent plus de 4 kg, les femelles entre 7,6 et 9 kg) a une envergure de 2 m. Il vit dans les basses terres des forêts tropicales vierges et se nourrit de grosses proies (paresseux, porcs-épics, singes hurleurs et capucins, ainsi que de gros oiseaux, les aras par exemple). Les rares harpies féroces encore en vie sont disséminées en Amérique latine. Moins de trente nids ont été confirmés depuis 1992. Ces aigles ont été sévèrement touchés par la destruction de leur habitat et la disparition de sites de nidification adéquats. Bien que la femelle ponde deux œufs, un seul poussin atteint habituellement l'âge de l'envol. La première année, le juvénile ne s'éloigne pas du nid de plus de 100 m. De ce fait, les adultes ne se reproduisent généralement que tous les trois ans, d'où un taux de reproduction extrêmement faible. Un programme de réintroduction a été mis en œuvre au Panama, mais il porte seulement sur un petit nombre d'oiseaux.

AW : Une harpie féroce immature est perchée haut dans la couronne de la forêt. De là, cet aigle à l'œil perçant scrute le forêt environnante à la recherche d'une proie. Cet aigle faisait partie des quelques spécimens relâchés dans la nature à l'occasion d'un travail de collaboration entre biologistes américains et panaméens, destiné à tenter de réintroduire ces oiseaux dans leur milieu d'origine. Pour faire cette photo, j'ai tourné en rond sous l'arbre où il était perché jusqu'à ce que je trouve dans les feuillages denses une ouverture convenable, qui me donne une vue dégagée.

Canon EOS-3, objectif Canon EF 600 mm, f/11 à 1/60 de seconde, film Fujichrome Velvia

PAGE 221

PARESSEUX TRIDACTYLE

(*Bradypus variegatus*)

Ce paresseux tridactyle se sert de ses griffes puissantes comme de crochets pour se déplacer très lentement dans les arbres. Ces mammifères inhabituels dont la température corporelle est basse et variable, sont inactifs durant la partie la plus froide de la nuit. Tôt le matin, ils grimpent prendre un bain de soleil à la cime des arbres pour faire remonter leur température à des valeurs plus « normales ». Si leur vitesse est limitée, les paresseux peuvent en revanche tourner la tête à 270°, une adaptation fort utile pour croquer les tendres feuilles de *Cecropia*. Inadaptés à un mode de vie terrestre, les paresseux ne descendent des arbres qu'une à deux fois par semaine, pour uriner et déféquer, et de temps en temps pour changer d'arbre. En raison de la déforestation qui frappe leur habitat depuis le Honduras jusqu'au nord de l'Argentine, les paresseux sont de plus en plus isolés de leurs partenaires potentiels. Cela les incite parfois à se déplacer à terre, tentatives qui leur sont souvent fatales.

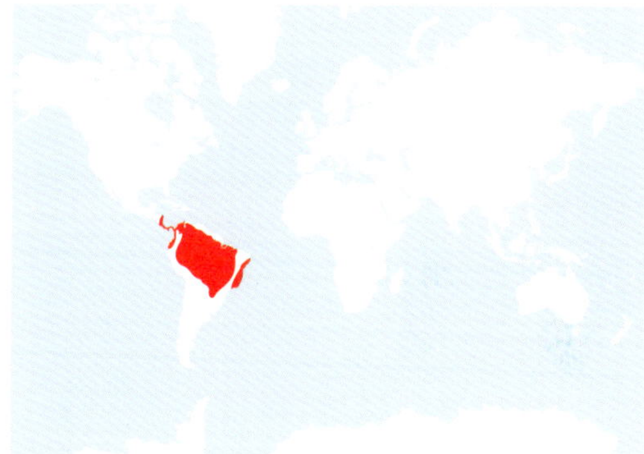

AW : Compte tenu de la lenteur avec laquelle se déplace le paresseux tridactyle, il est surprenant de constater à quel point il est difficile à photographier. Perché de façon caractéristique dans le haut des arbres, occupé à manger des feuilles, il ressemble à une boule de fourrure sombre dont la silhouette se détache sur le ciel. J'ai eu la chance de découvrir un paresseux assez près du sol. En faisant un réglage sur f/5.6 pour avoir une faible profondeur de champ, j'ai réussi à englober l'arrière-plan vert foncé des arbres au loin, de manière à donner une impression de l'environnement, tout en conservant à la photo une certaine simplicité et sans perturber le paresseux.

Canon EOS-3, objectif Canon EF 600 mm, f/5.6 à 1/125 de seconde, film Fujichrome Velvia

PAGE 221

SAPAJOU À GORGE BLANCHE
(Cebus capucinus)

Ce petit capucin vit au Belize, au Honduras et jusqu'à l'ouest de la Colombie et à l'Équateur. Lorsqu'il était chic d'avoir un singe comme animal familier, ce ravissant petit primate de 30 à 56 cm de long était l'espèce la plus prisée. Ces singes noir et blanc qui pèsent entre 1,1 et 4,5 kg, ont une queue préhensile aussi longue que leur corps, souvent enroulée à l'extrémité. Les sapajous vivent essentiellement dans les forêts humides, mais fréquentent également parfois les mangroves et les forêts secondaires. Ils ont une alimentation riche et variée composée de fruits, de noix, de fleurs, d'écorce, d'insectes, d'œufs et même, pour les habitants des mangroves, de crabes et d'huîtres. Si les capucins sont encore assez courants dans certaines régions, plusieurs sous-espèces sont menacées d'extinction du fait de la destruction de leur habitat, de la chasse et du commerce d'animaux vivants.

AW : Les forêts denses humides des Islas Bocas del Toro, au Panamá, abritent une grande variété d'animaux, parmi lesquels plusieurs espèces de primates. Ici, un sapajou à gorge blanche se déplace à travers un réseau de branches d'arbres rampantes sur lesquelles poussent des épiphytes et des broméliacées. J'ai photographié ce singe avec un objectif 400 mm équipé d'un multiplicateur de focale, ce qui m'a permis de rester assez loin pour ne pas l'effrayer.

Canon EOS-IN/RS, objectif Canon EF 400 mm, multiplicateur de focale Canon Extender EF x2, f/8 à 1/125 de seconde, film Fujichrome Provia

PAGE 222

TAPIR TERRESTRE
(Tapirus terrestris)

Le tapir terrestre est l'une des quatre espèces de tapirs (dont trois sud-américaines). Il vit dans les forêts tropicales denses du Venezuela et de la Colombie, mais aussi jusqu'au nord de l'Argentine et au sud du Brésil, depuis le niveau de la mer jusqu'à 2 000 m d'altitude. Bien que l'on considère que cette espèce est moins menacée que les autres tapirs, seules de sérieuses mesures de protection pourront assurer sa survie. Les tapirs sont en effet fortement menacés par le braconnage, la chasse et la destruction de leur habitat liée à la déforestation. Ils ont un très faible taux de reproduction (une période de gestation de treize mois, et en général un seul bébé qui reste avec sa mère pendant deux ans), ce qui les rend très sensibles aux déclins de populations. Les tapirs se nourrissent de feuilles, d'arbustes et de fruits. La forte proportion de fruits dans leur alimentation porte à croire qu'ils jouent un rôle déterminant dans la dispersion des graines.

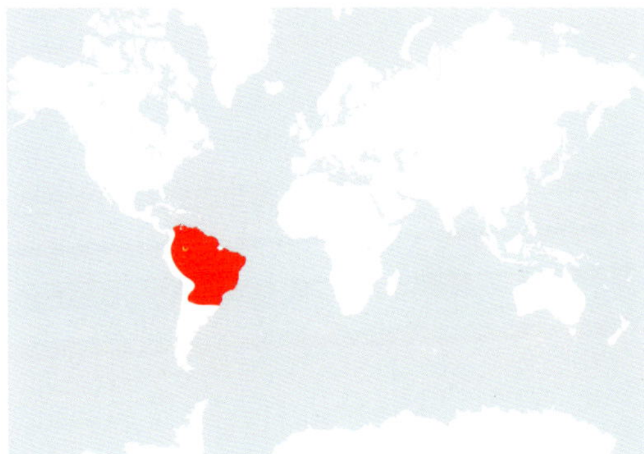

AW : Au cours d'une exploration de la région du Río Napo dans le bassin de l'Amazonie, nous nous sommes arrêtés dans l'un des quelques villages d'Indiens qui se trouvent le long du fleuve. Les villageois nous ont dit qu'un tapir venait presque tous les matins sur les rives d'un affluent proche, et nous avons décidé d'y établir un camp. Notre décision a été payante dès le lendemain matin. J'ai pris cette photo avec un objectif 600 mm à travers une percée de la rivière. Tout en se montrant méfiant, le tapir est resté à découvert pendant à peu près vingt minutes.

Canon EOS-IN, objectif Canon EF 600 mm, f/8 à 1/30 de seconde, film Fujichrome Astia

PAGE 223

PUMA
(Felis concolor)

Hormis l'homme, le puma est le mammifère qui a la plus vaste aire de répartition sur le continent américain (depuis le Yukon et la Nouvelle-Écosse au Canada jusqu'au sud du Chili et à la Patagonie). Également appelés panthères, couguars ou lions des montagnes, les pumas sont menacés d'extinction en Amérique du Nord, mais encore présents dans leur territoire d'origine en Amérique latine. Ainsi, il ne reste plus que cinq mille pumas environ dans les provinces canadiennes de Colombie britannique et d'Alberta, et seules des populations isolées survivent plus à l'est. Dans l'est des États-Unis, la seule population attestée se trouve en Floride, tandis que l'on dénombre environ dix mille pumas dans l'ouest du pays. Bien qu'il soit protégé dans certaines régions, on continue dans d'autres à le chasser par plaisir ou à l'abattre pour défendre le bétail. La destruction de son habitat et l'expansion territoriale de l'homme intensifiant les contacts, les conflits se multiplient.

AW : J'ai rencontré ce puma alors je travaillais avec des biologistes effectuant un recensement des jaguars dans le sud du Mexique. Perché en haut d'un arbre, le félin semblait plutôt décontracté. Je l'ai photographié en utilisant un objectif 600 mm, en plaçant autant de feuillage vert que possible dans l'axe de l'animal, afin de réduire l'effet de contre-jour du ciel lumineux. Pour faire ressortir plus de couleur dans cette scène prise dans une forêt, j'ai utilisé un fill-in.

Canon EOS-3, objectif Canon EF 600 mm, f/8 à 1/15 de seconde, fill-in, film Fujichrome Velvia

PAGE 225

OCELOT
(Felix pardalis)

L'ocelot est certes l'un des plus beaux félidés du monde, mais aussi l'un des plus exploités. Sa robe camouflage permet à ce petit félin de 11,3 à 15,8 kg de se fondre dans les ombres et dans la végétation, qu'il se trouve dans la jungle ou dans les plaines herbeuses. Cependant, ce superbe pelage a attiré l'attention de l'industrie de la fourrure, de sorte que, du début des années 1960 au milieu des années 1970, 200 000 ocelots étaient tués chaque année pour leur peau. Lorsque la demande a diminué, le nombre d'animaux abattus s'est fortement réduit, et à la fin des années 1980, le commerce des peaux d'ocelot avait pratiquement cessé. L'espèce a survécu à cette menace passée et compte aujourd'hui plus de 1,5 million d'individus. Toutefois, la sous-espèce *F. p. albescens*, qui vit dans le sud du Texas et le nord-est du Mexique, est à la limite de l'extinction, avec moins de 250 adultes survivants, dont seulement 50 à 100 aux États-Unis.

AW : J'étais en train de photographier des aigrettes le long du bras mort d'un cours d'eau dans la plaine d'inondation du Llanos, au Venezuela, quand j'ai remarqué quelque chose qui bougeait à 75 m devant moi. J'ai pensé qu'il s'agissait d'un petit héron. Puis, en scrutant avec des jumelles, j'ai découvert que c'était l'oreille d'un ocelot endormi qui tressaillait. Muni d'un objectif 400 mm et d'un multiplicateur de focale montés sur un trépied, je me suis approché du félin endormi. J'étais à environ 40 m de lui lorsqu'il s'est réveillé. Quand il s'est levé pour se diriger vers la forêt, j'ai réussi à prendre cette photo.

Canon EOS-IN, objectif Canon EF 400 mm, multiplicateur de focale Canon Extender EF x2, f/5.6 à 1/125 de seconde, film Fujichrome Velvia

PAGES 226, 227

ARA HYACINTHE

(*Anodorphynchus hyacinthinus*)

L'ara hyacinthe est un gros perroquet de 90 à 100 cm de longueur qui pèse plus de 1,5 kg. Son spectaculaire plumage bleu violacé est orné d'un anneau jaune vif autour de l'œil et d'un croissant jaune près de la mandibule inférieure. Comme tous les aras, il est doté d'une grosse tête et d'un gros bec. Les aras hyacinthes évoluent souvent en couple, et il est difficile de distinguer à l'œil nu les mâles des femelles. Des groupes se rassemblent souvent le soir sur des perchoirs communautaires. Ils sont alors assez bruyants, produisant des sons allant du croassement au hurlement, aux jacasseries, aux grognements et même au ronronnement. Leur aire de répartition centrée sur le Brésil s'étend jusqu'à l'est de la Bolivie et au nord du Paraguay. Autrefois courante, cette espèce est maintenant sporadique. Bien que ce soit illégal, ces aras sont en effet souvent capturés pour le commerce animalier ou tués pour leurs plumes, ou encore pour servir de nourriture. Il reste aujourd'hui moins de 3 000 aras hyacinthes sauvages.

AW : Page 226 – Les aras hyacinthes font partie des aras les plus grands. Ils volent en battant relativement lentement des ailes, ce qui les rend assez faciles à photographier en vol.

Canon EOS-3, objectif IS Canon EF 500 mm, f/11 à 1/500 de seconde, film Fujichrome Velvia (poussé d'un diaphragme)

AW : Page 227 – Les biologistes ont étudié ces deux oiseaux rares pendant plusieurs saisons, c'est pourquoi ils se sont laissés facilement approcher. Les meilleures photos de leur plumage ont été faites avec une lumière assombrie ; sous une lumière directe, il prend une teinte bleu grisâtre terne.

Canon EOS-3, objectif Canon EF 600 mm, f/8 à 1/30 de seconde, film Fujichrome Velvia

PAGE 228

ARA BLEU

(*Ara ararauna*)

L'ara bleu est l'un des perroquets les plus connus. Ces aras, qui vivent essentiellement dans la forêt amazonienne évoluent généralement en couple, même si, comme pour la plupart des perroquets, on ne distingue pas le mâle de la femelle. Ils empruntent souvent des itinéraires réguliers pour voler de l'endroit où ils se nourrissent jusqu'à leur perchoir. Les aras se nourrissent de fruits, de noix et de bourgeons de feuilles à la cime des arbres, et il arrive que des groupes de plus de vingt oiseaux se rassemblent sur un même « garde-manger ». Bien qu'elle soit généralement illégale, la capture d'aras pour le commerce animalier a entraîné une importante chute de la population dans de nombreuses régions. L'ara jaune et bleu a disparu de Trinidad au début des années 1970, ainsi que de la majeure partie du sud et de l'est du Brésil. La répartition de l'espèce est par ailleurs très fragmentée dans le nord de l'Amérique du Sud en raison de l'intensité de la chasse.

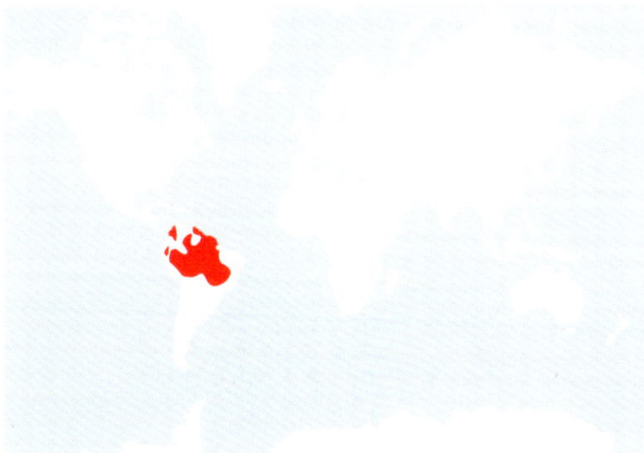

AW : Page 228 (gauche) – Les aras ne rejoignent leur nid qu'au coucher du soleil, ce qui laisse quelques minutes précieuses pour les photographier. J'ai opéré depuis une tour d'observation à 10 m du sol.

Canon EOS-3, objectif Canon EF 600 mm, multiplicateur de focale Canon Extender EF x1.4, f/5.6 à 1/15 de seconde, film Fujichrome MS100/1000 (exposé à 400 ISO)

AW : Page 228 (droite) – Avec un affût à 9 m du sol, un objectif 600 mm et beaucoup de patience, j'ai réussi à faire plusieurs clichés de cet oisillon.

Canon EOS-IN/RS, objectif Canon EF 600 mm, f/8 à 1/60 de seconde, film Fujichrome Velvia

PAGE 229

TOUCAN TOCO

(*Ramphastos toco*)

Le toucan toco est la plus grande des trente-sept espèces de toucans. Ces oiseaux aux couleurs vives que l'on trouve de l'Amérique centrale au nord de l'Argentine sont aisément reconnaissables à leur bec, qui représente un tiers de la longueur totale de leur corps (20 cm environ pour une longueur totale de 66 cm). En dépit de sa taille, le bec du toucan est léger. L'enveloppe extérieure est en effet constituée d'os fin tandis que le bec lui-même est presque entièrement creux. Les toucans tocos vivent dans les branches des arbres de la forêt vierge où ils cueillent des baies, des fruits et des graines, et capturent des insectes et même des lézards à l'aide de leur gros bec. Lorsqu'un toucan s'est procuré quelque chose à manger, il rejette la tête en arrière pour projeter l'aliment au fond de sa gorge. Bien que ces merveilleux oiseaux soient encore considérés comme courants, la destruction de leur habitat risque de mettre rapidement en péril leur survie.

AW : Un couple de toucans se pose un instant à l'entrée de la cavité de son nid, avant de se relayer pour aller couver. J'ai utilisé un objectif 600 mm avec un multiplicateur de focale x 1.4, en installant des trépieds sous l'objectif et le boîtier de l'appareil pour être certain d'obtenir la photo la plus nette possible. J'ai composé la photo de manière à remplir l'arrière-plan avec un maximum de feuillage sombre. Ensuite, j'ai attendu patiemment que les deux adultes viennent se percher à l'entrée du nid. Au bout de plusieurs jours, j'ai découvert que cela n'arrivait qu'une fois par jour, entre 8 et 9 heures du matin.

Canon EOS-3, objectif Canon EF 600 mm, multiplicateur de focale Canon Extender EF x1.4, f/11 à 1/60 de seconde, film Fujichrome Provia

PAGE 229

TOUCAN À GORGE CITRON

(*Ramphastos citreolaemus*)

Avec ses 53 cm de longueur, le toucan à gorge citron est un gros oiseau charismatique. Il ressemble beaucoup à *R. tucanus* et *R. culminatus*, mais vit jusqu'à 900 m d'altitude dans les forêts humides de la Colombie, alors que l'on trouve les deux autres espèces plus au sud. Noir avec des motifs bleu et jaune, le bec du toucan à gorge citron mesure entre 152 et 178 mm. On voit souvent les toucans en couple ou en petites colonies. Ils aiment évoluer à la cime des arbres, et les observateurs les trouvent souvent déséquilibrés en vol. Leur vol consiste généralement en quelques battements d'ailes suivis d'un plané assez bref. Pour pousser leur cri, qui rappelle le coassement de la grenouille, les toucans à gorge citron se perchent sur un promontoire bien en vue et secouent la tête de droite à gauche, comme s'ils « chantaient » chaque note.

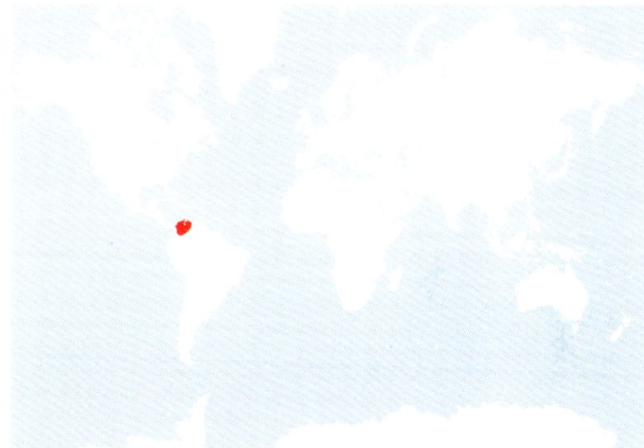

AW : Les toucans sont des sujets très appréciés des photographes à cause de leur couleurs vives et de leur incroyable bec. Ils sont aussi très difficiles à photographier, car ils préfèrent rester dans le haut de la couronne des forêts. Quelquefois, ils s'habituent à venir se nourrir dans les mangeoires placées près des huttes dans la forêt tropicale humide. Ici, un toucan s'approche d'une hutte pour venir chercher des tranches de papaye.

Canon EOS-IN, objectif Canon EF 600 mm, f/11 à 1/125 de seconde, film Fujichrome Velvia

PAGES 230-231

ARA CHLOROPTÈRE
(*Ara chloroptera*)

Les aras comptent parmi les oiseaux les plus extraordinaires qui soient. Ostensiblement rouge, avec une longue queue pointue, des plumes alaires bleues et des sous-alaires vertes, celui-ci ressemble beaucoup à son proche parent, l'ara macao. On trouve cet oiseau tapageur du Panamá jusqu'au nord de l'Argentine, et notamment dans la majeure partie de la forêt amazonienne. Il a toutefois disparu de vastes zones de son aire de répartition d'origine, en raison de la destruction de son habitat, de la chasse et du commerce animalier international. Il entre aujourd'hui dans la catégorie des espèces rares, et ses effectifs diminuent dans l'ensemble de son territoire périphérique. Au nord de son aire de répartition, cet ara apprécie la forêt tropicale, tandis qu'au sud il s'accommode d'habitats plus arides. On voit le plus souvent ces aras en couples ou en petites colonies. Ils se nourrissent de fruits et de graines qu'ils manipulent aisément avec leur gros bec puissant.

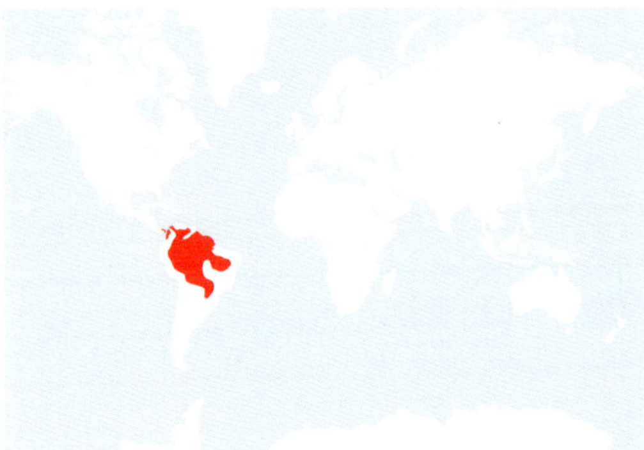

AW : Tous les matins à 10 heures, une centaine d'aras chloroptères se rassemble dans les arbres au-dessus des berges du Río Manu. D'abord prudents, ils descendent bientôt picorer l'argile riche en minéraux. On pense que ces minéraux neutralisent les toxines contenues dans les noix et les fruits dont se nourrissent les oiseaux. J'ai passé quatre matinées consécutives dans un affût flottant. Malheureusement, il faisait trop beau. Le soleil brillant maintenait les oiseaux dans une lumière difficile. Finalement, un nuage qui passait a fourni suffisamment d'ombre pour faire ressortir les riches couleurs des oiseaux.

Canon EOS-3, objectif IS Canon EF 500 mm, f/11 à 1/125 de seconde, film Fujichrome Provia (poussé d'un diaphragme)

PAGE 232

GRENOUILLE DORÉE
(*Atelopus varius zeteki*)

Pour la plupart des espèces qui vivent dans la forêt vierge, la couleur de leur robe a pour objectif soit le camouflage, soit la séduction d'un partenaire. Ce n'est cependant pas le cas de la grenouille dorée (qui, en réalité, est un crapaud). Cette grenouille qui vit uniquement dans les forêts des basses terres de la côte pacifique du Panama a dans la peau des toxines susceptibles de provoquer de l'hypertension, des hallucinations, voire une paralysie. Les prédateurs, qui apprennent très vite à associer les couleurs à une expérience désagréable, évitent donc tout contact avec cette créature minuscule. Si la plupart des soixante-six espèces du genre *Antelopus* sont diurnes, terrestres et souvent décrites comme plutôt effrontées, la grenouille dorée est nocturne, très timide et on la trouve parfois à 4 m au-dessus du sol. Ses effectifs diminuent actuellement, essentiellement du fait de la destruction de son habitat au profit de l'agriculture, de l'élevage et de l'exploitation forestière.

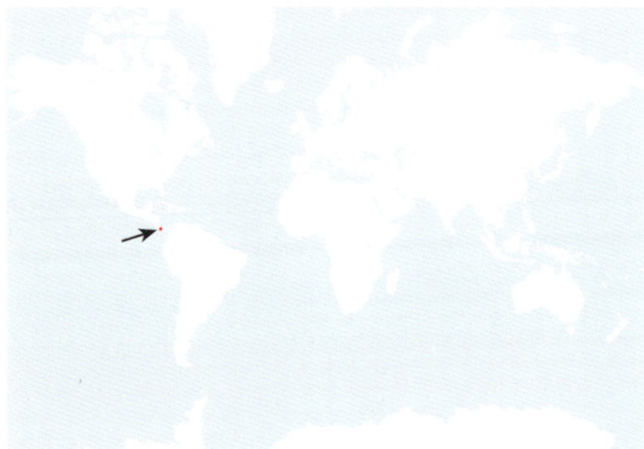

AW : Les grenouilles dorées, comme les rainettes du Choco, sont des sujets relativement faciles pour les photographes. Toute la difficulté réside dans le fait de les dénicher. Ces minuscules amphibiens vivent cachés dans les débris en putréfaction qui jonchent le sol de la forêt tropicale humide. J'ai photographié cette grenouille avec une bague allonge placée entre mon objectif 70-200 mm et le boîtier de mon appareil. Ce dispositif m'a permis de cadrer la grenouille de très près, ce qui m'évitait de trop m'approcher et de la faire fuir en l'effrayant. C'est une technique que j'ai souvent utilisée pour photographier des amphibiens, des reptiles et des insectes.

Canon EOS-IN, objectif Canon EF 70-200 mm, bague allonge, f/11 à 1/30 de seconde, film Fujichrome Velvia

PAGE 232

RAINETTE MARBRÉE
(*Hyla marmorata*)

On trouve des hylidés dans la majeure partie de la planète, notamment en Amérique, en Australie, ainsi que dans certaines parties d'Europe et d'Asie. Parmi les hylidés, c'est le genre arboricole *Hyla* qui présente la plus grande diversité. En Amérique latine, ces rainettes ont des habitats très divers, depuis les forêts des basses terres aux forêts de montagne. Si la plupart des espèces sont arboricoles, d'autres sont aquatiques ou terrestres. La rainette marbrée d'Amérique du Sud est très répandue sur le sous-continent éponyme. Elle est reconnaissable à sa peau caractéristique dont la couleur rappelle l'écorce tachée de lichen des arbres sur lesquels elle grimpe. Ce camouflage ne protège néanmoins la rainette que de ses ennemis naturels. Or les amphibiens sont aujourd'hui menacés par la destruction de leur habitat, la pollution, l'introduction d'espèces concurrentes, les mutations provoquées par l'augmentation des rayons ultra-violets et le commerce animalier.

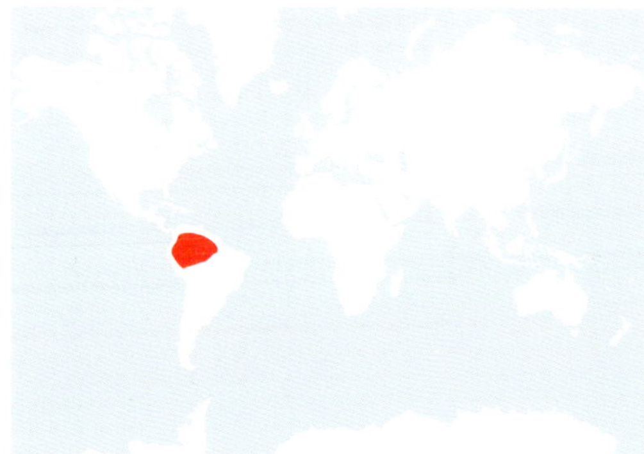

AW : La forme, la taille et la couleur des grenouilles sont étonnamment variées. Il existe des grenouilles aux couleurs brillantes, comme la reinette de Choco, et des grenouilles arboricoles aux couleurs discrètes. Elles ont procuré aux photographes de la nature, à commencer par moi, des heures infinies de plaisir photographique au fil des ans. J'ai rencontré en Amazonie péruvienne cette petite rainette, dont la couleur est parfaitement adaptée pour se fondre dans celle de l'écorce. Lorsque je fais de la macrophotographie, j'utilise souvent un objectif macro 100 mm. Il me permet de faire une mise au point de près sans effrayer mon sujet et sans lui faire de l'ombre.

Canon EOS-IN/RS, objectif macro Canon EF 100, f/16 à 1/4 de seconde, film Fujichrome Velvia

PAGE 233

COQ DE ROCHE PÉRUVIEN
(*Rupicola peruviana*)

Le plumage spectaculaire du coq-de-roche mâle va de l'écarlate (*R. p. sanguinolenta*) au rouge orangé (*R. p. aequatorialis*). Si le mâle est très exubérant avec sa huppe érectile, sa tête et sa poitrine de couleur vive contrastant avec ses ailes et sa queue noires, la femelle est plus discrète. D'un brun roux foncé, elle passe presque inaperçue dans les ombres de la forêt. Les rupicoles sont polygames. Les mâles se regroupent en communautés dans les arbres des forêts humides où ils vivent. Pour attirer leurs partenaires, ils poussent un cri de séduction, semblable au hurlement du cochon que l'on égorge. Ils construisent sur des escarpements rocheux des nids de boue où la femelle pond ses deux œufs. Si ces coqs de roche sont encore assez courants par endroit, on les capture néanmoins fréquemment pour alimenter le commerce des oiseaux en cage. En outre, comme la plupart des espèces vivant dans la jungle, les rupicoles sont menacés par la destruction de leur habitat.

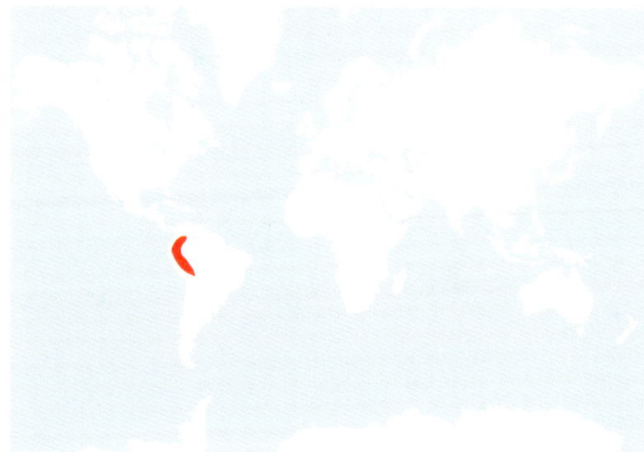

AW : Le coq de roche péruvien est l'un des oiseaux andins les plus intéressants. Mais son habitat dans la forêt dense le rend difficile à photographier. Pour corser les choses, la plupart de ses parades nuptiales sophistiquées ont lieu au petit matin ou en fin d'après-midi, quand la luminosité est la plus faible. Pour obtenir une photo nette, j'ai utilisé un objectif 40 mm à f/2.8, et j'ai déclenché mon obturateur chaque fois qu'un oiseau se posait sur une branche. Je suis également resté dans un affût pour ne pas affoler ces oiseaux méfiants.

Canon EOS-IN/RS, objectif Canon EF 400 mm, f/5.6 à 1/8 de seconde, film Fujichrome Velvia (poussé d'un diaphragme)

PAGE 234

LOUTRE GÉANTE
(*Pteronura brasiliensis*)

Les loutres géantes, qui appartiennent comme les loutres de rivière à la famille des mustélidés, sont les seuls représentants du genre *Pteronura*. Si on les trouvait autrefois dans presque toute l'Amérique du Sud, de la Colombie au nord-est de l'Argentine, elles ont aujourd'hui disparu de la majeure partie de leur aire de répartition originelle. Les loutres géantes pèsent jusqu'à 34 kg et mesurent de 0,8 à 1,4 m de long (plus une queue de 0,3 à 1 m de longueur). Leur poil court, épais et soyeux est brun, sauf les lèvres, le menton, la gorge et la poitrine qui sont généralement d'un blanc crémeux. C'est la fourrure de la loutre qui est à l'origine de son déclin. Dans les années 1980, une seule peau pouvait rapporter 50 dollars à un chasseur aux États-Unis, et plus de 250 dollars en Europe. La chasse est désormais illégale, mais le braconnage continue, de sorte que les loutres géantes ont été pratiquement éradiquées d'Argentine, d'Uruguay et du sud-est du Brésil.

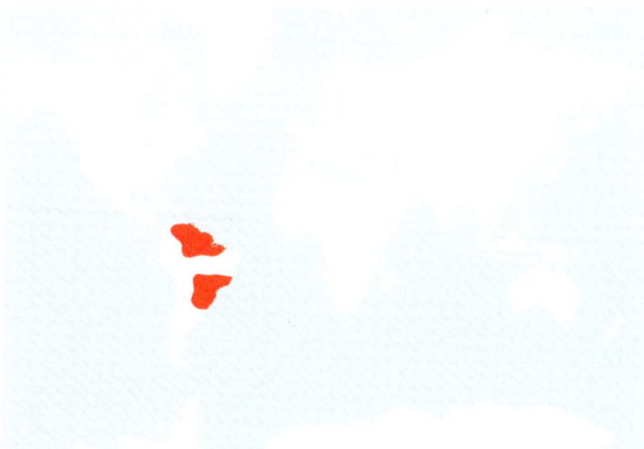

AW : Page 234 (gauche) – J'ai opéré depuis une plate-forme flottante faite de deux pirogues attachées l'une à l'autre. J'ai utilisé un objectif 500 mm avec stabilisateur d'image pour limiter l'effet des mouvements – ceux de la loutre et les miens.

Canon EOS-3, objectif IS Canon EF 500 mm, f/8 à 1/250 de seconde, film Fujichrome Provia

AW : Page 234 (droite) – Depuis ma plate-forme, j'ai suivi une famille de sept adultes et quatre petits pendant quatre jours. J'ai fini par obtenir des portraits comme celui-ci.

Canon EOS-3, objectif IS Canon EF 500 mm, f/5.6 à 1/125 de seconde, film Fujichrome Provia

PAGE 235

LOUTRE GÉANTE
(*Pteronura brasiliensis*)

Avec leurs grandes pattes palmées et leur queue épaisse, musclée et légèrement aplatie, les loutres géantes sont bien adaptées à la vie aquatique. Elles aiment tout particulièrement les eaux lentes et choisissent les endroits où elles peuvent facilement se cacher. Ces bonnes nageuses utilisent leur queue pour se propulser et leurs pattes pour se diriger. Elles attrapent des poissons avec la bouche, dévorant les petits dans l'eau et portant les plus gros sur le rivage. Leur territoire, qu'elles défendent ardemment, s'étend sur une portion de cours d'eau d'une douzaine de kilomètres. Parfois très sociables, il leur arrive de former des colonies de vingt individus. Toutefois, un groupe est d'ordinaire constitué d'un couple, d'un ou de plusieurs juvéniles et des jeunes de l'année. Les loutres géantes sont très bruyantes. Cette caractéristique associée à leur mode de vie diurne en fait des proies faciles pour les braconniers.

AW : Juste une semaine avant mon arrivée, les loutres adultes ont sorti leurs bébés de trois mois pour la première fois. Pendant mon séjour de quatre jours, j'ai photographié les adultes en train d'apprendre à leurs petits à nager et à pêcher. La famille était très unie, chassant souvent en commun. Ils utilisaient leur moustaches pour détecter le poisson dans les eaux troubles. Sur cette photo, un adulte émerge avec un poisson et il est rapidement assailli par les petits, constamment affamés.

Canon EOS-3, objectif IS Canon EF 500 mm, f/11 à 1/125 de seconde, film Fujichrome Provia

PAGE 236

SINGE DE NUIT
(*Aotus lemurinus*)

Il existe dix espèces de singes de nuit. Bien que la taxonomie du genre soit incertaine, ces singes seraient les primates les plus primitifs du continent américain. Il se peut qu'ils soient en outre les plus vieux représentants du sous-ordre des anthropoïdes qui englobe les singes et les hominidés. Ces minuscules primates, qui pèsent moins de 1 kg ont une épaisse fourrure laineuse. Ils vivent dans les forêts primaires et secondaires d'Amérique centrale et du nord de l'Amérique du Sud. Contrairement à la plupart des autres singes, ils sont nocturnes. Depuis longtemps très prisés comme animaux de compagnie, mais aussi de laboratoire, leur capture a eu un impact certain sur les populations locales. Dans certaines régions, on les chasse en outre pour leur chair et pour leur fourrure. C'est toutefois la destruction de leur habitat forestier, qui a complètement décimé certaines populations, qui met le plus leur survie en péril.

AW : Quand je me rend dans des villages reculés, je me renseigne toujours pour savoir s'il y a des animaux sauvages dans les environs. Un jour, un villageois m'a montré du doigt un vieil arbre et m'a dit qu'un singe vivait dedans. J'ai installé une plate-forme de fortune et j'ai ensuite tapoté sur l'arbre. À ma grande surprise, ce petit singe a timidement jeté un regard hors de la cavité.

Canon EOS-1N, objectif Canon EF 70-200 mm, f/4 à 1/125 de seconde, film Fujichrome Astia

PAGE 236

ALOUATE NOIR
(*Alouatta palliata*)

Les alouates sont les plus gros singes du Nouveau Monde. Chez les alouates noirs, seuls les mâles sont réellement noirs, les femelles et les juvéniles étant brunâtres. Les mâles sont par ailleurs nettement plus gros que les femelles, et plus de deux fois plus lourds (10 kg pour les premiers contre 4 kg pour les dernières). Cette famille de singes hurleurs émet un cri remarquable qui s'entend à plus de 3 km à la ronde et qui ressemble au rugissement d'un lion. Les groupes d'alouates noirs rassemblent parfois jusqu'à quarante-cinq individus. Ces singes sont confrontés à la destruction de leur habitat dans l'ensemble du Mexique et de l'Amérique centrale, la taille des groupes diminuant dans les régions où la forêt est clairsemée. Dans le sud du Mexique, 90 % de la forêt tropicale a été détruite au cours des quarante dernières années, de sorte que les populations d'alouates noirs sont désormais petites et isolées, avec une faible probabilité de survie à long terme.

AW : La première fois que j'ai entendu un alouate noir, c'était sur Islas Barro Colorado, dans la région du canal de Panamá. Les cris que poussaient ces singes dans la lumière qui précède le crépuscule étaient tellement effrayants que j'étais sûr qu'un animal était en train de se faire tuer. Plus tard, lorsque j'ai découvert d'où provenait ce bruit, j'ai été vraiment soulagé. Les alouates ont une allure assez comique – ils ont un profil très déformé, à cause de leurs grandes mâchoires inférieures, de leur nuque épaisse et de leur angle facial bas. Sur cette photo, un jeune alouate cherche à regarder de l'autre côté d'un tronc, pendant que les adultes qui sont près de lui grognent après moi.

Canon EOS-1N, objectif Canon EF 600 mm, f/5.6 à 1/60 de seconde, film Fujichrome Velvia

PAGE 237

QUETZAL RESPLENDISSANT

(Pharomachrus mocinno)

Le quetzal resplendissant qui vit dans les hautes montagnes d'Amérique centrale est menacé d'extinction. Le mâle arbore une splendide queue émeraude de 0,6 m de long qui en fait l'un des plus beaux oiseaux du monde.
À la différence des nombreuses espèces qui migrent en empruntant un itinéraire nord-sud, les quetzals migrent « verticalement », entre les forêts de haute altitude, où ils nichent entre mars et juin, et les forêts situées à mi-pente.
Ces oiseaux verts sont de plus en plus menacés dans la mesure où l'agriculture et l'exploitation forestière se pratiquent aujourd'hui à une altitude de 2 000 m et au-delà. Ils subissent en outre la pression constante du commerce illégal d'animaux vivants, de peaux et de plumes. Les quetzals se nourrissant de nombreuses variétés de fruits, ils jouent un rôle fondamental dans la dispersion des graines. Leur disparition pourrait de ce fait avoir des conséquences profondes pour la forêt tropicale d'altitude.

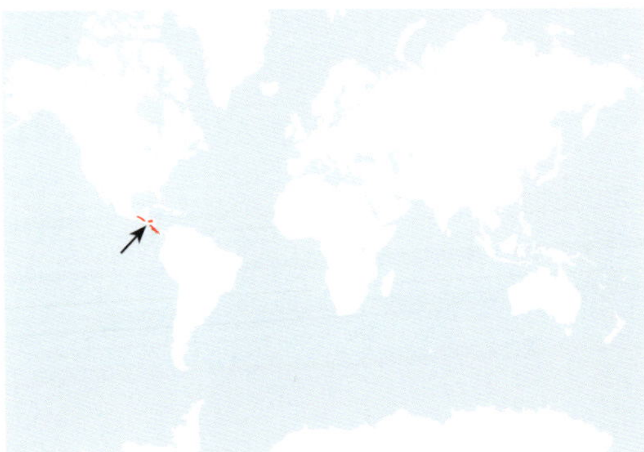

AW : Je suis monté haut dans les montagnes du Panamá pour photographier ce quetzal. Après avoir trouvé un nid, j'ai installé mon appareil muni d'un objectif 600 mm à 30 m. L'arbre dans lequel se trouvait le nid était sur une pente raide, ce qui m'a permis de le placer en haut de la pente, au-dessus du nid. Toutes les vingt minutes, les adultes revenaient pour nourrir leurs petits. Ils se posaient souvent quelques secondes avant d'entrer dans le nid, et c'est à ce moment là que je les ai photographiés. Comme j'étais dans la forêt tropicale humide dense, j'ai utilisé un fill-in pour rehausser la couleur des plumes iridescentes et pour que les yeux de l'oiseau attirent plus le regard.

Canon EOS-IN, objectif canon EF 600 mm, f/4 à 1/15 de seconde, fill-in, film Fujichrome Velvia (poussé d'un diaphragme)

PAGES 238, 240

CAÏMAN YACARÉ

(Caiman yacare)

Les caïmans yacarés ont gravement souffert de la chasse illégale pratiquée dans les années 1970 et 1980.
Le braconnage et la destruction de leurs habitats marécageux constituent les principales menaces qui pèsent sur cette espèce. Mais la fécondité des femelles (elles peuvent pondre jusqu'à trente-huit œufs pendant la saison de reproduction) permet de retrouver rapidement la population initiale si la chasse diminue d'intensité.
Les femelles gardent leur nid pendant l'incubation, mais elles sont susceptibles de l'abandonner si elles sont dérangées. Dans les zones où les éléments perturbateurs exercent une pression importante, les femelles de nature pourtant prolifique ne parviennent pas toujours à élever leur progéniture. Des programmes de reproduction ont donc été mis en place pour contrer l'impact du braconnage.
Il existe, par ailleurs, des élevages de caïmans au Brésil et en Argentine pour l'exploitation des peaux.

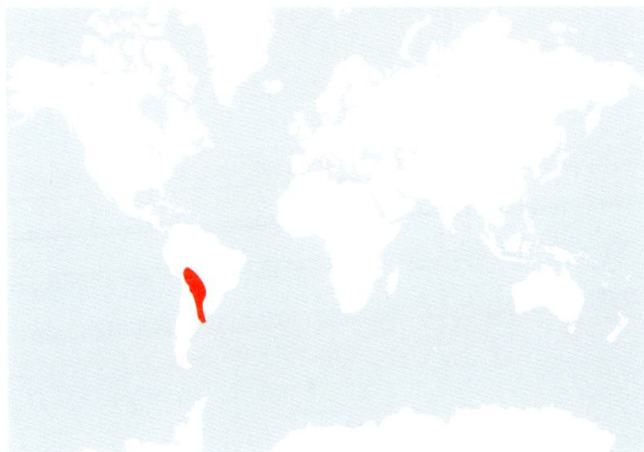

AW : Page 238 – Pour faire cette photo, je me suis approché du reptile et je me suis mis en position du tireur couché.

Canon EOS-3, objectif Canon EF 600 mm, multiplicateur de focale Canon Extender EF x1.4, f/16 à 1/15 de seconde, film Fujichrome Velvia

AW : Page 240 – Ces caïmans, habitués à être nourris par les employés des ranchs des environs, s'approchent à moins de 30 cm de l'endroit où je me suis agenouillé. Comme je ne suis pas du genre à laisser passer une occasion, j'ai pris un objectif grand-angle pour immortaliser cette scène.

Canon EOS-3, objectif Canon EF 17-35 mm, f/22 à 1/2 seconde, filtre de densité neutre ND4, fill-in, film Fujichrome Velvia

PAGE 239

CAÏMAN À LUNETTES

(Caiman crocodilus)

Le caïman à lunettes, qui doit son nom à l'arête osseuse qu'il possède entre les yeux, est une espèce à forte capacité d'adaptation. Il vit dans des habitats humides très divers, mais affiche une préférence pour les eaux stagnantes. Les adultes mesurent de 2 à 2,50 m de long, quelques spécimens exceptionnellement gigantesques atteignant 3 m.
Les juvéniles se nourrissent d'invertébrés aquatiques.
La taille de leurs proies augmentent au fur et à mesure qu'ils grandissent. Les adultes se nourrissent de poissons, d'autres reptiles et même de mammifères, des sangliers notamment. La peau de ce caïman n'est pas aussi prisée que celle des autres espèces, mais ces dernières étant devenues fort rares, le caïman à lunettes est désormais la cible principale des chasseurs. La population a donc fortement diminué dans bien des régions (au Salvador en particulier), et la sous-espèce *C. c. apaporiensis* est définie comme menacée d'extinction à court terme en Colombie.

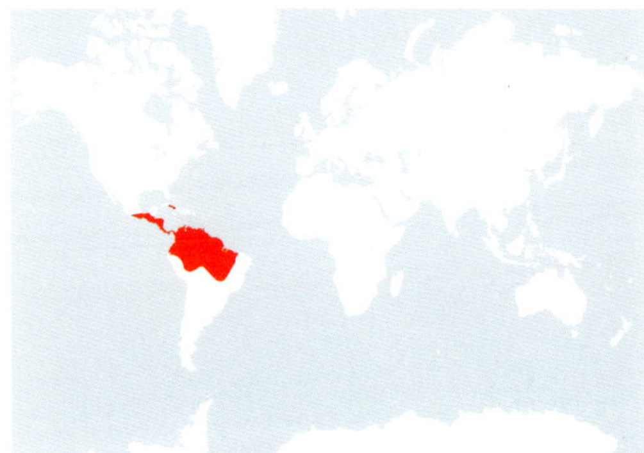

AW : Un bébé caïman se cache dans la végétation aquatique qui flotte sur le bras mort d'un cours d'eau. Cette végétation sert de cachette à ces petits vulnérables, car les hérons, les aigrettes et les faucons chassent fréquemment dans les eaux peu profondes de ce lac. Quand je me suis approché de ces minuscules reptiles, je me suis rendu compte que le moindre mouvement les faisait disparaître sous l'eau. Il a fallu plusieurs minutes pour qu'ils reviennent à la surface. Pour faire cette photo, j'ai choisi un objectif long et j'ai diaphragmé à f/22 pour être sûr que tous les caïmans seraient nets.

Canon EOS-IN, objectif Canon EF 400 mm, f/22 à 1/8 de seconde, film Fujichrome Velvia

PAGE 241

PROPITHÈQUE DE VERREAUX

(Propothecus verreauxi)

Avec un ensemble tête-corps qui mesure environ 50 cm, prolongé par une queue à peu près de la même longueur, couvert d'un poil doux et laineux, le propithèque de Verreaux pèse entre 3 et 7 kg. Sa couleur varie du blanc au noir en passant par le gris et le brun. Il vit dans les forêts de conifères et de feuillus de Madagascar, où il est capable d'effectuer des bonds de 10 m pour passer d'un arbre à l'autre. Évoluant sur un territoire de 6,75 à 8,5 hectares, des groupes de deux à treize individus parcourent la forêt à la recherche de feuilles, de fruits, de fleurs et d'écorce.
La croissance démographique que connaît l'île a entraîné la destruction de la majeure partie de leur habitat.
On estime leur nombre à plus de 100 000, mais au vu de la dégradation constante de leur habitat et de leur aire de répartition très restreinte, ces chiffres paraissent soit trop optimistes, soit sur le point de chuter.

AW : Un propithèque se repose dans un grand arbre sur une colline abrupte. J'ai réussi à me déplacer jusqu'à un endroit en hauteur au-dessus de l'arbre, ce qui m'a permis d'avoir une vue dégagée sur le lémurien. L'animal sur le qui-vive semblait suivre tous mes mouvements en me regardant d'un air que je ne pourrais que qualifier de nonchalant.

Canon EOS-IN, objectif Canon EF 600 mm, f/8 à 1/60 de seconde, fill-in, film Fujichrome Velvia

PAGE 241

INDRI
(Indri indri)

Avec un ensemble tête-corps de 0,60 à 0,90 m, l'indri est le plus gros des lémuriens. Comme les propithèques, les indris sont des lémuriens sauteurs. À l'instar de trente-deux autres espèces de lémuriens, l'indri est endémique à Madagascar. Les indris, qui vivent seulement dans le nord-est de l'île, sont de couleurs variées : certains sont essentiellement blancs, d'autres noirs, gris ou bruns. Ils évoluent dans les forêts tropicales côtières ou montagneuses (jusqu'à 1 800 m d'altitude) et se nourrissent de feuilles, de fruits et de fleurs. Les indris sont diurnes et vivent en groupes familiaux de deux à cinq individus. Au cours des 1 500 dernières années, seize espèces de lémuriens ont été frappées d'extinction, conséquence directe de la chasse et de la destruction de leur habitat par l'homme. Avec seulement 10 000 survivants (1 000 selon certains spécialistes), l'indri est aujourd'hui sérieusement menacé d'extinction. Aucun indri ne vit en captivité.

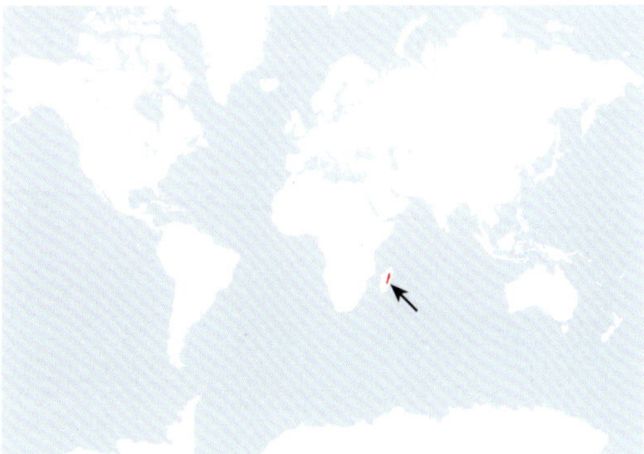

AW : Les indris sont les plus grands prosimiens vivant dans les forêts humides de l'est de Madagascar. Ils passent la plupart de leur temps dans la cime des arbres. Pour photographier ce lémurien, j'ai utilisé un objectif 600 mm avec un flash fixé au boîtier de mon appareil. J'ai mis le flash sur fill-in de manière à mettre en valeur les yeux de l'animal tout en conservant à ce regard lumineux le côté le plus naturel et le plus sympathique possible.

Canon EOS-IN, objectif Canon EF 600 mm, f/4 à 1/125 de seconde, fill-in, film Fujichrome 50

PAGE 242

GORILLE DE MONTAGNE
(Gorilla gorilla beringei)

Le gorille de montagne est l'une des trois sous-espèces de gorilles actuellement reconnues. C'est aussi la plus rare, avec moins de six cent cinquante survivants dans une petite région qui englobe les forêts tropicales de haute altitude du Ruanda, de l'Ouganda et de la République démocratique du Congo, ainsi sans doute que la forêt impénétrable de Bwindi en Ouganda. Chez les gorilles de montagne, toutes les unités familiales sont organisées autour d'un adulte mâle, le « dos d'argent » protecteur du groupe. Pour protéger sa famille, il émet des hululements ou des grognements et peut passer en un clin d'œil d'une simple mise en garde à une attaque en règle. Plus de 75 % des dos d'argent présentent des cicatrices à la tête, témoignages des blessures reçues en se battant avec d'autres mâles. Si un dos d'argent se fait détrôner par un autre mâle, l'usurpateur tue toute la descendance du vaincu encore dépendante pour que les femelles soient à nouveau en chaleur.

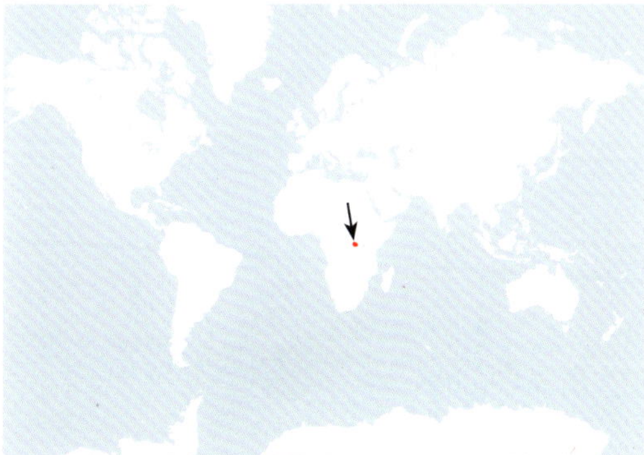

AW : Pendant que je photographiais un groupe de gorilles, le mâle dominant est resté à l'écart, gardant ses distances, tout en ne nous perdant pas de vue, moi et les gorilles placés sous sa garde. J'ai opté pour un objectif 70-200 mm, plutôt que pour un long objectif avec lequel j'aurais fait un portrait rapproché de ce gorille. Ce choix m'a permis d'inclure plus de cette végétation dense qui caractérise l'habitat des gorilles des montagnes, et il était cohérent avec le style de photos que j'ai privilégié pour cet ouvrage.

Canon F3, objectif Canon EF 70-200 mm, f/8 à 1/60 de seconde, film Fujichrome Velvia

PAGE 243

GORILLE DE MONTAGNE
(Gorilla gorilla beringei)

Les gorilles de montagne femelles atteignent leur maturité sexuelle vers l'âge de huit ans, mais elles ne s'accouplent avant l'âge de dix ans, lorsqu'elles quittent leur groupe de naissance. Dans la mesure où le dos d'argent de sa bande natale est selon toute vraisemblance aussi son père, une jeune femelle qui quitte le groupe où elle est née évite ainsi l'inceste. Les femelles ne restent jamais seules, elles passent en fait de la domination d'un mâle à celle d'un autre, que ce dernier soit déjà à la tête d'une bande ou qu'il s'agisse d'un solitaire qui essaie de se constituer un harem. Lorsqu'un mâle étranger approche d'un groupe de femelles, celles-ci le jaugent en observant comment il interagit avec le dos d'argent de leur bande. Un mâle régulièrement vaincu et éconduit par les autres mâles aura du mal à séduire des femelles ; elles préfèrent les mâles mûrs qui ont été dos d'argent pendant au moins quelques années et feront ainsi de bons protecteurs pour elles-mêmes et pour leurs progéniture.

AW : Photographier ces gorilles a été l'une des expériences les plus agréables au cours des vingt-huit ans que j'ai passés à faire des clichés des animaux sauvages. Ce matin-là, je me suis levé tôt et je suis monté sur l'un des volcans de la chaîne des Virunga au Ruanda, sous la conduite d'un traqueur saisonnier. Nous avons fini par trouver des traces fraîches. La bruine que j'avais maudite auparavant s'est finalement révélée intéressante ; elle a adouci la lumière, permettant ainsi des expositions plus faciles. Si la journée avait été lumineuse et ensoleillée, il aurait été difficile d'obtenir la bonne exposition pour un animal noir dans une végétation dense.

Canon F3, objectif Canon EF 70-200 mm, f/4 à 1/60 de seconde, film Fujichrome 100

PAGE 10

CHIMPANZÉ
(Pan troglodytes)

On trouvait autrefois des chimpanzés dans toute l'Afrique, depuis les forêts tropicales jusqu'aux savanes boisées, et leur population était estimée à plusieurs millions d'individus au début du XXe siècle. Cent ans plus tard, 105 000 seulement survivent : 12 000 *P. t. verus*, qui vivent pour la plupart en Côte d'Ivoire, 80 000 *P. t. troglodytes*, qui se trouvent essentiellement au Gabon et dans la République démocratique du Congo, et 13 000 *P. t. schweinfurthii* enfin, qui vivent à l'est du fleuve Congo. Les chimpanzés ont 98,4 % de gènes en commun avec l'homme. Ils savent manipuler des outils et utiliser des plantes médicinales, et présentent les prémisses de la culture. Nous sommes donc très proches et pourtant nous les avons laissé frôler l'extinction. L'homme déboise leur habitat, les tue pour fournir de la viande aux communautés rurales, et arrache les nouveau-nés à leurs mères pour distraire les touristes. Si les chimpanzés disparaissent, c'est une partie de nous-mêmes que nous perdons.

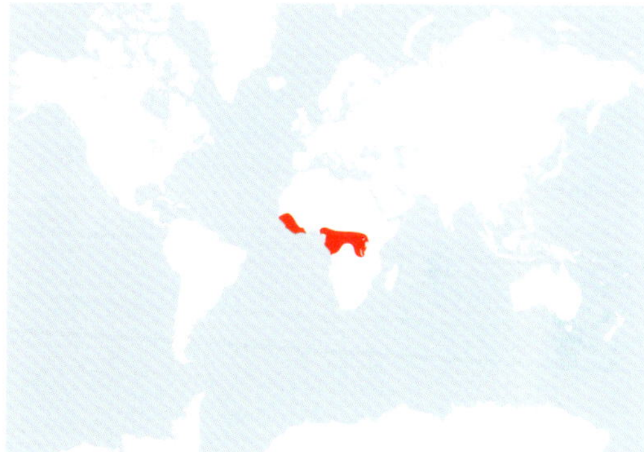

AW : Les soins mutuels entre chimpanzés occupent une bonne partie de leur temps. Pour un photographe, cette activité est la bienvenue, car elle tient ces animaux actifs relativement immobiles. Elle montre aussi un comportement intéressant à figer sur pellicule. Ici, deux adultes s'épouillent mutuellement tandis qu'un jeune regarde. Pour photographier cette scène, j'ai choisi un zoom 70-200 mm réglé à f/2.8. J'ai ainsi pu prendre une exposition raisonnablement rapide dans un milieu sombre, et l'amplitude de l'objectif jusqu'à 200 mm m'a permis de rester assez loin pour ne pas perturber cette scène.

Canon EOS-IN, objectif Canon EF 70-200 mm, f/4 à 1/30 de seconde, film Fujichrome 100

ADRESSES UTILES

African Wildlife Foundation
~~1400 16th Street, N.W.~~, Suite 120
Washington, DC 20036,
États-Unis
Tél. : 202-939-3333
Fax : 202-939-3332
Mél. : africanwildlife@awf.org
www.awf.org

Les Amis de la Terre
38, rue Meslay, 75003 Paris,
France
Tél. : (33) 01 48 87 33 44
Fax : (33) 01 48 87 28 23

Association pour la protection
des animaux sauvages
et du patrimoine naturel (ASPAS)
B.P. 34, 26270 Loriol,
France
Tél. : (33) 04 75 62 64 86
Fax : (33) 04 75 62 66 00

Association sportive de la chasse
photographique (ASCPF),
60, rue des Archives, 75003 Paris,
France
Mél. : infos@ascpf.com
www.ascpf.com

Canadian Wildlife Federation
2740 Queensview Drive
Ottawa, ON K2B 1A2,
Canada
Tél. : 800-563-WILD
Fax : 613-721-2902
Mél. : info@cwf-fcf.org
www.cwf-fcf.org

Center for Marine Conservation
1725 DeSales Street, N.W., Suite 600
Washington, DC 20036,
États-Unis
Tél. : 202-429-5609
Fax : 202-872-0619
Mél. : cmc@dccmc.org
www.cmc-ocean.org

Cetacean Society International
P.O. Box 953
Georgetown, CT 06829, États-Unis
Tél./Fax : 203-431-1606
Mél. :
William_Rossiter@compuserve.com
http://elfnet1a.elfi.com/csihome.html

Conservation International Foundation
2501 M Street, N.W., Suite 200
Washington, DC 20037,
États-Unis
Tél. : 202-429-5660
Fax : 202-887-0193
www.conservation.org

Defenders of Wildlife
1101 Fourteenth Street, N.W.,
Suite 1400
Washington, DC 20005,
États-Unis
Tél. : 202-682-9400
Fax : 202-682-1331
www.defenders.org

Dian Fossey Gorilla Fund International
800 Cherokee Avenue, S.E.
Atlanta, GA 30315,
États-Unis
Tél. : 800-851-0203
Fax : 404-624-5999
Mél. : 2help@gorillafund.org
www.gorillafund.org

East African Wildlife Society
P.O. Box 20110, Nairobi,
Kenya
Tél. : 254-2-506671
Fax : 254-2-501752
www.cheetah.demon.nl/eawls.html

France Nature Environnement (FNE)
57, rue Cuvier, 75231 Paris Cedex 05,
France
Tél. : (33) 01 43 36 79 95
Fax : (33) 01 43 36 84 67
Mél. : fneparis@aol.com

Friends of the Earth – U.S.
1025 Vermont Avenue, N.W.,
Third Floor
Washington, DC 20005,
États-Unis
Tél. : 877-843-8687
Fax : 202-783-0444
Mél. : foe@foe.org
www.foe.org

International Union for the
Conservation of Nature and
Natural Resources
IUCN – The World Conservation Union
Rue Mauverney, 28
CH-1196 Gland,
Suisse
Tél. : 41-22-999-00-01
Fax : 41-22-999-00-02
Mél. : mail@hq.iucn.org
www.iucn.org

The Jane Goodall Institute
P.O. Box 14890
Silver Spring, MD 20911,
États-Unis
Tél. : 301-565-0086
Fax : 301-565-3188
Mél. : JGIinformation@janegoodall.org
www.janegoodall.org

Ligue pour la protection
des oiseaux (LPO)
La Corderie royale, B.P. 263,
17305 Rochefort Cedex,
France
Tél. : (33) 05 46 82 12 34
Fax : (33) 05 46 83 95 86
Mél. : lpo@lpo-birdlife.asso.fr

National Audubon Society
700 Broadway
New York, NY 10003,
États-Unis
Tél. : 212-979-3000
Fax : 212-979-3188
www.audubon.org

National Parks Conservation
Association
1300 Nineteenth Street, N.W., Suite 300
Washington, DC 20036, États-Unis
Tél. : 800-NAT-PARKS
Mél. : npca@npca.org
www.npca.org/home/npca/

National Wildlife Federation
8925 Leesburg Pike
Vienna, VA 22184, États-Unis
Tél. : 703-790-4000
Fax : 703-790-4040
www.nwf.org

Natural Resources Defense Council
40 W. 20th Street
New York, NY 10011, États-Unis
Tél. : 212-727-2700
Fax : 212-727-1773
Mél. : nrdcinfo@nrdc.org
www.nrdc.org

The Nature Conservancy
4245 N. Fairfax Drive, Suite 100
Arlington, VA 22203, États-Unis
Tél. : 703-841-5300
Fax : 703-841-1283
www.tnc.org

Orangutan Foundation International
822 S. Wellesley Avenue
Los Angeles, CA 90049,
États-Unis
Tél. : 310-207-1655
Fax : 310-207-1556
Mél. : redape@ns.net
www.orangutan.org

Rainforest Action Network
221 Pine Street, Suite 500
San Francisco, CA 94104,
États-Unis
Tél. : 415-398-4404
Fax : 415-398-2732
Mél. : rainforest@ran.org
www.ran.org

Rainforest Alliance
65 Bleecker Street, Sixth Floor
New York, NY 10012, États-Unis
Tél. : 212-677-1900
Fax : 212-677-2187
Mél. : canopy@ra.org
www.rainforest-alliance.org

Royal Society for the Protection
of Birds
The Lodge, Sandy
Bedfordshire, SG19 2DL,
Grande-Bretagne
Tél. : 44-1767-680551
www.rspb.org.uk

Sierra Club
85 Second Street, Second Floor
San Francisco, CA 94105, États-Unis
Tél. : 415-977-5500
Fax : 415-977-5799
Mél. : information@sierraclub.org
www.sierraclub.org

Société nationale de protection
de la nature (SNPN),
9, rue Cels, 75014 Paris, France
Tél. : (33) 01 43 20 15 39
Fax : (33) 01 43 20 15 71
Mél. : snpn@wanadoo.fr

Wildlife Conservation Society
2300 Southern Boulevard
Bronx, NY 10460, États-Unis
Tél. : 718-220-5100
Fax : 718-364-4275
Mél. : feedback@wcs.org
www.wcs.org

World Conservation Monitoring Centre
219 Huntingdon Road
Cambridge, CB3 0DL,
Grande-Bretagne
Tél. : 44-1223-277314
Fax : 44-1223-277136
Mél. : info@wcmc.org.uk
www.wcmc.org.uk

World Wide Fund for Nature (WWF)
1126 Avenue du Mont Blanc
CH-1196 Gland, Suisse
Tél. : 41-22-364-9111
Fax : 41 22 364 4238
Mél. : ddenhardt@wwfnet.org
www.panda.org

WWF – France
188, rue de la Roquette
75011 Paris, France
Tél. : (33) 01 55 25 84 84
Fax : 01 55 25 84 74
www.panda.org/french-spanish.cfm

World Wildlife Fund – U.S.
1250 Twenty-Fourth Street, N.W.
P.O. Box 97180
Washington, DC 20037, États-Unis
Tél. : 202-293-4800
Fax : 202-293-9211
www.worldwildlife.org

Worldwatch Institute
1776 Massachusetts Avenue, N.W.
Washington, DC 20036, États-Unis
Tél. : 202-452-1999
Fax : 202-296-7365
Mél. : worldwatch@worldwatch.org
www.worldwatch.org

Yellowstone Park Foundation
37 E. Main Street, Suite 4
Bozeman, MT 59715, États-Unis
Tél. : 406-586-6303
Fax : 406-586-6337
Mél. : yellowstn@aol.com
www.ypf.org

Zero Population Growth
1400 Sixteenth Street, N.W., Suite 320
Washington, DC 20036, États-Unis
Tél. : 202-332-2200
ou 800-POP-1956
Fax : 202-332-2302
Mél. : info@zpg.org
www.zpg.org

BIBLIOGRAPHIE SUCCINCTE

Adams, Douglas, and Mark Carwardine. *Last Chance to See*. New York: Ballantine Books, 1990.

Attenborough, David, Jean Dorst. *La Planète vivante*. Lausanne : Delachaux et Niestlé, 1985.

Axelrod, Robert. *The Evolution of Cooperation*. Reprinted. New York : Basic Books, 1985.

Barbato, Joseph, and Lisa Weinerman, eds. *Heart of the Land : Essays on Last Great Places*. New York : Vintage Books,1996.

Bonner, Raymond. *At the Hand of Man*. New York : Alfred A. Knopf, 1993.

Brown, Lester R., et al. *State of the World : A Worldwatch Institute Report on Progress Toward a Sustainable Society*. New York et Londres : W. W. Norton & Co., annual.

Carson, Rachel. *Silent Spring*. Boston : Houghton Mifflin Co., 1994.

Cavalieri, Paola, and Peter Singer, eds. *The Great Ape Project : Equality Beyond Humanity*. New York : St. Martin's Press, 1993.

Chadwick, Douglas H. *The Fate of the Elephant*. Toronto, Ont., Canada : Key Porter Books, 1992.

Cohen, Joel E. *How Many People Can the Earth Support?* New York : W. W. Norton & Co., 1995.Croze, Harvey, and John Reader. *Pyramids of Life : Patterns of Life and Death in the Ecosystem*. Londres : The Harvill Press, 2000.

Darwin, Charles. *L'Origine des espèces*. Paris : Découverte, 1985.

–. *Voyage d'un naturaliste autour du monde, 1831-1836*. Paris : Découverte, 1985.

Dawkins, Richard. *L'Horloger aveugle*, traduit de l'anglais par Bernard Sigaud. Paris : Laffont, 1989.

Diamond, Jared. *Guns, Germs, and Steel : The Fates of Human Societies*. New York : W. W. Norton & Co., 1997.

Dillard, Annie. *Pilgrim at Tinker Creek*. New York : Buccaneer Books, 1998.

Dobson, Andrew. *Conservation and Biodiversity*. New York : W. H. Freeman & Co., 1996.

Douglas-Hamilton, Ian, and Oria Douglas-Hamilton. *Battle for the Elephants*. New York : Doubleday, 1992.

Fossey, Dian. *Gorilles dans la brume*. Paris : Nathan, 1984.

Goodall, Jane. *Ma vie avec les chimpanzés*, traduit de l'anglais par Florence Seyvos. Paris : École des loisirs, 1990.

Gould, Stephen Jay. *Quand les poules auront des dents : réflexion sur l'histoire naturelle*, traduit de l'américain par Marie-France de Paloméra. Éd. Marcel Blanc. Paris : Seuil, 1991.

Hardin, Garrett. *The Ostrich Factor : Our Population Myopia*. New York : Oxford University Press, 1999.

Leakey, Richard E., and Roger Lewin. *The Sixth Extinction : Patterns of Life and the Future of Humankind*. New York : Anchor Books, 1996.

Leopold, Aldo. *A Sand County Almanac*. New York : Oxford University Press, 1949.

Lopez, Barry. *Crossing Open Ground*. New York : Vintage Books, 1989.

McKibben, Bill. *The End of Nature*. New York : Random House, 1989.

Muir, John. *Travels in Alaska*. Boston : Houghton Mifflin, 1915.

Quammen, David. *The Song of the Dodo : Island Biogeography in an Age of Extinctions*. New York : Scribner, 1996.

Ridley, Matt. *The Origins of Virtue : Human Instincts and the Evolution of Cooperation*. New York : Penguin USA, 1998.

Roosevelt, Theodore. *Theodore Roosevelt : An Autobiography*. New York : Da Capo Press, 1988.

Schaller, George B. *The Last Panda*. Chicago : The University of Chicago Press, 1994.

–. *The Year of the Gorilla*. Chicago : The University of Chicago Press, 1988.

Sessions, George, ed. *Deep Ecology for the 21st Century*. Boston : Shambhala Publications, 1995.

Suzuki, David. *The Sacred Balance : Rediscovering Our Place in Nature*. Vancouver, B.C. David Suzuki Foundation, Greystone Books,1997; Seattle : The Mountaineers Books, 1997.

Terborgh, John. *Requiem for Nature*. Washington, D.C. : Shearwater Books, 1999.

Van der Post, Laurens. *A Far-Off Place*. New York : William Morrow and Co., 1974.

Weiner, Jonathan. *The Beak of the Finch : A Story of Evolution in Our Time*. New York : Alfred A. Knopf, 1994.

Western, David. *In the Dust of Kilimanjaro*. Washington, D.C. : Island Press, 1997.

Wilcove, David S. *The Condor's Shadow : The Loss and Recovery of Wildlife in America*. New York : W. H. Freeman & Co., 1999.

Wilson, Edward O. *The Diversity of Life*. Cambridge, MA., et Londres : The Belknap Press of Harvard University Press, 1992.

–. , ed. *Biodiversity*. Washington, D.C. : National Academy Press, 1988.

World Resources Institute, The United Nations Environment Programme, The United Nations Development Programme, and The World Bank. *World Resources: A Guide to the Global Environment*. New York et Oxford : Oxford University Press, bisannuel.

Copyright photographies © 2000 Art Wolfe
Copyright texte pp. 6-7 et toutes les légendes AW © 2000 Art Wolfe ; copyright p. 9 et tous les commentaires scientifiques © 2000 Michelle A. Gilders ; copyright pp. 12-17 © 2000 William Conway ; copyright pp. 89-91 © 2000 Richard Dawkins ; copyright pp. 126-131 © 2000 Jane Goodall ; copyright pp. 182-185 © 2000 John C. Sawhill ; copyright pp. 208-211 © 2000 George B. Schaller

Copyright pour l'édition française © 2000, Nathan/HER, Paris

Site internet : www.artwolfe.com

Tous droits réservés. Aucune partie de ce livre ne peut être reproduite ou utilisée sous quelque forme que ce soit, ou par quelque moyen que ce soit, électronique ou mécanique, sans l'accord préalable écrit de l'éditeur.

Édition originale parue sous la titre *The Living Wild*, ©2000, Widlands Press, chez Art Wolfe, Inc.
Distribué aux États-Unis et au Canada par Publishers Group West
Imprimé et relié à Hong Kong par C & C Offset Printing Company

Widlands Press est très reconnaissant à The University of Chicago Press de l'avoir autorisé à reproduire des extraits de *The Last Panda*, de George B. Schaller.
Conception graphique : Elizabeth Watson
Cartes : Marge Mueller, Gray Mouse Graphics
Direction de la production pour la numérisation des images : Richelle Barnes, GettyImages/Seattle
Retouches chromatiques : Peter Constable, GettyImages/Seattle
Scannérisation des images : Jeff Johnston, Stacey Lester, et Jay Sakamoto, GettyImages/Seattle
Conseiller scientifique : Gary M. Stolz, Ph.D., U.S. Fish & Wildlife Service
Traitement des images et prépress numérique : Gilbert Neri, Art Wolfe, Inc.
Editeur délégué : Ray Pfortner, Widlands Press

Photographies non légendées : plat 1 de couverture, éléphant de mer (*Mirounga leonina*), Géorgie du Sud, Royaume-Uni ; pages 1, 3 et 256, manchot empereur (*Aptenodytes forsteri*), mer de Weddell, Antarctique ; rabats, ours polaires (*Ursus maritimus*), Churchill, Manitoba, Canada ; plat 4 de couverture, ara rouge (*Ara macao*), Rio Tambopata, Pérou.

Notes techniques : Ce livre a été produit selon le mode opératoire ICC/ColorSync. Les images ont été numérisées sur un Heidelberg Chromagraph S3400 par GettyImages à Seattle. Les images scannées ont été nommées avec le process ICC GettyRGB et transférées à Art Wolfe, Inc. pour réaliser la maquette. La maquette finale a été effectuée sous Quark 4.0 et les épreuves numériques ont été faites à l'aide du système Fuji PictoProof. Un process ICC a été créé par C & C Offset Printing Company pour tenir compte des conditions particulières d'impression. La sélection a été faite à l'aide de ICC process. Les images ont été scannées à 400 dpi et reproduites en trame 200.

Toutes les photographies de cet ouvrage ont été prises dans la nature (sauf celles du chat sauvage de Bornéo page 7 et du chameau bactrien page 8). Pour permettre leur insertion dans ce livre et pour des raisons techniques d'impression, les photos de la couverture et des pages 44, 140, 166, 172, et 239 ont été retouchées par numérisation. Ces retouches ont consisté par exemple à supprimer les reflets du fill-in des yeux du jaguar de la page 239, ou encore à éliminer une branche floue devant l'œil du panda page 172 ou des éléments qui ne sont pas naturels derrière les macaques de la page 140.

Cartes : Toutes les cartes des aires de répartition sont le fruit d'une compilation de diverses sources. Il arrive souvent que la répartition d'une espèce (ou d'une sous-espèce) ne soit pas continue sur l'aire représentée. Des individus ou de petits groupes peuvent se rencontrer en dehors de cette zone. Un certain nombre d'espèces sont tellement peu fréquentes à l'état sauvage que les chercheurs se bornent à faire une estimation de leur répartition.

Édition française de *Libres et sauvages*

Cet ouvrage a été traduit de l'américain par :
Véronique Cébal (pages 126 à 131) ;
Marc Duquet (pages 89 à 91, 182 à 185, toutes les légendes et les commentaires scientifiques des pages 50 à 57 et 84 à 88) ;
Anne-Marie Naboudet-Martin (pages 2, 5, 6, 7, 9, 12 à17, 255, toutes les notes de terrain d'Art Wolfe, les commentaires scientifiques des pages 154 à 157 et 178 à 181, et les textes de la jaquette) ;
Ghislaine Tamisier-Roux (pages 208 à 211, les commentaires scientifiques des pages 120 à 125, 204 à 207 et 244 à 251).

L'index a été réalisé par Marie-Thérèse Dron, que Nathan/HER remercie pour son aimable collaboration.

La vérification des données a été effectuée par Christiane Keukens-Poirier.

PAO : ALINÉA

ISBN: 2.09.261006-6
N° d'éditeur : 10076291
Dépôt légal : octobre 2000
Imprimé en Chine

INDEX

Les renvois aux photographies apparaissent en caractères gras.

ART WOLFE EN ACTION

Parc national de Kanha, Madhaya Pradesh, Inde

Andes, Argentine

Pulau Sipidan, Malaisie

Ouest de la Mongolie

Tracy Arm, sud-est de l'Alaska, États-Unis

Nord de la côte californienne, États-Unis

Parc national de Torres del Paine, Chili

Île de Géorgie du Sud, Royaume-Uni

Interlaken, Alpes, Suisse